VALENTIN VOLÓCHINOV

a vindicação do axiológico

Conselho Acadêmico
Ataliba Teixeira de Castilho
Carlos Eduardo Lins da Silva
Carlos Fico
Jaime Cordeiro
José Luiz Fiorin
Tania Regina de Luca

Proibida a reprodução total ou parcial em qualquer mídia
sem a autorização escrita da editora.
Os infratores estão sujeitos às penas da lei.

A Editora não é responsável pelo conteúdo deste livro.
O Autor conhece os fatos narrados, pelos quais é responsável,
assim como se responsabiliza pelos juízos emitidos.

Consulte nosso catálogo completo e últimos lançamentos em **www.editoracontexto.com.br**.

VALENTIN VOLÓCHINOV

a vindicação do axiológico

Filipe Almeida Gomes

Copyright © 2023 do Autor

Todos os direitos desta edição reservados à
Editora Contexto (Editora Pinsky Ltda.)

Foto de capa
Felipe Vieira em Unsplash

Montagem de capa e diagramação
Gustavo S. Vilas Boas

Preparação de textos
Do autor

Revisão
Hires Héglan

Dados Internacionais de Catalogação na Publicação (CIP)

Gomes, Filipe Almeida
Valentin Volóchinov : a vindicação do axiológico /
Filipe Almeida Gomes. – São Paulo : Contexto, 2023.
208 p.

Bibliografia
ISBN 978-65-5541-377-9

1. Linguagem e línguas – Filosofia
2. Volóchinov, V. N., 1895-1936 I. Título

23-5537   CDD 401

Angélica Ilacqua – Bibliotecária – CRB-8/7057

Índice para catálogo sistemático:
1. Linguagem e línguas

2023

Editora Contexto
Diretor editorial: *Jaime Pinsky*

Rua Dr. José Elias, 520 – Alto da Lapa
05083-030 – São Paulo – SP
PABX: (11) 3832 5838
contato@editoracontexto.com.br
www.editoracontexto.com.br

Sumário

PREFÁCIO 7
Carlos Alberto Faraco

INTRODUÇÃO 11

PRIMEIRA PARTE
A AXIOLOGIA NA OBRA DE VALENTIN N. VOLÓCHINOV

"A palavra na vida e a palavra na poesia" 25

Marxismo e filosofia da linguagem 37

As críticas de Volóchinov a Vossler e a Saussure 59

"Sobre as fronteiras entre a poética e a linguística" 91

Avaliação social, criação e devir histórico 103

SEGUNDA PARTE
VALENTIN N. VOLÓCHINOV E O DISCURSO REPORTADO: UMA QUERELA AXIOLÓGICA

Perscrutando o objeto:
vicissitudes da palavra 127

Para além da sintaxe:
vicissitudes da sociedade falante 153

Volóchinov e Bakhtin:
o embate axiológico a respeito de Dostoiévski 177

CONSIDERAÇÕES FINAIS 191

POSFÁCIO 195
Juliana Alves Assis

Notas 197

Referências 201

O autor 207

PREFÁCIO

Volóchinov
em nova chave de leitura

Valentin N. Volóchinov [1895-1936] é, certamente, um dos pensadores mais injustiçados do século XX. E a razão principal para isso é o fato de que seus dois livros – *O freudismo: um esboço crítico* (1927) e *Marxismo e filosofia da linguagem: problemas fundamentais do método sociológico na ciência da linguagem* (1929) – foram, sem qualquer prova efetiva, atribuídos, na década de 1970, a Mikhail M. Bakhtin [1895-1975] (cf. Tylkowski, 2010). Esse ato enunciativo gratuito turvou, profundamente, a recepção do pensamento de Volóchinov.

Ainda hoje, há quem perca tempo com essa discussão, posta como um problema não resolvido ou de difícil ou impossível solução, embora, muito claramente, não seja sequer um problema. Se fosse, de fato, um problema, não nos restaria saída possível senão desqualificar moralmente aquelas duas personalidades, que não passariam de dois rematados impostores: um que (irresponsavelmente) assinou e publicou obras que não produziu e o outro que abdicou (irresponsavelmente) de sua "obrigatória singularidade".

Essa expressão entre aspas é do próprio Bakhtin e retirei, de propósito, da discussão sobre singularidade, responsabilidade, não álibi na existência, impostura, desenvolvida por ele no manuscrito que recebeu, de seus editores,

7

o título *Para uma filosofia do ato responsável* (provavelmente escrito no início da década de 1920).

Ora, as produções intelectuais de Volóchinov e Bakhtin não são, de forma alguma, desprezíveis. Embora distantes de nós em quase um século, não podem ser simplesmente descartadas por quem discute grandes temas da ordem do humano, a começar pela própria questão da linguagem.

Não cabe, portanto, desqualificá-los moralmente, em especial porque todo o imbróglio sobre a autoria dos livros foi criado "por ouvir dizer". Cabe, sim, respeitar suas assinaturas e singularidades e relê-los em suas especificidades, buscando resgatar o poder heurístico de cada um. Não cabem, obviamente, leituras hagiográficas nem de um nem de outro. E, menos ainda, cabem leituras hagiográficas de um, fabricadas com o propósito (equivocado) de desmerecer o outro. Os dois são autores com suficiente densidade e grandeza intelectual que continuam a nos desafiar com as questões que levantaram e com os quadros conceituais que construíram.

Há semelhanças e congruências entre seus textos? Sem dúvida. Afinal, pelo que sabemos de suas respectivas biografias, conviveram social e intelectualmente por dez anos, entre 1919 e 1929. Ora em Niével, ora em Vitebsk, ora em Leningrado. O próprio Bakhtin afirmou, em carta a V. V. Kozhinov (transcrita em Bocharov, 1994: 1016), que o grupo de intelectuais de que faziam parte compartilhava uma concepção de linguagem, o que é, por si só, mais que suficiente para que parte de suas ideias sejam convergentes. Mas cada autor trabalhou em direções e com ênfases diversas, perpassadas, inevitavelmente, por diferenças conceituais.

Penso que alguns exercícios de leitura podem contribuir para deixar essas diferenças transparentes. É oportuno perguntar, por exemplo, de que modo cada um desenvolveu conceitualmente temas como interação, ideologia, significação. Vale, igualmente, levantar perguntas sobre o papel da linguística no respectivo quadro conceitual. Ou, ainda, sobre as fontes a que cada um deu prioridade; ou sobre como cada qual tratou questões de estética literária.

Há um belo caminho a ser percorrido no estudo contrastivo do pensamento de cada um desses intelectuais. No entanto, para que isso seja produtivo, é preciso, antes de tudo, reler Volóchinov em sua singularidade e integralidade.

Filipe Almeida Gomes, autor deste precioso livro, se pôs precisamente essa tarefa. Mergulhou nos textos de Volóchinov e os leu com lupa na mão, tematizando o lugar da axiologia no seu pensamento. A análise criteriosa e entrecruzada dos textos – hoje, felizmente, disponíveis em boas traduções diretas do russo para o português – lhe permitiu defender, com sólidos argumentos, a tese de que a axiologia (sem esvaziar a relevância do dialogismo) é, de fato, o elemento central, estruturante, do pensamento de Volóchinov em filosofia da linguagem e linguística.

Valentin Volóchinov: a vindicação do axiológico é um texto que está muito longe de paráfrases desgastadas e inférteis. Filipe Almeida Gomes faz uma leitura inusitada e inovadora de Volóchinov, leitura que, por isso mesmo, é muito instigante. Ele interage intensa e criticamente com as formulações de Volóchinov e surpreende o leitor, a cada passo, com densas análises das relações do pensador russo com suas referências. Dentre outras, vale destacar a primorosa dissecação das relações de Volóchinov com o filósofo neokantiano alemão Ernst Cassirer [1874-1945].

Na Segunda Parte do livro, Filipe Almeida Gomes, numa leitura inédita pela profundidade e abrangência, destrinça, com admirável esmero e competência, o quadro analítico desenvolvido por Volóchinov a propósito do discurso reportado. É, sem dúvida, uma contribuição ímpar, dentre várias outras.

Não bastasse isso, Filipe Almeida Gomes acrescenta ainda, como último capítulo deste seu livro, uma análise, ao mesmo tempo surpreendente e brilhante, dos diferentes olhares de Volóchinov e Bakhtin a propósito de Dostoiévski. Ao cabo da leitura desse capítulo, assoma a inevitável pergunta: como foi que ninguém apontou essas diferenças antes?

Ao estudar Volóchinov por meio de uma "problematização renovada" (para usar as palavras do próprio pensador russo, reproduzidas na epígrafe da "Introdução"), o autor deste livro abre um novo momento na recepção crítica das ideias de Volóchinov, desafiando os volochinovianos e bakhtinianos a repensar suas leituras e a redescobrir dimensões heurísticas de um pensamento que esteve, muitas vezes, obscurecido seja pelo imbróglio da autoria, seja por leituras ligeiras e repetitivas.

Carlos Alberto Faraco
Universidade Federal do Paraná

Referências

BAKHTIN, Mikhail M. *Para uma Filosofia do Ato Responsável.* São Carlos: Pedro & João Editores, 2010.

BOCHAROV, Sergey. Conversations with Bakhtin. *PMLA – Publications of the Modern Language Association of America,* v. 109, n. 5, oct./1994, p. 1009-1024.

TYLKOWSKI, Inna. *V. N. Voloshinov en Contexte*: essai d'épistemologie historique. Thèse présentée à la Faculté des Lettres de l'Université de Lausanne pour obtenir le grade de docteur ès lettres. Lausanne, 2010.

VOLÓCHINOV, Valentin N. *Marxismo e filosofia da linguagem*: problemas fundamentais do método socioló-gico na ciência da linguagem. Tradução, notas e glossário de Sheila Grillo e Ekaterina Vólkova Américo. São Paulo: Editora 34, 2017.

O freudismo: um esboço crítico. Tradução de Paulo Bezerra. São Paulo: Perspectiva, 2001. [Esta edição brasileira traz, erroneamente, Mikhail Bakhtin como autor. O original foi, porém, publicado, em 1927, sob o nome de Valentin N. Volóchinov, autoria que é respeitada em todas as outras traduções para línguas europeias.]

INTRODUÇÃO

> Às vezes é de extrema importância lançar uma nova luz sobre um fenômeno já conhecido e, aparentemente, bem estudado, por meio da sua *problematização renovada*, elucidando nele novos aspectos com a ajuda de perguntas orientadas para uma direção específica. [...] Uma problematização renovada pode fazer com que um fenômeno antes considerado particular e secundário ganhe uma importância capital para a ciência. Um problema bem colocado é capaz de revelar as possibilidades metodológicas contidas nesse fenômeno.
>
> (Volóchinov, 2018 [1929]: 246)

O estudioso russo Valentin Nikoláievitch Volóchinov, nascido em 1895 e falecido em 1936, se tornou conhecido, internacionalmente, apenas a partir de 1970. O motivo principal é inusitado: nesse ano, sua *magnum opus*, intitulada *Marxismo e filosofia da linguagem*, originalmente publicada em 1929, foi equivocadamente creditada ao seu colega Mikhail M. Bakhtin [1895-1975], atraindo, em consequência, um amplo interesse fora do território russo.

Com efeito, dentre outros fatores, o equívoco envolvendo a autoria de *Marxismo e filosofia da linguagem* – bem como a autoria de alguns outros textos – terminou por atrasar investigações dedicadas, exclusivamente, ao pensamento de seu autor. Assim, enquanto surgiram numerosas obras voltadas para as reflexões de Bakhtin – e isso está longe de ser um problema! –, quase nada se publicou pensando, unicamente, nas formulações de Volóchinov. Até onde sei, há apenas um livro completamente dedicado ao pensamento de Volóchinov. Trata-se de *Vološinov en context: essai d'épistémologie historique*, de Inna Tylkowski, publicado em 2012. Afora essa obra, o que temos são importantes prefácios e ensaios de teor biográfico, bem como alguns capítulos de livros e artigos circunscritos à discussão de alguns temas[1].

Com essas primeiras observações, não intento reclamar uma separação do que, claramente, está ligado de maneira estreita. Antes, objetivo apenas reconhecer a necessidade de centralizar, mesmo que apenas por um momento, a instigante reflexão de Volóchinov. E é aqui, então, que entra o presente livro.

Nas páginas que se seguem, a obra e o pensamento de Valentin N. Volóchinov são chamados ao centro do palco. Antes disso, porém, é preciso esclarecer algumas questões.

UM RETORNO AOS RUSSOS: A QUESTÃO DA JUSTIFICATIVA

De acordo com Schnaiderman (2005), as ideias de Mikhail M. Bakhtin e seus confrades – sobretudo, Pável N. Medviédev [1891-1938] e Valentin N. Volóchinov – são debatidas publicamente no Brasil desde, pelo menos, 1971; portanto, há mais de 50 anos. Todavia, como bem sabemos, um longo tempo de circulação e debate em torno das ideias de um dado pensador não implica o esgotamento do que se pode dizer a seu respeito – *vide* Platão e Aristóteles, dentre outros. Logo, as palavras de Volóchinov, em epígrafe, permanecem atuais.

No que toca ao tradicionalmente denominado Círculo de Bakhtin, esse não esgotamento da abordagem de suas ideias foi exponencialmente desta-cado a partir dos últimos anos da década de 1990, nos quais se trouxeram à baila diversas reflexões sobre os autores e teorias movimentadas pelos pensadores russos em evidência (cf. Brandist, 1997, 2002b; Poole, 2001). Além disso, diversos estudiosos têm destacado, em maior ou menor grau, as intempéries do contexto de produção das obras assinadas por Bakhtin, Medviédev e Volóchinov (cf., especialmente, Tylkowski, 2012; Sériot, 2015). Nesse particular, ressalto a dificuldade de se enunciar, a plenos pulmões, ideias que, em certa extensão, contrariassem o modelo oficial de marxismo imposto por Josef Stalin [1878-1953].

Em adição a esses dois fatores, outra questão que nos convoca a retornar aos escritos do Círculo de Bakhtin é o fato de que, no decorrer da história, as trevas da censura não foram exclusividade do horizonte intelectual e cultural russo. Antes, de diferentes formas, elas parecem ter condicionado, junto a outros fatores, a recepção desses escritos no Brasil – em duas diferentes acepções para o termo "recepção".

INTRODUÇÃO

Primeiramente, no que diz respeito à recepção em termos de acesso às obras, podemos recordar, com Schnaiderman (2005):

> em 1964, as livrarias russas em nosso país tiveram todos os seus livros retirados para "exame", numa verdadeira operação militar que acabaria em incineração pura e simples. [...]
>
> Passado esse primeiro momento de brutalidade e violência, os livros russos continuaram chegando, mas com muita dificuldade e, depois de algum tempo, com a instituição da censura prévia, frequentemente passaram a ser devolvidos ao remetente, com a alegação de serem "subversivos", mesmo no caso de obras clássicas de ficção e poesia. (Schnaiderman, 2005: 14-15).

Ainda a respeito das complicações atinentes à chegada, no Brasil, dos escritos de Bakhtin e Volóchinov, importantes linguistas brasileiros, como Carlos Alberto Faraco, Sírio Possenti e João Wanderley Geraldi, relembram que a obra volochinoviana *Marxismo e filosofia da linguagem* chega ao Brasil, na segunda metade da década de 1970, mediante uma editora argentina e com a alteração do título para *El signo ideológico y la filosofia del lenguaje* (cf. Brait, 2012).

Para além do problema de acesso às obras, é preciso estar atento, também, para os modos como as trevas da censura – e da ditadura, de modo geral – condicionaram a recepção brasileira, na acepção da interpretação que se fez por aqui dos escritos do Círculo. A esse respeito, estou inclinado a crer que, além de certos problemas de tradução, os desejos de retomada da democracia – completamente legítimos para a conjuntura do momento – acabaram por fazer com que certos aspectos do pensamento do Círculo passassem quase que incólumes. Não é sem motivo que Faraco (2006: 125-126), ao discorrer sobre o possível coração humboldtiano de Volóchinov, afirma que

> em nosso meio, resistir ao regime militar passou pelo elogio de qualquer estudo da linguagem que se apresentasse como antiformalista e incluísse o adjetivo social em suas asserções de base. A descoberta de Voloshinov no fim da década de 1970 – entre outras ondas intelectuais – funcionou como uma preciosa mão na roda, o que favoreceu a imediata sacralização do seu texto, sacralização que permanece até hoje [i. e., 2006].

Correlacionado a isso, é digno de destaque o fato de que as interpretações levadas a cabo na França parecem, em certa medida, ter ditado boa parte das análises realizadas no Brasil. Para não estender essa questão demasiadamente, destacarei somente a influência de Julia Kristeva [1941], estudiosa consideravelmente repercutida no Brasil a partir dos anos 1970 – sobretudo, em relação aos estudos literários e aos estudos da semiótica.

Vinculada a importantes nomes das ciências da linguagem na França dos anos 1960-1970, como Émile Benveniste [1902-76], Gérard Genette [1930-2018] e Roland Barthes [1915-80], Kristeva é considerada o primeiro ponto de contato do empreendimento filosófico-linguístico da Rússia dos anos 1920-1930 com o contexto francês. Como recorda Tylkowski (2012), ainda antes da publicação das primeiras traduções de Bakhtin para o francês, é exatamente Kristeva que fará chegar ao público francófono o conhecimento da existência desse autor. Mais precisamente, Kristeva apresenta, em 1966, uma comunicação sobre as ideias de Bakhtin, por ocasião de um seminário organizado por Barthes. No ano seguinte, tal comunicação seria publicada no periódico *Critique* e, em 1969, em seu livro *Sèméiotikè: recherches pour une sémanalyse*. Adiciona-se a isso o fato de Kristeva prefaciar, em 1970, a primeira tradução, para o francês, de uma obra bakhtiniana – nomeadamente, *Problemas da poética de Dostoiévski*.

Há, porém, toda uma polêmica em torno da importância de Kristeva para a emergência do pensamento de Bakhtin e companhia na França. Tylkowski (2012), por exemplo, se posiciona de modo bastante crítico em relação ao modo como os estudos a respeito de Bakhtin foram conduzidos por Kristeva. Conforme sustenta (Tylkowski, 2012), a apresentação de Bakhtin aos franceses, via Kristeva, pode ser pensada, na verdade, como uma adaptação das ideias do filósofo russo ao gosto do público francófono dos anos setenta.

Para Tylkowski (2012), as ideias advindas dos pensadores russos foram assumidas de uma maneira completamente alheia ao contexto soviético em que emergiram. Por isso, é possível falar que Kristeva empreende uma "certa *modernização* das ideias bakhtinianas" quando "coloca Bakhtin no quadro de suas próprias preocupações" (Tylkowski, 2012: 13). Como exemplo – que já tem se tornado clássico –, devemos lembrar que a influência de Kristeva fez ressoar, por longos anos, uma suposta equivalência entre o conceito de dialogismo, tomado da obra bakhtiniana, e a sua ideia de intertextualidade.

Diante do que expus até o momento, parece consideravelmente justificável um novo retorno investigativo aos escritos volochinovianos. Afinal, esses textos se apresentam como essenciais para uma compreensão mais precisa acerca do aparato teórico do Círculo de Bakhtin. Nesse retorno investigativo, **a temática que me interessa é o lugar da axiologia – ou seja, de uma teoria do valor – nos escritos de Volóchinov.**

Consoante ao meu entendimento, o linguista e professor brasileiro Carlos Alberto Faraco é o estudioso das obras do Círculo que melhor enxergou o lugar da axiologia nos escritos de Bakhtin e companhia. Penso que uma leitura atenta dos trabalhos de Carlos Faraco pode constatar isso, haja vista que, pelo menos, desde a publicação de seu *Linguagem e diálogo: as ideias linguísticas do círculo de Bakhtin*, de 2009, é possível ver certa ênfase na questão da axiologia. Para que não se diga que o registro de minha impressão é apenas uma tentativa de afagar o referido linguista, apresento um excerto de Faraco (2009) que me exime de maiores explicações: "para haver relações dialógicas, é preciso que qualquer material linguístico (ou de qualquer outra materialidade semiótica) tenha entrado na esfera do discurso, tenha sido transformado num enunciado, ***tenha fixado a posição de um sujeito social***" (Faraco, 2009: 66).

Como se vê, além de indicar a relação de causalidade, é o próprio autor que dá ênfase à ideia de um posicionamento do sujeito social, ou seja, uma posição valorativa interindividualmente construída. Além disso, mais tarde, falando do trabalho de Bakhtin exclusivamente, o próprio Carlos Faraco escreve que "a axiologia é, de fato, o grande fundamento do projeto filosófico de Bakhtin" (Faraco, 2017: 48).

Mesmo com os muitos esforços de Carlos Faraco – o que inclui cursos ministrados na Associação Brasileira de Linguística (Abralin) –, estou propenso a crer que, em relação aos escritos de Volóchinov, a questão da axiologia ainda não recebeu a ênfase devida. Portanto, direi que tal questão é digna da "problematização renovada" que, como visto na epígrafe que abre este livro, "pode fazer com que um fenômeno antes considerado particular e secundário ganhe uma importância capital para a ciência" (Volóchinov, 2018 [1929]: 246).

UMA VINDICAÇÃO DO AXIOLÓGICO: A QUESTÃO DA HIPÓTESE

Quando tratamos do grupo de pensadores russos tradicionalmente denominado Círculo de Bakhtin, uma das primeiras palavras a virem à tona é o termo "dialogismo". Há muito, na esteira do tratamento indiscriminado dos escritos de Volóchinov, Bakhtin e Medviédev – tratamento decorrente da tese da onipaternidade bakhtiniana a respeito dos textos supostamente disputados (cf. Faraco, 2009; Grillo, 2012) –, o dialogismo tem sido tomado como a grande tese proveniente dos escritos do Círculo. Logo, não é sem razão a proliferação do termo em artigos, conferências, congressos e diversas outras atividades acadêmicas. A título de exemplo, observemos a quantidade de livros em Língua Portuguesa que trazem o termo, ou termos correlatos, em seu nome. Para ficar nos livros mais conhecidos: *Diálogos com Bakhtin* (Faraco; Tezza; Castro, 1996); *Bakhtin: dialogismo e construção do sentido* (Brait, 2005 [1997]); *Dialogismo, polifonia e intertextualidade* (Barros; Fiorin, 1999); *Linguagem e diálogo: as ideias linguísticas do Círculo de Bakhtin* (Faraco, 2009 [2003]); *Bakhtin, dialogismo e polifonia* (Brait, 2009); *Do dialogismo ao gênero: as bases do pensamento do Círculo de Bakhtin* (Sobral, 2009); *Círculo de Bakhtin: diálogos (in)possíveis* (Paula; Stafuzza, 2011); *Dialogismo: teoria e(m) prática* (Brait; Magalhães, 2014).

Da mesma forma, é exatamente em virtude do lugar privilegiado alcançado pela ideia de dialogismo que o capítulo "A interação discursiva", traduzido em um primeiro momento como "A interação verbal", constituinte de *Marxismo e filosofia da linguagem*, aparentemente, se tornou um dos textos mais celebrados na linguística brasileira contemporânea.

Ainda assim, a hipótese a que busco dar sustentação no decorrer deste livro consiste em assumir que, em vez do princípio do dialogismo, é a axiologia que se constitui o elemento central da filosofia da linguagem levada a cabo por Volóchinov. De fato, a alguns intérpretes das obras do Círculo, essa hipótese pode soar polêmica. Entretanto, a partir de uma leitura minuciosa da obra de Volóchinov, acredito poder sustentar que, no todo de sua filosofia da linguagem, a concepção dialógica se instaura somente como a única via de acesso para o seu empreendimento central: **a vindicação do axiológico**.

Em poucas palavras, minha hipótese consiste em assumir que, para Volóchinov, o ponto central da linguagem – e, consequentemente, da língua posta em uso – é o seu caráter axiológico, ou seja, o fato de que é por meio da linguagem – e, até que se prove o contrário, apenas por meio dela – que o ser humano pode atribuir valor ao mundo. Conforme entendo, na perspectiva do pensador russo, esse posicionamento valorativo – ou ênfase valorativa – que se dá no signo e por meio do signo está inextricavelmente vinculado ao sentimento de pertença ou não pertença que o indivíduo tem em relação a um dado grupo social. Assim, se admite a linguagem e, por conseguinte, a colocação da língua em funcionamento, como sendo parte do processo de valoração – quer dizer, avaliação – fundamentalmente social do ser humano para com o mundo, isto é, o estado de coisas. Em meu entendimento, é com vistas a destacar essa questão que Volóchinov aborda o caráter dialógico da linguagem.

O caráter dialógico da linguagem, ou simplesmente dialogismo, conforme julgo ler em Volóchinov (1929), diz respeito ao fato de que todo enunciado é um enunciado-resposta em relação a outros enunciados, sejam eles enunciados anteriores, sejam enunciados possíveis, do mesmo falante ou de outrem, na interação imediata ou na história. Dito de outro modo, o dialogismo é o princípio constitutivo da linguagem que assevera o fato de que todo e qualquer enunciado está em relação de resposta – inclusive, antecipada – a outros enunciados; sejam estes do quadro interativo imediato, sejam da história. Nas palavras de Volóchinov (1929), "todo enunciado, mesmo que seja escrito e finalizado, responde a algo e orienta-se para uma resposta. Ele é apenas um elo na cadeia ininterrupta de discursos verbais" (Volóchinov, 2018: 184). Ou, ainda, todo enunciado "participa de uma espécie de discussão ideológica em grande escala: responde, refuta ou confirma algo, antecipa as respostas e críticas possíveis, busca apoio e assim por diante" (Volóchinov, 2018 [1929]: 219).

Desse modo, é importante que se frise: mais do que propor um esvaziamento da singular relevância do conceito de dialogismo, intento mostrar que este é constitutivo da linguagem porque **a valoração do mundo é imprescindível e porque essa valoração não pode passar alheia ao processo enunciativo pelo qual o ser humano se constitui sujeito no seio da sociedade.** Em outras palavras, **todo enunciado se configura um enunciado-resposta somente porque todo enunciado apresenta um posicionamento valorativo forjado na fornalha das relações sociais concretas.** Para ser ainda mais direto, direi que **só há enunciado-resposta porque a todo enunciado a que, efetiva ou virtualmente, se responde subjaz uma posição apreciativa a ser respondida.**

UMA LEITURA INDICIÁRIA:
A QUESTÃO DA METODOLOGIA

Para desenvolver essa investigação, tomei como base o modelo científico que o historiador italiano Carlo Ginzburg denominou "paradigma indiciário". De acordo com Ginzburg, o **paradigma indiciário** pode ser rastreado, sobretudo, a partir do historiador da arte Giovanni Morelli [1816-1891], o qual, sob a assinatura de "um desconhecido estudioso russo, Ivan Lermolieff" (Ginzburg, 1989: 143), propôs um novo método para a correta atribuição de autoria às obras de arte; método esse pautado no exame dos "pormenores mais negligenciáveis" (Ginzburg, 1989: 144).

Dito de maneira resumida, traçando um vínculo metodológico entre Morelli, o personagem Sherlock Holmes – de Conan Doyle [1859-1930] – e Sigmund Freud [1856-1939], o historiador italiano sustenta que o paradigma indiciário congrega "formas de saber tendencialmente *mudas* – no sentido de que [...] suas regras não se prestam a ser formalizadas nem ditas" (Ginzburg, 1989: 179). Assim, posto que "ninguém aprende o ofício de conhecedor ou de diagnosticador limitando-se a pôr em prática regras preexistentes", resta claro que "nesse tipo de conhecimento entram em jogo (diz-se normalmente) elementos imponderáveis: faro, golpe de vista, intuição" (Ginzburg, 1989: 179).

Para Ginzburg (1989: 150), em Morelli, Holmes e Freud, o foco investigativo são as "pistas talvez infinitesimais [que] permitem captar uma realidade mais profunda, de outra forma inatingível. Pistas: mais precisamente, sintomas (no caso de Freud), indícios (no caso de Sherlock Holmes), signos pictóricos (no caso de Morelli)". Conforme sustenta, o que pode explicar o paradigma comum subjacente aos três investigadores é, basicamente, o fato de que "Freud era um médico; Morelli formou-se em medicina; Conan Doyle havia sido médico antes de dedicar-se à literatura. Nos três casos, entrevê-se o modelo da semiótica médica: a disciplina que permite diagnosticar as doenças inacessíveis à observação direta na base de sintomas superficiais, às vezes irrelevantes aos olhos do leigo (Ginzburg, 1989: 150-151).

De acordo com o historiador italiano, não estamos diante de meras coincidências de ordem biográfica. Antes, o que se vê, nesses casos, é ascensão em ciências humanas de um paradigma indiciário que, embora tenha ganhado força a partir da semiótica médica, remonta às necessidades primeiras do ser humano.

INTRODUÇÃO

Dessa forma, direi que, nas condições de quem precisava reconstituir – "pelas pegadas na lama, ramos quebrados, bolotas de esterco, tufos de pelos, plumas emaranhadas, odores estagnados" (Ginzburg, 1989: 151) – as características e os movimentos de suas possíveis presas, o ser humano, desde muito cedo, se viu diante da necessidade de **estar intensamente atento**, a fim de **coletar elementos esparsos** que o possibilitassem responder às próprias **interrogações** em torno da caça do dia. Logo, o paradigma indiciário parece se estruturar como ponto de partida para o próprio estabelecimento da espécie.

Fato curioso é que, de acordo com as anotações de alguns alunos, em suas *Últimas aulas no Collège de France (1968 e 1969)*, Émile Benveniste, mostrando sua imponente veia comparatista, recorda alguns sentidos para determinados termos equivalentes ao termo português "ler". Segundo o linguista sírio-francês, o termo "*legere*", do latim, possui o sentido de "coletar elementos esparsos", o eslavo "*čitati*" etimologicamente aponta para "estar intensamente atento", e o persa antigo "*pati-pṛs*" tem por sentido "interrogar" (cf. Benveniste, 2014: 174-175). Diante disso, não estou certo de que haja uma definição melhor para o paradigma indiciário do que esses três sentidos que circundam, em diferentes línguas, o equivalente ao nosso caro verbo "ler". Assim, ao me identificar com o paradigma apontado por Ginzburg (1989), assumo que esta investigação se pautou na tentativa de, **estando intensamente atento, coletar elementos esparsos**, que permitiriam **interrogar** a obra e o pensamento volochinoviano. Trata-se, então, de uma **leitura**; do **ato de ler, nos mais primitivos sentidos do termo**. E, se me for solicitado um exemplo, farei menção à leitura que Milner (2002) executa em torno de Saussure, e, principalmente, ao redor de Benveniste; quanto ao último, especialmente no capítulo "*Ibat Obscurus*".

Nessas condições, partindo de minha hipótese inicial e ancorado no paradigma indiciário, o método científico assumido é uma espécie de **análise conceitual** da axiologia nas formulações volochinovianas. Dito de outro modo, o método adotado consiste num exame crítico do conceito designado pela expressão "avaliação social", e afins, no interior dos escritos de Valentin N. Volóchinov, apontando, dentre outras coisas, o lugar que lhe é condigno no pensamento filosófico-linguístico desse pensador russo.

Conforme julgo, a análise conceitual, enquanto um dos modos de eclosão do paradigma indiciário, possibilita alcançar importantes informações atinentes ao tema proposto. Em particular, na medida em que encarna a

coleta de elementos esparsos – e, portanto, reitera o lugar do ser humano, enquanto caçador, como "o único capaz de **ler**, nas pistas mudas (se não imperceptíveis) deixadas pela presa, uma série coerente de eventos" (Ginzburg, 1989: 152, negrito acrescido) –, a análise conceitual possibilita empreender uma abordagem interpretativa, construída por meio do levantamento e averiguação de hipóteses secundárias. Assim, com o avançar da análise proposta, estruturo uma abordagem interpretativa que, no conjunto da obra, destaca o projeto volochinoviano; projeto este que, em meu entendimento, consiste na vindicação do axiológico.

Em relação aos documentos que focalizo, cabe dizer que se trata daqueles que julgo serem os principais textos de Volóchinov dedicados à temática da linguagem, a saber: o ensaio "A palavra na vida e a palavra na poesia: para uma poética sociológica" (*PVPP*), de 1926; a obra *Marxismo e filosofia da linguagem: problemas fundamentais do método sociológico na ciência da linguagem* (*MFL*), de 1929; e o ensaio "Sobre as fronteiras entre a poética e a linguística" (*SFPL*), de 1930. A opção pelos referidos escritos se deve ao fato de que o texto "As mais novas correntes do pensamento linguístico no Ocidente", de 1928, consiste num resumo do que apareceria em três capítulos de *MFL*. Além disso, os três ensaios da série "Estilística do Discurso Literário" – a saber, (i) "O que é a linguagem/língua?", (ii) "A construção do enunciado" e (iii) "A palavra e sua função social" –, todos publicados em 1930, se configuram textos de divulgação científica; logo, escritos de cunho mais didático a respeito da teoria apresentada em *MFL*. Devo lembrar, todavia, que, ao optar por examinar, de modo mais detido, *PVPP*, *MFL* e *SFPL*, não estou desconsiderando por completo as formulações mais didáticas presentes nos ensaios volochinovianos de síntese ou divulgação científica.

Quanto ao percurso deste livro, convém sinalizar que a análise conceitual proposta é executada na primeira parte, intitulada "A axiologia na obra de Valentin N. Volóchinov". Ali, ao longo de cinco capítulos, costuro uma reflexão a respeito de como o conceito designado pela expressão "avaliação social" – e por expressões correlatas – é articulado e realçado no decorrer dos escritos de nosso autor. No primeiro capítulo, olhando para o ensaio "A palavra na vida e a palavra na poesia", de 1926, discuto a relação entre avaliação social e enunciado concreto, bem como aquilo que tenho chamado de "os três R's da avaliação". No segundo capítulo, trazendo à baila a *magnum opus* de Volóchinov, *Marxismo e filosofia da linguagem*, original de

1929, observo a relação entre avaliação social e o conceito volochinoviano expresso pelo termo russo equivalente ao português "signo", assim como a relação entre o signo axiológico e a possibilidade de uma filosofia da linguagem materialista. No terceiro capítulo, ainda com os olhos em *MFL*, exponho a relação entre avaliação social e as críticas que nosso autor endereça às propostas de Karl Vossler e Ferdinand de Saussure. No quarto capítulo, analisando o ensaio "Sobre as fronteiras entre a poética e a linguística", de 1930, demonstro a relevância que Volóchinov atribui à avaliação social na análise literária. Finalmente, no quinto capítulo, ao enfatizar a relação da linguagem com a avaliação social, com a criação e com o devir histórico, lanço luz sobre a relação entre Volóchinov e o pensamento neokantiano.

Na segunda parte, denominada "Valentin N. Volóchinov e o discurso reportado: uma querela axiológica", dedico três capítulos especiais para a última parte de *Marxismo e filosofia da linguagem*. Ali, a bem da verdade, não se trata mais de uma análise conceitual, mas, sim, de uma espécie de empreendimento hermenêutico – ainda ancorado no paradigma indiciário. Estritamente falando, no sexto e no sétimo capítulos, esclareço pontos, aparentemente, mal compreendidos da discussão de Volóchinov em torno dos modos de transmissão do discurso alheio. E, a partir disso, no oitavo e último capítulo, exponho aquilo que é mais surpreendente: o choque entre as avaliações de Volóchinov e Bakhtin a respeito do empreendimento polifônico de Dostoiévski.

Tudo isso dito, por apreço à justiça, ainda antes de concluir esta introdução, é preciso registrar: além dos já citados Boris Schnaiderman e Carlos Alberto Faraco, este trabalho é devedor, em alguma medida, aos muitos esforços dos mais variados pesquisadores brasileiros. Ainda que, muitas vezes, as interpretações aqui presentes guardem alguma distância da proposta de outros intérpretes, parece nítido que seria difícil chegar à possibilidade desta discussão sem os esforços de ensino, pesquisa e divulgação, capitaneados por nomes como Adail Sobral, Ana Zandwais, Beth Brait, Cristovão Tezza, Ekaterina Vólkova Américo, Gilberto de Castro, João Wanderlei Geraldi, Paulo Bezerra, Sheila Grillo, Valdemir Miotello, dentre tantos outros. Assim, se o edifício erguido nas próximas páginas pode receber algum acento de valor positivo, é preciso enfatizar que as bases são as melhores possíveis.

* * *

SOBRE OS DESTAQUES GRÁFICOS

Para uma maior fluidez na leitura deste livro, o autor julga importante esclarecer algumas questões acerca dos destaques gráficos. Primeiramente, em nenhum momento o uso de aspas foi utilizado para indicar a colocação de algum termo em suspeição. Assim, neste livro, as aspas aparecem somente com três finalidades: (i) para fazer menção ao nome de artigos, ensaios e capítulos de obras; (ii) como sinal de citação; (iii) como sinal de referência a termos técnicos que expressam dado conceito. Se, por motivos óbvios, não é preciso versar sobre as aspas utilizadas com a primeira e com a segunda finalidade, convém assinalar que, em relação à terceira finalidade, normalmente, a utilização das aspas é precedida do próprio vocábulo "termo" ou outros afins. Cabe pontuar, também, que, em alguns casos, além de indicar o ano da edição consultada, este livro, por meio do uso de colchetes, faz referência ao ano do texto original. Para além disso, os outros elementos gráficos utilizados são, basicamente, o itálico, para expressões em outro idioma, títulos de obras e destaques originais em citações, e o negrito, para enfatizar trechos considerados importantes.

PRIMEIRA PARTE

A AXIOLOGIA NA OBRA
DE VALENTIN N. VOLÓCHINOV

"A PALAVRA NA VIDA E A PALAVRA NA POESIA"

> [...] a vida não influencia o enunciado de fora dele: ela o impregna de dentro, enquanto unidade e comunidade da existência que circunda os falantes, e enquanto avaliações sociais essenciais geradas por essa existência, fora das quais não é possível nenhum enunciado consciente.
>
> (Volóchinov, 2019 [1926]: 129)

> Antes de mais nada, as avaliações determinam *a escolha da palavra* pelo autor e a percepção dessa escolha (a coescolha) pelo ouvinte. O poeta escolhe as palavras não do dicionário, mas do contexto da vida, onde elas se segmentaram e se impregnaram de avaliações.
>
> (Volóchinov, 2019 [1926]: 131)

O primeiro texto, assinado por Volóchinov, efetivamente orientado para a temática da linguagem foi o ensaio "A palavra na vida e a palavra na poesia: para uma poética sociológica" (*PVPP*), originalmente publicado em 1926. Esse texto resume alguns pontos de um livro projetado por nosso autor, a saber, o livro *Ensaio de poética sociológica* – posteriormente mencionado como *Introdução a uma poética sociológica* (cf. Grillo; Américo, 2019). No presente capítulo, apresento um exame de como Volóchinov aborda a axiologia nas páginas desse ensaio.

AVALIAÇÃO SOCIAL E ENUNCIADO CONCRETO

Em *PVPP*, a fim de dar lugar àquilo que considera "uma aplicação correta e produtiva da análise sociológica na teoria da arte e, em particular, na poética", nosso autor apresenta suas críticas à abordagem estética formalista, censurando sua "*fetichização da obra de arte como coisa*" (Volóchinov, 2019 [1926]: 114). Além disso, critica também o empreendimento estético baseado "no psiquismo individual do criador ou do contemplador" (Volóchinov, 2019 [1926]: 115). Se o primeiro objeto de sua crítica, isto é, o formalismo, erra ao sustentar que o significado estético pode ser apreendido unicamente a partir de uma análise material – no caso do formalismo poético, uma análise do material verbal –, o segundo objeto da crítica volochinoviana, a saber, a estética psicológica, se equivoca por supor que o material (verbal) é dispensável e que uma análise de orientação psicológica, a partir do criador ou dos contempladores da obra de arte, pode dar conta do significado estético. Assim, de acordo com Volóchinov (2019 [1926]: 115), "em um balanço final, ambos os pontos de vista pecam pelo mesmo defeito: *eles tentam encontrar o todo na parte*, isto é, a estrutura da parte isolada de modo abstrato é apresentada como a estrutura do todo. Entretanto, o 'artístico' em sua totalidade não se encontra no objeto nem no psiquismo do criador ou do contemplador abordados de modo isolado: o 'artístico' abarca todos os três aspectos. Ele é *uma forma específica da inter-relação entre criador e os contempladores fixada na obra artística*".

Para proceder a uma análise do enunciado poético tomada como mais efetiva – porque sociológica –, Volóchinov (1926) observa como necessário um tratamento mais detalhado do enunciado fora da arte, vale dizer, o enunciado no curso da vida comum, no cotidiano. Segundo o autor, analisar o enunciado na vida ordinária é significativo, "pois nele já se encontram os fundamentos, as potências (as possibilidades) da futura forma literária. A essência social da palavra se apresenta aqui com mais precisão e clareza, assim como a análise da relação entre o enunciado e o meio social circundante torna-se mais fácil" (Volóchinov, 2019 [1926]: 117).

É nesse contexto, então, que Volóchinov (1926) passa a articular todo um quadro conceptual que, a despeito de parecer banal para um estudioso da linguagem no século XXI, podia ser considerado, naquele momento, ainda que não completamente original, bastante auspicioso.

A fim de discorrer sobre a axiologia em *PVPP*, é importante salientar que alguns problemas de recepção da obra volochinoviana, tal como da obra bakhtiniana, terminaram por afetar, mesmo que parcialmente, as leituras feitas a respeito das formulações de Volóchinov (1926). A título de exemplo, recordemos que o conceito expresso pelo termo equivalente a "enunciado", em *PVPP*, não parece estar completamente alinhado àquilo que se lê nos textos de Bakhtin – textos esses que, embora posteriores à obra de Volóchinov, de modo geral, foram lidos primeiro. Quer dizer, se Bakhtin (1952-1953) postula uma diferença entre enunciado e oração – tomando o primeiro como sendo a **unidade real da comunicação discursiva**, e a segunda como sendo a **unidade da língua**, ou seja, uma abstração linguística –, Volóchinov (1926), por vezes, utiliza o termo equivalente a "enunciado" para fazer menção à abstração linguística, e não à unidade real da comunicação discursiva[2]. É o que se pode observar na seguinte afirmação: "o enunciado 'Puxa!', tomado de modo isolado, é vazio e privado de qualquer sentido" (Volóchinov, 2019 [1926]: 118).

Não é sem motivo, então, que, diante da necessidade de estabelecer uma distinção entre o uso real da língua e a abstração linguística, nosso autor opta por indicar o primeiro mediante expressões como "enunciado cotidiano", "enunciado da vida", "enunciado concreto" e "enunciado na vida" (cf. Volóchinov, 2019 [1926]: 117ss).

Em suma, as principais características aventadas para uma possível definição do conceito designado pela expressão "enunciado cotidiano" estão postas nas seguintes afirmações:

> seja qual for, ele [o enunciado cotidiano] sempre conecta os participantes da situação, como *coparticipantes* que conhecem, compreendem e avaliam a situação do mesmo modo. (Volóchinov, 2019 [1926]: 119);

> o enunciado cotidiano como um todo, como um todo consciente, é composto por duas partes: 1) a parte verbalmente realizada (ou atualizada) e 2) a subentendida. É por isso que é possível comparar o enunciado cotidiano com o "entimema". (Volóchinov, 2019 [1926]: 120);

> a particularidade dos enunciados da vida consiste justamente no fato de que eles estão entrelaçados por mil fios ao contexto extraverbal da vida e, ao serem isolados dele, perdem praticamente por completo o seu sentido: quem não conhece o seu contexto da vida mais próximo não irá entendê-los. (Volóchinov, 2019 [1926]: 121);

> o enunciado concreto (e não a abstração linguística) nasce, vive e morre no processo de interação social entre os participantes do enunciado. O seu significado e a sua forma são determinados principalmente pela forma e pelo caráter dessa interação. (Volóchinov, 2019 [1926]: 128).

Diante dos excertos supracitados, parece suficientemente claro que, para Volóchinov (1926), o enunciado concreto é aquele cuja compreensão requer considerar seu contexto social de produção. E, é preciso dizer, esse contexto, constantemente denominado "situação extraverbal", não é considerado como um acessório, mas, sim, como um elemento constitutivo do conceito de enunciado concreto – ou, se se quiser, discurso.

Mais do que isso, porém, é preciso destacar o fato de que, desde o início de sua apresentação da relação entre enunciado concreto e situação extraverbal, nosso autor acentua o processo de valoração do mundo. De acordo com Volóchinov (1926),

> costumamos atribuir as seguintes características e avaliações aos enunciados cotidianos: "é mentira", "é verdade", "é corajoso", "não podia ter dito isso", e assim por diante.
>
> Essas avaliações, e outras semelhantes a elas, independentemente do critério pelo qual elas se guiem – ético, cognitivo, político ou de outros tipos – incluem muito mais do que se encontra nos aspectos verbal e linguístico do enunciado: *as avaliações englobam, junto com a palavra, a situação extraverbal do enunciado*. (Volóchinov, 2019: 117-118).

Como é possível observar, essa passagem sustenta, claramente, que a dimensão axiológica que os agentes humanos fazem emergir nos enunciados concretos não pode ser depreendida somente do caráter linguístico e sistemático do enunciado. Antes, as posições valorativas estão intimamente relacionadas à situação extraverbal do cotidiano. Isto significa dizer que a situação extraverbal, concomitantemente à sua indispensabilidade para a definição de enunciado concreto, se instaura como *conditio sine qua non* para o processo de valoração do mundo. Sendo assim, direi que o pensador russo, ao mesmo tempo que distingue enunciado cotidiano – ou seja, concreto – de enunciado, sinaliza para a importância da situação extraverbal no tocante àquilo que, em *PVPP*, começa a despontar como o conceito de maior importância em sua proposta teórica: a **ênfase valorativa** ou, simplesmente, **avaliação**.

Perante essa última afirmação, devo abrir parênteses para um rápido comentário. Como se sabe, em 1925, Volóchinov publica o ensaio "Para além do social", em que apresenta uma versão reduzida da crítica mais robusta que, em 1927, aparece em *O freudismo: um esboço crítico* – no Brasil, ainda hoje, lamentavelmente, publicado sob a assinatura de Bakhtin. Em relação a esses escritos é válido lembrar que, se, no texto publicado em 1925, a ideia de avaliação é praticamente inexistente, no texto publicado em 1927, a avaliação surge em um ponto central da crítica volochinoviana. Ao dizer que a teoria freudiana incorre no equívoco de projetar no passado um ponto de vista do presente, nosso autor escreve:

> nós transferimos do presente para o passado pré-consciente da criança, antes de tudo, aquela compleição ideológico-**valorativa** que é característica apenas do presente. [...]
>
> "Pulsão sexual pela mãe", "pai-rival", "hostilidade ao pai", "desejo pela morte do pai" – se retirarmos de todos esses "acontecimentos" aquela significação das ideias, aquele tom **valorativo**, aquela importância ideológica em toda a sua plenitude, que se agregam a eles apenas no contexto de nosso presente "adulto" consciente, o que lhes restaria?
>
> [...] Uma vez que você desiste de projetar no passado os pontos de vista, **avaliações** e interpretações que pertencem ao presente, então você não tem motivo para falar sobre algo como complexo de Édipo, não importa o quão grande seja a quantidade de fatos objetivos citados como prova. (Voloshinov, 1976 [1927]: 81-82, negrito acrescido).

Ora, tendo em vista que *O freudismo* é posterior a *PVPP*, fica justificada minha afirmação de que é nesse último texto que a ênfase valorativa começa a despontar como o conceito de maior importância na proposta teórica de Volóchinov. Com isso, fecho parênteses e retorno a *PVPP*, propriamente dito.

Como se viu no último trecho supramencionado de *PVPP*, nesse ensaio de 1926, o incipiente conceito de ênfase valorativa está vinculado à produção do enunciado concreto. Mais do que isso, nesse texto, nosso autor assume a avaliação como sendo fundamentalmente social; característica que, segundo o pensador russo, conduz a avaliação a ser, não poucas vezes, subentendida. Como sustenta Volóchinov (2019 [1926]: 122), "quando uma avaliação é de fato condicionada pela própria existência da coletividade em questão, ela é reconhecida como dogma, como algo evidente e que não precisa ser discutido. E, ao contrário, quando a avaliação fundamental precisa ser enunciada e comprovada, ela já se tornou duvidosa, separou-se do objeto, deixou de organizar a vida e, por conseguinte, perdeu a sua ligação com as condições de existência dessa coletividade".

É digno de nota, ainda, o lugar que Volóchinov (1926) confere à **entonação** em sua abordagem da avaliação. Para compreender as considerações volochinovianas, é importante, em primeiro lugar, retornar ao modo como o autor estabelece tal relação:

a avaliação social saudável permanece na vida e a partir de lá organiza a própria forma do enunciado e a sua entonação, mas de modo algum tende a encontrar uma expressão adequada no conteúdo da palavra. [...] a avaliação essencial não está em absoluto no conteúdo da palavra e não pode ser deduzida dele; mas, em compensação, ela determina a própria *escolha* da palavra e a *forma* do todo verbal, **encontrando a mais pura expressão na *entonação***. A entonação estabelece uma relação estreita da palavra com o contexto extraverbal: é como se a entonação viva levasse a palavra para fora dos seus limites verbais. (Volóchinov, 2019 [1926]: 122-123, negrito acrescido)[3].

Nesse trecho, parece claro que a entonação se apresenta como um dos modos de expressão do posicionamento axiológico, ou seja, da avaliação; é apenas uma das faces que revelam a ênfase valorativa inerente ao contato com qualquer evento, fenômeno e/ou objeto do mundo. Ainda nas palavras de Volóchinov (1926), a entonação se apoia "no caráter compartilhado e subentendido das avaliações", de modo que "*o caráter partilhado das avaliações principais subentendidas é o tecido no qual o discurso humano vivo borda os seus desenhos entonacionais*" (Volóchinov, 2019: 124).

Evidentemente, o termo equivalente ao português "entonação" está atrelado ao processo psicobiofisiológico correspondente ao verbo "entoar" e, por conseguinte, à linguagem em sua modalidade oral. E isso, é preciso dizer, se justifica, sobretudo, em razão da importância que a oralidade possui no interior da cultura russa. Esse lugar da oralidade na cultura russa é esclarecido, por exemplo, por Roman Jakobson. De acordo com o grande linguista, não foi na Rússia nem em russo, mas, sim, na Inglaterra e em língua inglesa, que os contos folclóricos russos foram publicados pela primeira vez. Ao que prossegue:

aqui, somos confrontados com uma das características mais peculiares da vida cultural russa, que a distingue, bruscamente, da vida cultural do mundo ocidental. Por muitos séculos, a literatura escrita russa foi quase inteiramente subordinada à igreja: com toda sua riqueza e refinamento artístico, a herança literária da Antiga Rússia está quase totalmente voltada para a vida de santos e de homens piedosos, com lendas devocionais, orações, sermões, discursos eclesiásticos e crônicas em um estilo monástico. Os leigos da Antiga Rússia, entretanto, possuíam uma ficção profícua, original, multifacetada e altamente artística, mas o único meio para sua difusão era a transmissão oral. A ideia de usar a palavra escrita na poesia secular era totalmente alheia à tradição russa, e os meios expressivos dessa poesia eram inseparáveis da execução e transmissão oral. (Jakobson, 1975: 632-633).

Essas palavras de Jakobson fornecem indícios de um dos motivos pelos quais, após séculos, gêneros orais, como o *skaz*, se tornaram objeto de interesse dos estudiosos russos, ao passo que os estudos sobre a oralidade ainda lutam para se firmar no Ocidente.

Seja como for, o destaque de Volóchinov (1926) à entonação deixa registrado que, assim como todo enunciado concreto se apresenta sob um gênero discursivo que só podemos apreender – vale dizer, definir – a partir de uma série de propriedades (sintáticas, semântico-pragmáticas e até fonológicas), todo enunciado concreto apresenta uma carga valorativa interindividualmente construída, ou seja, uma posição valorativa, que só é possível compreender a partir de uma série de propriedades, dentre as quais a entonação. E é nessas circunstâncias, então, que, enquanto uma das faces da ênfase valorativa, "a entonação se encontra no limite entre a vida e a parte verbal do enunciado, é como se ela bombeasse a energia da situação cotidiana para a palavra, atribuindo ao todo linguisticamente estável um movimento histórico vivo e um caráter irrepetível" (Volóchinov, 2019 [1926]: 129).

OS TRÊS R'S DA AVALIAÇÃO: DO MATERIAL À FORMA

Conforme vimos anteriormente, Volóchinov (1926) sustenta que o posicionamento valorativo, isto é, a avaliação, "determina a própria *escolha* da palavra e a *forma* do todo verbal" (Volóchinov, 2019: 122-123). Em outros termos, quando nos colocamos a enunciar, o que dizemos e como dizemos nasce do posicionamento valorativo. Essa relação entre a avaliação e a forma é tratada de modo mais detalhado na seção em que o autor se dispõe a explicar "a diferença entre o enunciado verbal literário (a obra poética acabada) e o enunciado cotidiano" (Volóchinov, 2019 [1926]: 130).

De acordo com Volóchinov (1926), o enunciado literário, assim como o enunciado cotidiano, está intimamente vinculado à situação extraverbal não dita. Nessa direção, enquanto elemento indissociável da situação extraverbal – mesmo que não subordinado –, as avaliações subentendidas também dispõem de um lugar privilegiado no interior dos enunciados literários. Para o autor, na medida em que "*as avaliações sociais organizam a forma literária como sua expressão imediata*" (Volóchinov, 2019 [1926]: 131), fica estabelecido o modo como, partindo do autor, elas são orientadas ao ouvinte e ao objeto do enunciado.

É nesse contexto que o pensador russo enivereda por um detalhamento da relação entre material, conteúdo, forma e avaliação. Para Volóchinov (1926), assim como para Bakhtin em "O problema do conteúdo, do material e da forma na criação literária" (doravante, *PCMF*), ao tomar a "forma artística como a *forma do material*" (Volóchinov, 2019: 132), a estética formalista termina, se não por eliminar, ao menos por reduzir exacerbadamente o lugar condigno ao conteúdo. A consequência coerente, sugere nosso autor, seria a forma esvaziada de sua face axiológica, que a configura um indício de uma tomada de posição; logo, a forma tornada "apenas um estimulador de sensações agradáveis e completamente passivas naquele que percebe" (Volóchinov, 2019 [1926]: 132).

Recordemos brevemente, que, de modo semelhante, Bakhtin (1924) considera que, se seguida coerentemente, a compreensão da forma sustentada pela estética formalista, isto é, a forma "compreendida como a forma de um dado material apenas em sua determinidade natural-científica (matemática ou linguística)" (Bakhtin, 1990: 264), deixa escapar o aspecto axiológico, ou seja, as nuanças do posicionamento valorativo que nela se instituem. Para esse filósofo russo, tal compreensão sobre a forma, na medida em que supervaloriza o aspecto material, termina por lançar a arte ao patamar de um produto com fins hedonistas:

> qualquer sentimento, privado do objeto que lhe dá sentido, reduz-se a um simples estado psíquico factual, um estado isolado e extracultural. Portanto, se a forma expressa um sentimento que não se relaciona com nada, esse sentimento, então, torna-se simplesmente um estado do organismo psicofísico, um estado desprovido de qualquer intenção que abra o círculo fechado da simples doação/datidade psíquica [*psychic givenness*]. Torna-se simplesmente um prazer que, em última análise, pode ser explicado e compreendido apenas em termos puramente hedonísticos – por exemplo, do seguinte modo: um determinado material, na arte, é organizado de maneira a se tornar um estímulo de sensações agradáveis e estados no organismo psicofísico. A estética material, se for coerente, deve chegar a essa conclusão, embora nem sempre o faça de fato. (Bakhtin, 1990 [1924]: 264).

"A PALAVRA NA VIDA E A PALAVRA NA POESIA"

Assim, para Bakhtin (1924), a forma não deve ser definida somente em termos de seu material – p. ex., o espaço físico, a massa, o som da acústica, a palavra da linguística etc. –, pois, a despeito de qualquer suposta singularidade, uma definição nesses termos apenas concretiza uma separação, indevida, entre a dimensão do cognoscível, a dimensão da estética e a dimensão da ética. Antes, para uma definição satisfatória, é necessário ter em mente "a *tensão emocional-volitiva da forma* – o fato de que ela tem a capacidade de expressar certa relação axiológica, do autor e do contemplador, *para com* algo diferente do material" (Bakhtin, 1990 [1924]: 264); ou seja, com o conteúdo. Afinal, aspectos da forma – como seu tamanho, seu ritmo, sua harmonia, sua simetria, entre outros –, na medida em que expressam um posicionamento valorativo frente ao mundo, frente a outras obras, frente a outros discursos, dialogam, sobretudo, com a dimensão da ética, ou seja, com a dimensão da vida em sociedade.

Essas considerações de Bakhtin (1924) são, em grande parte, próximas às de Volóchinov (1926). Tal como aquele, este autor assume que desprezar o conteúdo implica, simultaneamente, anular a dimensão axiológica e justificar uma interpretação hedonista da arte (cf. Volóchinov, 2019, [1926]: 132-133). Logo, o resgate do conteúdo é imprescindível para a formulação de uma poética sociológica. Segundo Volóchinov (1926),

> evidentemente, a forma é realizada por meio do material e fixada nele, porém, no que concerne à *significação*, ela extrapola os seus limites. *A significação ou o sentido da forma não se refere ao material, mas ao conteúdo.* **Assim, é possível dizer que a forma da estátua não é a forma do mármore, mas a do corpo humano, que "heroifica" a representação do homem, ou "acaricia" ou talvez a "diminua"** (o estilo caricatural na escultura)**, isto é, expressa uma determinada avaliação daquilo que é representado**. (Volóchinov, 2019: 132, negrito acrescido).

No que concerne ao trecho supramencionado, salta aos olhos sua proximidade com os seguintes dizeres de Bakhtin (1924):

> quando um escultor trabalha com mármore, ele, indiscutivelmente, também trabalha o mármore em sua determinidade física. Mas a atividade artística do criador não é dirigida ao mármore em sua determinidade física, nem a forma atualizada pelo artista relaciona-se com ele, embora a própria atualização não possa realizar-se, em nenhum momento, sem o mármore. Ela também não pode realizar-se sem o cinzel, que certamente não entra, de

33

modo algum, no objeto artístico como um de seus constituintes. A forma escultural criada é uma forma *esteticamente* válida *do homem e do seu corpo*: é nessa direção que a intenção de criação e contemplação avança, ao passo que a relação do artista e do contemplador com o mármore, como corpo físico determinado, possui um caráter secundário, derivado, regido por algum tipo de relação primária com os valores objetivos – no caso dado, com o valor do homem corpóreo. (Bakhtin, 1990: 265).

De qualquer modo, porém, importa observar que a argumentação volochinoviana não somente visa salvaguardar a dimensão axiológica, mas, também, demonstrar a relação desta com o conteúdo. Se, a propósito disso, no último trecho supracitado de *PVPP*, a ideia é argumentar frente à proposta da estética materialista, logo em seguida, a argumentação responde aos equívocos da estética psicológica. Vejamos:

[a] significação valorativa da forma é particularmente clara na poesia. O ritmo e outros elementos formais expressam de modo claro certa relação ativa com aquilo que é representado: a forma o glorifica, lastima ou ridiculariza.

A estética psicológica chama isso de "aspecto emocional" da forma. Já para nós, não é importante o aspecto psicológico da questão nem quais forças psíquicas específicas participam na criação e na percepção cocriativa da forma, mas a significação dessas vivências, seu caráter ativo e sua orientação para o conteúdo. Por meio da forma artística, o criador assume *uma posição ativa em relação ao conteúdo*. A forma por si só não deve ser obrigatoriamente agradável, pois a sua interpretação hedonista é absurda; **a forma deve ser uma *avaliação convincente* do conteúdo**. (Volóchinov, 2019 [1926]: 132-133, negrito acrescido).

Neste último trecho, além da rejeição à estética psicológica, fica claro, mais uma vez, o movimento de vinculação da forma ao conteúdo. Assim, já nas objeções à estética formalista e à estética psicológica, encontramos o germe do que passo a chamar de **os três R's da avaliação**: os posicionamentos valorativos do falante – ou do criador de uma obra estética – são **relacionados** a um conteúdo, são **realizados** em um material e são **revelados** pela forma e pela entonação. À semelhança do que se pode ler em *PCMF*, Volóchinov (1926) advoga que **a forma** – e também a entonação – **revela, em si mesma, uma natureza avaliativa relacionada ao conteúdo e realizada por meio do material**.

Em outras palavras, a própria escolha de uma forma já dá mostras de um procedimento de adequação ou não adequação às convenções – tácitas ou não – e, por conseguinte, sinaliza para um posicionamento ativo em relação a essas convenções e/ou, até mesmo, em relação aos grupos que as estabelecem e/ou legitimam. Por esse motivo, "a forma deve ser estudada justamente nessas duas direções: em relação ao conteúdo, como sua avaliação ideológica, e em relação ao material, como realização técnica dessa avaliação" (Volóchinov, 2019 [1926]: 133). Isso equivale a dizer que **tanto na escolha quanto na organização do material, do conteúdo e da forma, a avaliação já está presente como uma condicionante. Muito antes de ser engendrada pelo material, pelo conteúdo e pela forma, a avaliação os engendra, de diferentes maneiras e simultaneamente**.

Esse entendimento da dimensão axiológica – ou, simplesmente, "categoria valorativa" – como sendo "o primeiro aspecto do conteúdo que determina a forma" (Volóchinov, 2019 [1926]: 135) tem a seu favor, ainda, o fato de estabelecer uma distinção relevante entre "a *avaliação* mais basilar e profunda *realizada por meio da forma*, que encontra sua expressão no próprio modo de visualizar e de posicionar o material literário" e aquele tipo de avaliação "que, sob a forma de juízos e conclusões do autor, estão introduzidas no próprio conteúdo da obra" (Volóchinov, 2019: 136). Tal distinção atesta, ao mesmo tempo, o caráter valorativo que a forma inelutavelmente assume em relação ao conteúdo e a costumeira eclosão, no conjunto de sentenças enunciadas, das posições valorativas inerentes ao contato do ser humano com o mundo.

Posto isso, acredito que já posso apresentar uma definição mais clara para o conceito que Volóchinov começa a centralizar a partir de *PVPP*. Segundo julgo, no texto a que me atenho neste momento, o conceito de **avaliação** começa a figurar como **a atribuição de uma carga valorativa, interindividualmente construída, aos eventos, fenômenos e/ou objetos do mundo**. Assim, a avaliação se instaura como uma **propriedade da(s) epistemologia(s)**. Dito de outra maneira, a avaliação, enquanto atribuição de uma carga valorativa que se constrói de modo interindividual, é uma propriedade da natureza de qualquer um dos possíveis modos de conhecer o mundo. Isto significa, em suma, que não há conhecimento desprovido de avaliação; que na natureza própria do **conhecer**, junto ao significar, habita o **avaliar**. É por isso que o enunciado concreto, que brota do solo da situação extraverbal, traz consigo, inevitavelmente, posicionamentos valorativos.

Aqui, certamente, é interessante registrar que, se o *Curso de linguística geral* – atribuído a Ferdinand de Saussure – distingue **significação** de **valor**, o pensamento volochinoviano parece distinguir **significação** de **valoração**. Quer dizer, para o autor de *PVPP*, a valoração não é meramente a atribuição de uma carga semântica. Antes disso, ela diz respeito a uma espécie de juízo de valor, historicamente constituído, que se faz em torno de um dado evento, fenômeno e/ou objeto do mundo.

EM SÍNTESE...

Neste primeiro capítulo, explorei o modo como *PVPP* relaciona a avaliação social e o enunciado concreto. Dito resumidamente, enfatizei que, por se estabelecer nos enunciados concretos, a avaliação está inextrincavelmente vinculada à situação extraverbal do cotidiano, que o caráter social das avaliações destaca sua face de subentendido e que a entonação se configura como sua mais nítida expressão.

Em seguida, destaquei que, em movimento similar ao de Bakhtin (1924), *PVPP* traça uma defesa do que chamei de "os três R's da avaliação". Conforme se lê no texto de Volóchinov, os posicionamentos valorativos do falante – ou do criador de uma obra estética – se realizam no material, se relacionam a um conteúdo e se revelam pela forma e pela entonação.

Como se viu, tudo o que foi discutido aponta para o fato de que, em *PVPP*, Volóchinov compreende a avaliação, ou seja, os posicionamentos valorativos, como uma propriedade da(s) epistemologia(s). Em outras palavras, para Volóchinov (1926), a avaliação social é uma propriedade subjacente à natureza de qualquer um dos possíveis modos de conhecer o mundo.

Com tal síntese em mente, podemos avançar para os comentários a respeito do modo como a dimensão axiológica é abordada na *magnum opus* de Volóchinov, a saber, *Marxismo e filosofia da linguagem*.

MARXISMO E FILOSOFIA DA LINGUAGEM

Em todo signo ideológico cruzam-se ênfases multidirecionadas.
[...] apenas esse cruzamento de acentos proporciona ao signo a
capacidade de viver, de movimentar-se e de desenvolver-se.

(Volóchinov, 2018 [1929]: 113)

Toda palavra é um pequeno palco em que as ênfases sociais
multidirecionadas se confrontam e entram em embate.

(Volóchinov, 2018 [1929]: 140)

Após ter discutido o lugar da avaliação social em *PVPP*, é necessário verificar o tratamento que Volóchinov confere à axiologia em *MFL*, obra que se orienta para a filosofia da linguagem e para a linguística – e é, certamente, o mais maduro de seus escritos. É a essa tarefa, então, que me dedico nas próximas páginas.

A RESPEITO DE *MFL*

Frequentemente referido como produto da pesquisa de doutorado de Valentin N. Volóchinov, *MFL* foi publicado originalmente em 1929, tendo sua segunda edição em 1930. É fato que Volóchinov, de modo explícito, inscreve sua obra na tentativa de apresentar "*a direção geral* do pensamento **verdadeiramente marxista** sobre a linguagem e os *pontos metodológicos fundamentais* que devem sustentar esse pensamento na abordagem dos problemas concretos da linguística" (Volóchinov, 2018 [1929]: 83-84, negrito acrescido). Entretanto, concordando com Vladimir Alpatov (2003), direi que o caráter explícito de tal inscrição parece não avançar muito. Como observou esse historiador russo da linguística, o leitor notará que a problemática marxista está representada nesta obra [i. e., em *MFL*] de maneira altamente irregular. Ela está concentrada particularmente na breve introdução, que parece bastante habitual para os textos marxistas da época. Fala-se muitas vezes do marxismo na primeira parte metodológica, ainda que de maneira irregular de acordo com os capítulos: nos dois primeiros capítulos mais do que no terceiro. Mas na segunda parte do livro, que leva a cabo a controvérsia contra Saussure e a escola de Vossler, o substantivo "marxismo" está completamente ausente e o adjetivo "marxista" é encontrado apenas três vezes. Quanto à terceira parte, que trata de problemas mais concretos do estilo indireto livre, nem um nem outro podem ser encontrados. (Alpatov, 2003: 15).

Adicione-se a isso, outro fato observado por Alpatov (2003): importantes termos da tradição marxista, como "base" – na acepção de infraestrutura – e "superestrutura" ocorrem apenas na primeira parte do livro. Dos termos mais caros a essa tradição, parece que somente "ideologia" tem uma presença mais constante em todas as partes do livro, e – ironia das ironias – sua acepção, em *MFL*, claramente destoa do sentido que se pode apreender dos escritos marxistas mais clássicos no período.

Nessas condições, sem entrar, necessariamente, na querela sobre a suposta posição marxista de Volóchinov – afinal, até onde sei, não dispomos de um núcleo teórico duro que permita afirmar o que era ser marxista na Rússia das décadas de 1920-1930 –, estou inclinado a pensar, como Tylkowski (2011), que o pensador russo sustenta um posicionamento materialista dialético e histórico. Isto é, sua premissa de partida, tanto em termos filosóficos quanto metodológicos, é a primazia daquilo que é material na explicação dos fenômenos naturais, sociais e mentais.

É, portanto, nessa posição de pensador materialista que Volóchinov (1929) inicia sua obra com uma afirmação que, considerando sua condição de intelectual na URSS de Stalin, é, no mínimo, corajosa: "até o presente momento [i. e., 1929], ainda não existe nenhum trabalho marxista sobre a filosofia da linguagem" (Volóchinov, 2018: 83). Ora, se os principais objetos da investigação em filosofia da linguagem, nos tempos de Volóchinov, se circunscreviam, por um lado, "à origem da linguagem verbal humana ou das línguas" e, por outro lado, à "relação entre pensamento e linguagem" (Grillo, 2018 [2017]: 13), com implicações para a questão da alteridade, a afirmação de Volóchinov (1929) é corajosa por, em certa medida, desconsiderar a "nova teoria da linguagem", do linguista Nikolai Ia. Marr [1865-1934], a qual foi alçada em 1929 à condição de abordagem marxista oficial[4].

Seja como for, por ora, importa considerar que, na perspectiva de Volóchinov (1929), a ausência de um pensamento legitimamente materialista a respeito da linguagem é, na verdade, produto da inexistência, no âmbito da literatura marxista, de "uma definição acabada e reconhecida da realidade específica dos fenômenos ideológicos" (Volóchinov, 2018: 84). **Em outros termos, somente uma compreensão materialista acerca dos diferentes fenômenos ideológicos, isto é, os campos de criação da cultura** – vale dizer, o campo da arte, da ciência, da filosofia, da religião etc. –, responsáveis pela estruturação do imaginário social não institucionalizado, **pode suscitar um efetivo entendimento do papel desenvolvido pela linguagem na história e nas culturas**.

É por esse motivo, então, que Volóchinov (1929) inicia a primeira parte de *MFL* destacando que os produtos oriundos dos campos de criação da cultura não devem ter sua materialidade apontada somente em termos de sua realidade natural e social. Ou seja, não devem ser pensados sob aquilo que o autor denomina "categoria da causalidade mecânica", própria de um "materialismo mecanicista ingênuo" (Volóchinov, 2018 [1929]: 84 e 97). Antes, os produtos decorrentes de cada um dos campos de criação da cultura se constituem de, e atuam como, **signos** que, mediante os processos de reflexão e, sobretudo, de refração, dão lugar à história.

A AVALIAÇÃO SOCIAL COMO NÚCLEO DO SIGNO

Se, como vimos, em *PVPP*, a valoração do mundo está estritamente vinculada ao conceito de enunciado concreto, em razão da relação deste último com a situação extraverbal cotidiana, no que diz respeito a *MFL*, é possível dizer que, por motivos semelhantes, a valoração guarda um vínculo estreito com os conceitos volochinovianos expressos pelos termos equivalentes a "signo" e "ideologia". Consideremos, como exemplo, o que Volóchinov (1929) afirma já no terceiro parágrafo do primeiro capítulo de sua *magnum opus*:

> qualquer produto ideológico é não apenas uma parte da realidade natural e social – seja ele um corpo físico, um instrumento de produção ou um produto de consumo – mas também, ao contrário desses fenômenos, reflete e refrata outra realidade que se encontra fora dos seus limites. Tudo o que é

ideológico possui uma *significação*: ele representa e substitui algo encontrado fora dele, ou seja, ele é um *signo*. *Onde não há signo também não há ideologia*. Pode-se dizer que um corpo físico equivale a si próprio: ele não significa nada e coincide inteiramente com a sua realidade única e natural. Nesse caso, não temos como falar de ideologia. (Volóchinov, 2018: 91-92).

Durante algumas décadas, por motivos relacionados, dentre outras coisas, ao contexto de recepção da obra no Ocidente, o tão importante trecho supracitado foi objeto de uma interpretação que espelhou preocupações dos tempos e das culturas de recepção (cf. Sériot, 2015). Nessa medida, a acepção dada por Volóchinov (1929) aos termos russos equivalentes a "ideologia" e "ideológico" parece ter escapado a alguns leitores, os quais, não raramente, preencheram a lacuna com a acepção mais corrente no ambiente acadêmico de seus tempos.

Hoje, porém, a partir de uma leitura do todo, ou seja, uma leitura que engloba boa parte dos escritos provenientes do Círculo de Bakhtin, e, sobretudo, a partir de uma leitura que considera a obra volochinoviana em seu próprio contexto, podemos reconhecer certa variação na utilização dos termos por parte do autor. Temos "ideologia" e "ideológico", frequentemente, em relação às distintas esferas da atividade humana de criação, como a esfera artística, a científica, a filosófica, a religiosa, e assim por diante. Nesse caso, o que é ideológico é aquilo que é atinente a esses campos ou aquilo que neles se inscreve. Portanto, o termo "ideologia" claramente "é outro nome para *superestrutura*" (Faraco, 2013: 179). Além disso, em dados momentos, como na expressão "ideologia do cotidiano", os termos parecem fazer referência a uma visão de mundo específica de determinado grupo social. Logo, não é de espantar a afirmação volochinoviana de que "a ideologia social, ou seja, os sistemas ideológicos formados, é a ideologia do cotidiano ('a psicologia social') sistematizada e fixada nos signos exteriores" (Volóchinov, 2019b [1930]: 265).

Assim, quanto a essas duas acepções do termo "ideologia" em *MFL*, minha interpretação é semelhante à de Faraco (2013) – que as estende também a Medviédev:

> o conceito de ideologia como visão de mundo/ sistema de crenças/ ponto de vista também ocorre em Voloshinov e Medvedev, o que exige do leitor um cuidado para não se perder na ambivalência. Assim, o mantra tradicional da vulgata bakhtiniana de que todo signo é ideológico tem dois sentidos (mas nenhum carrega um sentido crítico, negativo ou pejorativo – como

algumas vezes parece estar pressuposto na vulgata). Todo signo é ideológico porque remete a uma visão de mundo (axiologicamente constituída). E todo signo é ideológico porque se materializa no espaço de uma das esferas da superestrutura (arte, religião, direito, filosofia, ciência, ética etc.) e a materializa. (Faraco, 2013: 180).

Nessas condições, direi que, para o autor de *MFL*, a porta de entrada para uma filosofia da linguagem de orientação materialista é o entendimento de que **qualquer produto ideológico**, ou seja, qualquer criação no campo das artes – literatura, pintura, escultura etc. –, das ciências – física, química, biologia etc. –, das religiões – cristianismo, judaísmo, hinduísmo etc. –, e assim por diante, **possui uma significação**, isto é, se instaura como um signo que "representa e substitui algo encontrado fora dele" (Volóchinov, 2018 [1929]: 91). E é justamente nesse processo de representação ou substituição de um evento, fenômeno e/ou objeto do/no mundo, operado por um agente humano por meio do signo, que se faz emergir uma posição valorativa interindividual, estruturada a partir da dinâmica dos três R's, isto é, relacionada ao conteúdo, realizada no material e revelada pela forma e pela entonação que envolvem o signo. Daí, portanto, a conclusão volochinoviana de que "o signo não é somente uma parte da realidade, mas também reflete e refrata uma outra realidade, sendo por isso mesmo capaz de distorcê-la, ser-lhe fiel, percebê-la de um ponto de vista específico e assim por diante" (Volóchinov, 2018 [1929]: 93). Ao que, logo em seguida, completa: "cada campo da criação ideológica possui seu próprio modo de se orientar na realidade, e a refrata a seu modo. Cada campo possui sua função específica na unidade da vida social. Entretanto, *o caráter sígnico é um traço comum a todos os fenômenos ideológicos*" (Volóchinov, 2018 [1929]: 94).

Em outras palavras, por representar ou substituir algo, um mesmo signo deixa entrever diferentes posicionamentos valorativos a respeito desse algo. Tais posicionamentos valorativos, característicos de grupos sociais específicos, na medida em que disputam os mesmos signos, fazem emergir e/ou recrudescer a interação social. Logo, **na perspectiva volochinoviana, o signo – e, em última instância, a linguagem –, não apenas por sua função de significar, mas, sobretudo, em virtude de seu caráter axiológico, se torna elemento basilar para o desenrolar da história.** Ele está na origem de toda a criação de qualquer campo ideológico – reitero: artes, ciência, filosofia, religião etc. Não seria desatino algum dizer que, na dimensão ideológica, todas as coisas foram feitas por intermédio dele, e, sem ele, nada do que foi feito se fez.

Aliás, esse entendimento parece se confirmar, sobretudo, na medida em que, numa atitude de distanciamento em relação ao que denomina "idealismo" e "psicologismo", Volóchinov (1929) assume a primazia do signo em relação à consciência individual. Para o autor, "*a própria consciência pode se realizar e se tornar um fato efetivo apenas encarnada em um material sígnico*" (Volóchinov, 2018 [1929]: 95), o que significa dizer, em outras de suas palavras, que "a consciência se forma e se realiza no material sígnico criado no processo da comunicação social de uma coletividade organizada. A consciência individual se nutre dos signos, cresce a partir deles, reflete em si a sua lógica e as suas leis" (Volóchinov, 2018: 97-98). É ainda o autor que, mais adiante, num movimento que parece tomar o termo "vivência" como sinônimo de "consciência" ou de "vida psíquica interior", faz questão de ressaltar "que a vivência não só pode ser expressa exteriormente (para os outros) por meio do signo (pois é possível expressar a vivência para os outros por meio de uma palavra, da expressão facial ou de algum outro modo), mas que *a vivência, até mesmo para a própria pessoa que a sente, só existe no material sígnico*. Fora desse material não existe a vivência como tal. Nesse sentido, qualquer vivência é *expressiva*, ou seja, é uma expressão em potencial" (Volóchinov, 2018 [1929]: 120).

Esse conjunto de asserções do autor integra, na verdade, seu entendimento de que a psicologia precisa ter uma abordagem sociológica; precisa ser "uma psicologia verdadeiramente objetiva" (Volóchinov, 2018 [1929]: 115). Conforme sustenta, isso pode ocorrer somente na medida em que se compreende que a consciência de um indivíduo só pode existir por meio de signos, os quais são inapelavelmente axiológicos, axiologizantes e axiologizáveis. Isto é, sem signos, que estão valorados, que estão valorando e que podem valorar, pode haver processos fisiológicos, pode haver processos no sistema nervoso, porém, não pode haver consciência. Nos termos de Volóchinov (1929), "não há psiquismo fora do material sígnico" (Volóchinov, 2018: 116).

Devo dizer que esse lugar do signo nas reflexões de Volóchinov parece muito próximo ao que lemos no volume de *A filosofia das formas simbólicas* dedicado à linguagem. Nesse texto, que estava em processo de tradução por parte de Volóchinov, o filósofo Ernst Cassirer [1874-1945], ao iniciar sua discussão sobre as diferentes formas específicas – ciência, arte, religião etc. – de objetivação da realidade, afirma: "no desenvolvimento imanente do espírito, a aquisição do *signo* realmente sempre representa o primeiro e necessário passo para o conhecimento objetivo da essência das coisas. Para a consciência, o signo constitui, por assim dizer, a primeira etapa e a primeira prova da objetividade, porque ele interrompe a constante modificação dos conteúdos da consciência, e porque nele se define e enfatiza algo permanente" (Cassirer, 2001 [1923]: 36).

Independentemente dessa proximidade com os escritos de Cassirer, as palavras de Volóchinov (1929) não deixam dúvidas: para o autor de *MFL*, uma vez que a consciência é fundamentalmente sígnica e que sem tal característica ela não seria consciência, a signicidade que fundamenta a consciência se torna o elo entre o organismo e o mundo exterior. **O signo é, portanto, a ponte entre o ser humano e o mundo.** Assim, "o organismo e o mundo se encontram no signo" (Volóchinov, 2018 [1929]: 116). Vê-se, portanto, que a experiência consciente é o resultado do contato do ser humano com o mundo, ocorrido via signo. Ou, nas próprias palavras de Volóchinov (2018 [1929]: 116), "a vivência psíquica é uma expressão sígnica do contato do organismo com um meio exterior".

Trocando em miúdos, Volóchinov (1929) sustenta que, se o psicologismo e o antipsicologismo não puderam fundamentar um tratamento adequado para a questão da consciência e para a questão da ideologia, essa tarefa pode ser levada a cabo, de modo satisfatório, por meio de sua **filosofia do signo ideológico**, fundamentada no caráter axiológico, axiologizante e axiologizável do signo (cf. Volóchinov, 2018: 127).

A essa altura, importa observar que, embora certos dizeres de Volóchinov (1929) abarquem todo tipo de signo – nomeadamente, "a imagem artística, o símbolo religioso, a fórmula científica, a norma jurídica e assim por diante" (Volóchinov, 2018: 94) –, nosso autor claramente põe em relevo a palavra, ou seja, o **signo linguístico**[5]. Certamente, isso poderia estar justificado já pela própria temática da obra, qual seja, filosofia da linguagem. Todavia, Volóchinov (1929) justifica tal ênfase pelo lugar da palavra frente aos outros tipos de signo.

Dito resumidamente, Volóchinov (1929) assume, em primeiro lugar, que o signo encontra sua mais plena expressão na palavra. Quer dizer, na medida em que o traço mais característico do signo é a propriedade de significar, o signo linguístico se torna o signo mais representativo do que é ser signo. Daí, portanto, afirmações como "*a palavra é o fenômeno ideológico* par excellence" e "a palavra é o *medium* mais apurado e sensível da comunicação social" (Volóchinov, 2018 [1929]: 98 e 99). Adiciona-se a isso o fato de que, conforme sustenta o autor, diferentemente de outros materiais sígnicos, a palavra não serve apenas a um campo da criação ideológica. Pelo contrário, ela circula como um signo culturalmente livre, podendo atender às mais variadas esferas da atividade humana de criação, vale dizer, "assumir *qualquer* função ideológica: científica, estética, moral, religiosa" (Volóchinov, 2018 [1929]: 99). Para Volóchinov (1929), esse caráter singular da palavra face a outros tipos de signo se sustenta, também, pelo fato – importantíssimo, como demonstro na próxima seção – de que "a *palavra* é o material mais usual da comunicação cotidiana" e, além disso, pelo fato de que sua independência de outros instrumentos e materiais extracorporais a tornou o "*medium* predominante da consciência individual" (Volóchinov, 2018: 100). Finalmente, segundo o autor de *MFL*, "esse papel excepcional da palavra como um meio da consciência determina o fato de que *a palavra acompanha toda a criação ideológica como seu ingrediente indispensável. A* palavra acompanha e comenta todo ato ideológico" (Volóchinov, 2018 [1929]: 100). Ou seja, mais do que ser culturalmente livre, a palavra se impõe como elemento incontornável para os signos não verbais; eles "são envolvidos pelo universo verbal, emergem nele e não podem ser nem isolados, nem completamente separados dele" (Volóchinov, 2018 [1929]: 101)[6].

Posto isso, julgo importante considerar, mesmo que brevemente, certa crítica de Sériot (2015). Supondo que a teoria volochinoviana do signo se opõe à perspectiva freudiana sobre o inconsciente, tão cara a um determinado segmento da Análise do Discurso de linha francesa, Sériot (2015) argumenta que a centralidade conferida por Volóchinov (1929) ao signo se revela um "*hipersemioticismo*: tudo é signo, e nada que não seja estritamente, 'objetivamente', econômico, material, pode existir fora de sua manifestação, ou 'encarnação', em signos" (Sériot, 2015: 83).

A respeito dessa crítica, inicialmente, devo lembrar que, embora os escritos de Volóchinov – o que inclui *O freudismo: esboço crítico*, de 1927 – revelem certa oposição à perspectiva freudiana, ainda está por ser demonstrado que o inconsciente freudiano não opera com signos; especialmente, signos linguísticos. Com isso quero dizer que, principalmente após as considerações de Jacques Lacan [1901-81] sobre a relação entre linguagem e inconsciente, a impossibilidade de articulação entre Freud e Volóchinov não pode ser somente afirmada; precisa de estruturação sistemática.

Em adição a isso, é importante observar o motivo dessa centralidade conferida, por Volóchinov (1929), ao signo, com destaque para o signo linguístico: além da economia que confere às interações discursivas – quer dizer, por conta do signo, podemos falar daquilo que não está ao alcance de nossas mãos e, até mesmo, do que é contrafactual –, é no e pelo signo que se materializam os posicionamentos valorativos e, por isso, é nele que, pelo embate de perspectivas, a história se move. E aqui, então, seria possível questionar: como demonstrar que os embates axiológicos não afetam o inconsciente? Ou, inversamente: como demonstrar que os embates axiológicos não são afetados pelo inconsciente?

Nessas condições, penso que, ao dizer que qualquer campo de criação ideológica necessita do signo e que mesmo a consciência individual só pode ser estabelecida a partir dele, Volóchinov (1929), verdadeiramente, confere um estimado lugar ao signo. E esse lugar não parece desproporcional na medida em que reconhecemos o fato de que é exatamente o signo que nos permite mais dinamicidade em nossas interações sociais e, sobretudo, o fato de que é o signo que revela – pela forma, pela entonação etc. – os posicionamentos valorativos dos interagentes. Ora, sem os posicionamentos valorativos que somente o signo pode revelar – pela forma, pela entonação etc. –, todo evento, fenômeno e/ou objeto do mundo teria uma única via de abordagem. Isso não implicaria somente o reinado da objetividade sobre a subjetividade. Mais do que isso: implicaria a desconfiguração do ato próprio de ser humano.

Diante de tudo o que foi tratado até aqui, é possível dizer que o que Volóchinov (1929), por vezes, denomina "refração" se refere ao processo de valoração que o ser humano leva a cabo por meio do signo e, consequentemente, do enunciado. Para ele, antes de qualquer coisa, é "no material da palavra" (Volóchinov, 2018 [1929]: 102), enquanto a mais plena expressão do signo, que se deve estudar as leis, as formas e os mecanismos atinentes aos posicionamentos valorativos interindividuais da existência; posicionamentos, esses, constitutivos do signo e da consciência, e, inapelavelmente, orientados a um dado campo ideológico. A importância da teoria volochinoviana do signo se revela, então, exatamente em sua compreensão de que a história se escreve no e pelo signo, não apenas por sua função de significar, mas, sobretudo, em virtude da dimensão axiológica, que é seu ponto nevrálgico.

O SIGNO AXIOLÓGICO COMO FUNDAMENTO DE UMA FILOSOFIA DA LINGUAGEM MATERIALISTA

Como esboçado anteriormente, Volóchinov (1929) rejeita a ideia de que uma compreensão verdadeiramente materialista dos campos de criação da cultura possa ocorrer a partir de uma aplicação do que denomina "categorias da causalidade mecânica" (Volóchinov, 2018: 103) à tese do determinismo socioeconômico, isto é, à tese marxista de que as propriedades socioeconômicas da base – a infraestrutura – determinam as propriedades ideológicas e/ou culturais – a superestrutura. Na verdade, parece mesmo que o pensador rejeita a própria ideia oficial de uma influência unilateral na relação entre infraestrutura e superestrutura. Afinal, é o próprio Volóchinov (1929) que escreve: "enquanto a consciência permanece na cabeça daquele que pensa como um embrião verbal da expressão, ela é apenas uma parte muito pequena da existência, com um campo de ação reduzido. No entanto, quando ela passa todos os estágios da objetivação social e entra no campo de força da ciência, da arte, da moral, do direito, ela se torna uma força verdadeira, **capaz até de exercer uma influência inversa nas bases econômicas da vida social**" (Volóchinov, 2018: 212, negrito acrescido).

Seja como for, na condição de um pensador no interior da URSS de Stalin, Volóchinov (1929) acena para o entendimento de que (i) o problema não está nos fundadores do marxismo, pois (ii) a causalidade mecânica não provém dos pensadores materialistas (cf. Volóchinov, 2018: 84 e 103).

Na linha de raciocínio de nosso autor, parece claro que, para se avançar, de fato, sobre a questão da relação entre a base e a superestrutura, é preciso estar ciente de que a alteração da base não pode ser evidenciada apenas por recurso a um objeto ideológico isolado, isto é, por remissão a um produto de determinado campo da cultura, considerado isoladamente. Na realidade, "*a importância de uma mudança ideológica deve ser definida no contexto da ideologia correspondente*, considerando que qualquer área ideológica é uma totalidade que reage com toda a sua composição à alteração da base" (Volóchinov, 2018 [1929]: 104). Em outros termos, para Volóchinov (1929), não se pode dar conta de uma mudança na base – mudança, essa, que afeta a superestrutura – tomando como justificativa apenas elementos identificáveis em um produto ideológico isolado. Antes disso, posto que todo campo de criação da cultura é, *per se*, um conjunto que responde às alterações da base no todo de seus componentes, a tentativa de surpreender mudanças na base precisa considerar toda a rede de produtos constituintes do campo de criação da cultura determinado.

A partir desse entendimento, Volóchinov (1929) aponta que "a explicação deve preservar toda a *diferença qualitativa* dos campos em interação e observar todas as etapas que acompanham essa mudança" (Volóchinov, 2018: 104). Em adição a isso, sustenta também que, sob pena de "simplificação do fenômeno ideológico", ou seja, de reducionismo do objeto cultural, a explicação não pode ignorar a "essência do fenômeno ideológico" (Volóchinov, 2018 [1929]: 104-105), vale dizer, a essência do produto cultural[7]. Nesse particular, nosso autor apresenta como exemplo dadas interpretações sobre o romance *Rúdin*, do escritor russo Ivan Turguêniev [1818-1883]. Porém, para meu objetivo, importa somente esclarecer que a referida essência do objeto cultural, que não pode ser ignorada, é exatamente o signo.

Com efeito, a discussão empreendida por Volóchinov (1929) não intenta ser uma proposta completa de solução para o problema da relação entre base e superestrutura. Como ele mesmo afirma, ao sinalizar para o fato de que "o signo verbal é o caminho mais fácil e abrangente para acompanhar o caráter ininterrupto do processo dialético de mudança que ocorre da base em direção às superestruturas" (Volóchinov, 2018 [1929]: 114), seu objetivo estaria mais em evidenciar a importância que a filosofia da linguagem pode ter nessa discussão. Diante disso, é justificável que, num movimento que parece apontar para sua compreensão de que os campos da criação ideológica – em suma, a superestrutura – são inseparáveis do signo, Volóchinov (1929) se atenha a explicar "*como* a existência real (a base) determina o signo e *como* o signo reflete e refrata a existência em formação" (Volóchinov, 2018: 106).

Basicamente, o argumento de Volóchinov (1929) apela para a "*onipresença social*" da palavra, isto é, para o fato de que "a palavra participa literalmente de **toda** interação e de **todo** contato entre as pessoas: **da colaboração no trabalho**, da comunicação ideológica, dos contatos eventuais cotidianos, das relações políticas etc." (Volóchinov, 2018: 106, negrito acrescido). As próprias relações de produção, bem como o regime sociopolítico que estas fazem emergir, mesmo que – em certa medida – condicionem "todos os possíveis contatos verbais entre as pessoas, todas as formas e os meios da comunicação verbal entre elas" (Volóchinov, 2018 [1929]: 107), são possíveis somente em virtude da presença da palavra – e do signo, de modo geral – já em seu nascedouro.

É possível dizer, então, que, para o autor de *MFL*, em vez de se alegar, vagamente, que a determinação da superestrutura pela base é fruto de uma relação causal – o que, muitas vezes, sugere um efeito instantâneo –, é preciso considerar que se trata de um processo que ocorre gradativamente, por meio das "*mudanças sociais*", que têm justamente a palavra, o signo linguístico, como seu "*indicador* mais sensível" (Volóchinov, 2018 [1929]: 106). Dito de outra maneira, como o próprio Volóchinov (1929) pontua a respeito de seu exemplo, ou seja, do romance *Rúdin*, é necessário ter em mente que entre as mudanças na base econômica e as correspondentes alterações na superestrutura "existe um **caminho muito longo** que passa por uma série de *esferas qualitativamente distintas*, cada uma das quais com suas próprias *leis específicas* e singularidade" (Volóchinov, 2018 [1929]: 105, negrito acrescido).

Para ser mais ainda claro, direi que Volóchinov (1929) elabora sua ideia de processo gradativo – atinente à determinação da superestrutura pela base – a partir de uma mui sutil reformulação do conceito de "psicologia social". Isto é, para Volóchinov (1929), se "a teoria de Plekhánov e da maioria dos marxistas" concebe a psicologia social como sendo "um elo transitório entre o regime sociopolítico e a ideologia em sentido estrito (ciência, arte etc.)", é preciso ter em mente que ela só o pode ser, de fato, se for entendida dentro do "processo real da comunicação e interação verbal (sígnica em sentido amplo)" (Volóchinov, 2018: 106). Fora desse processo a psicologia social é transformada "em um conceito metafísico ou mítico ("alma coletiva" ou "psiquismo coletivo interior", "espírito do povo" etc.)" (Volóchinov, 2018 [1929]: 107). Mais especificamente, de acordo com Volóchinov (1929), esse "elo transitório" entre base e superestrutura é absolutamente inseparável da "comunicação cotidiana". Lembremo-nos, por exemplo, de que, ao versar sobre as particularidades da palavra, nosso autor já afirmava o inextrincável vínculo da comunicação cotidiana com a ideologia do cotidiano; a primeira materializando a segunda, que é o elo entre base e superestrutura. Em suas próprias palavras,

> existe um campo enorme da comunicação ideológica que não pode ser atribuído a uma esfera ideológica. **Trata-se da *comunicação cotidiana.*** Essa comunicação é extremamente importante e rica em conteúdo. Por um lado, **ela entra diretamente em contato com os processos produtivos e, por outro, ela se relaciona com as várias esferas ideológicas já formadas e especializadas. Ainda voltaremos a abordar esse campo específico da *ideologia do cotidiano.*** (Volóchinov, 2018 [1929]: 99, negrito acrescido)[8].

Esse trecho é mais bem compreendido ao se conceber que, nele, o termo russo equivalente à expressão portuguesa "ideológica", quando vinculado ao vocábulo correspondente a "comunicação", possui acepção distinta de quando atrelado à expressão equivalente a "esfera". Assim, "comunicação ideológica" diz respeito à comunicação pela qual emergem diferentes sistemas de crença, diferentes visões de mundo, ou seja, deve ser entendida como o grande quadro comunicativo que abarca desde as interações atinentes à base até as interações próprias da superestrutura. Diferente disso, "esferas ideológicas" é utilizada para remeter aos campos de criação da cultura. Nessas condições, então, considero que o referido trecho, mesmo ensombrecido pela variação na acepção do termo equivalente a "ideológica", já anunciava que, para Volóchinov (1929), na comunicação que faz mover diferentes visões de mundo, há um enorme horizonte que não deve ser enquadrado em campos de criação da cultura específicos. Esse horizonte amplo é a "comunicação cotidiana", que tanto toca os processos produtivos – ou seja, a base – e as "esferas ideológicas já formadas e especializadas" – vale dizer, a superestrutura – quanto fundamenta a "ideologia do cotidiano".

Para que não reste qualquer dúvida, remeto ainda às seguintes palavras do pensador russo:

> a psicologia social [i. e., a ideologia do cotidiano] é justamente aquele **universo de *discursos verbais* multiformes** que abarca todas as formas e todos os tipos de criação ideológica estável: **as conversas dos bastidores, a troca de opiniões no teatro, no concerto e em todo tipo de reuniões públicas, as conversas informais e eventuais, o modo de reagir verbalmente aos acontecimentos da vida e do dia a dia, a maneira verbal interna de estar consciente sobre si mesmo e sobre sua posição social etc. etc.** [...].

> Todas essas formas de interação discursiva [que constituem a psicologia social] estão estreitamente ligadas às condições de dada situação social concreta, e reagem com extrema sensibilidade a todas as oscilações do meio social. É justamente nas profundezas dessa psicologia social materializada na palavra que são acumuladas aquelas mudanças e alterações pouco perceptíveis que depois encontram sua expressão em produtos ideológicos acabados. (Volóchinov, 2018 [1929]: 107-108, negrito acrescido).

Os trechos apresentados deixam perceber que, para Volóchinov (1929), de fato, entre a base socioeconômica – a infraestrutura – e os diferentes campos da criação ideológica – a superestrutura – não há um modo causal inexplicado em termos materiais. Para ele, há, isto sim, uma relação dialética, que se concretiza por meio da ideologia do cotidiano; sendo esta última impensável, se apartada da comunicação cotidiana que, obviamente, é parte do "processo real da comunicação e interação verbal (sígnica em sentido amplo)" (Volóchinov, 2018 [1929]: 106).

É, pois, ao conceber que a ideologia do cotidiano, materializada na interação verbal – e, assim, no signo, do qual a palavra é a expressão mais nítida –, substitui o mecanicismo do modo causal na relação infraestrutura/superestrutura, que Volóchinov (1929) chega a um conjunto de implicações significativamente produtivas. A partir de sua proposta, é possível, agora, de um modo efetivamente materialista, pensar nas coerções do **horizonte social** sobre o enunciado. Além disso, é possível pensar em como os **enunciados concretos** deixam entrever a ideologia do cotidiano, e em como esses enunciados se organizam "sob o modo de pequenos *gêneros discursivos*" (Volóchinov, 2018 [1929]: 107, negrito acrescido).

Apontando que, no estudo da "psicologia social" efetivado até aquele momento, "os conceitos de 'consciência', 'psiquismo' e 'mundo interior' desempenharam um papel lamentável, eliminando a necessidade de buscar formas claras e materiais de expressão da psicologia social" (Volóchinov, 2018 [1929]: 108) – eis o que incita a mui sutil reformulação da teoria da psicologia social –, o pensador russo sustenta que a ideologia do cotidiano necessita ser estudada sob dois pontos de vista diferentes. Em primeiro lugar, sob a óptica de seu conteúdo ou tema, isto é, em relação às temáticas que lhe são importantes. Em segundo lugar, sob a ótica das "*formas e tipos de comunicação discursiva*" (Volóchinov, 2018 [1929]: 108) pelos quais aqueles temas são levados a cabo.

Aqui, um aspecto interessante a ser ressaltado, uma vez que pode desnortear o leitor no acompanhamento da progressão temática de *MFL*, diz respeito ao fato de que, em virtude de a ideologia do cotidiano ser inteiramente sígnica, Volóchinov (1929), em certo momento do segundo capítulo da parte inicial, a equivale ao próprio signo. Logo, como sinalizo a seguir, ao tratar do conteúdo e da forma do signo, nosso autor está, em última instância, fazendo referência aos dois pontos de vista pelos quais se faz necessário estudar a ideologia do cotidiano – que, reitero, é inteiramente sígnica.

Ao falar sobre a forma, enquanto um dos ângulos de estudo da ideologia do cotidiano, Volóchinov (1929) indica a importância dos gêneros discursivos cotidianos, ou seja, aqueles em que se materializa a ideologia do cotidiano. Mais precisamente, o autor enfatiza seu condicionamento por parte das relações de trabalho e do regime sociopolítico, afirmando que "todo signo surge entre indivíduos socialmente organizados no processo de sua interação. Portanto, *as formas do signo são condicionadas, antes de tudo, tanto pela organização social desses indivíduos quanto pelas condições mais próximas de sua interação*" (Volóchinov, 2018 [1929]: 109, negrito acrescido)[9].

De semelhante modo, pensando no outro ângulo de estudo da ideologia do cotidiano, o pensador russo concebe que o **conteúdo do signo** está, no fim das contas, "relacionado com as premissas socioeconômicas essenciais da existência" (Volóchinov, 2018 [1929]: 111). Assim, para Volóchinov (1929), as formas e o conteúdo do signo – e, logo, da ideologia do cotidiano – "são gerados pelas mesmas forças e premissas materiais" (Volóchinov, 2018: 112).

Há uma enorme importância em observar que, com toda a discussão sobre a ideologia do cotidiano – que, conforme destaquei, passa por sua inextrincável relação com a comunicação cotidiana e pelo destaque aos dois ângulos de seu estudo –, Volóchinov (1929) termina por nos conduzir a uma das questões que, como vimos, inicia seu trabalho. Refiro-me ao caráter refrativo do signo, que, agora, nosso autor põe em relevo a partir de suas considerações sobre "a ênfase valorativa que acompanha todo conteúdo" (Volóchinov, 2018 [1929]: 110). A despeito da constante flutuação terminológica que, por vezes, atravanca nosso entendimento da progressão temática nos escritos do Círculo, interessa o destaque dado por Volóchinov (1929) às ênfases valorativas.

Em *MFL*, similarmente ao que podemos ler em *PVPP*, o autor relaciona as ênfases valorativas ao conteúdo dos produtos sígnicos criados pelos agentes humanos, seja no âmbito da vida cotidiana, seja no âmbito da arte e dos demais campos ideológicos. Nos termos do próprio autor, "em cada etapa do desenvolvimento social existe um conjunto específico e limitado de objetos que, ao chamarem a atenção da sociedade, recebem uma ênfase valorativa. Apenas esse conjunto de objetos obterá uma forma sígnica, isto é, será objeto da comunicação sígnica" (Volóchinov, 2018 [1929]: 110).

Tomadas ao pé da letra, essas palavras de Volóchinov (1929) equivalem a dizer que só obtém forma sígnica e, assim, adentra ao processo de interação social, aquilo que recebe alguma ênfase valorativa por parte de algum grupo da sociedade. Dito de modo mais direto, **ser socialmente valorado é a condição para que um evento, fenômeno e/ou objeto do/no mundo seja introduzido na interação social. Consequentemente, aquilo que não é axiologizado é, involuntariamente, ignorado. O corolário disso, penso eu, não poderia ser outro: a interação social não é mera troca de mensagens, mas, sim, a dialogização de axiologias**[10].

É nesse passo, então, que Volóchinov (1929), à semelhança do que ponderou em seu ensaio de 1926, ressalta o caráter social das ênfases valorativas, assumindo que elas "pretendem o *reconhecimento social*, e apenas em prol desse reconhecimento são realizadas no exterior, no material ideológico" (Volóchinov, 2018: 111).

Por fim, aquilo que aparenta ser o mais fundamental: Volóchinov (1929) afirma e reafirma que **a riqueza e a vivacidade do mundo dos signos, as quais refletem na ideologia do cotidiano, são provenientes da multiacentuação do signo, ou seja, da possibilidade de um mesmo signo receber diferentes ênfases valorativas, de acordo com as diferentes oscilações socioculturais – p. ex., econômicas, históricas, religiosas etc. – que alcançam os distintos interagentes da situação comunicativa**. Nas palavras do autor:

> *em todo signo ideológico cruzam-se ênfases multidirecionadas.* O signo transforma-se no palco da luta de classes.
>
> Essa *multiacentuação* do signo ideológico é um aspecto muito importante. Na verdade, **apenas esse cruzamento de acentos proporciona ao signo a capacidade de viver, de movimentar-se e de desenvolver-se.** [...]
>
> **Justamente aquilo que torna o signo ideológico vivo e mutável faz dele um meio que reflete e refrata a existência.** (Volóchinov, 2018 [1929]: 113, negrito acrescido).

E mais à frente, numa censura ao que entende ser a abordagem advinda do que denomina "escola de Saussure", considera que a "alteração da ênfase valorativa da palavra em diferentes contextos é totalmente ignorada pela linguística e não encontra nenhuma expressão na doutrina da unidade da significação. Essa ênfase dificilmente pode ser substancializada, entretanto, **é justamente a pluralidade enfática da palavra que a torna viva**" (Volóchinov, 2018 [1929]: 197, negrito acrescido).

Com o exposto, é possível dizer que o projeto volochinoviano sustenta que a ideologia do cotidiano é o elo entre infraestrutura e superestrutura; elo, esse, constituído pelo signo, que tem sua mais nítida expressão na palavra, isto é, no signo linguístico. E mais do que isso: a filosofia da linguagem materialista proposta por Volóchinov (1929) se preocupa em evidenciar que esse elo entre infraestrutura e superestrutura somente poderá ser compreendido a partir de um entendimento dos modos como a palavra – e o signo, de modo geral – se configura sempre o *locus* onde se cruzam e se digladiam diferentes posicionamentos valorativos.

Em suma, a proposta de Volóchinov (1929) avança somente porque o signo verbal – ou seja, linguístico –, expoente máximo do mundo dos signos, terminantemente axiológicos, axiologizantes e axiologizáveis, se constitui "o caminho mais fácil e abrangente para acompanhar o caráter ininterrupto do processo dialético de mudança que ocorre da base em direção às superestruturas" (Volóchinov, 2018: 114) e permite descartar a lógica mecânica oriunda da aplicação do modo causal.

Assim, se, como vimos, não se pode discutir a atividade psíquica, isto é, a consciência, sem falar do signo axiológico, também não há como discutir a ciência das ideologias – insisto: das criações da cultura, como a arte, as ciências, as religiões etc. – sem falar do signo axiológico. **O signo axiológico, ou seja, que reflete e, principalmente, refrata o mundo, é a grande ponte de Volóchinov. Nos termos de uma teoria da psicologia, o signo, por dar vida à consciência, é a ponte entre o organismo e o mundo exterior. Nos termos de uma ciência das ideologias, o signo, por dar vida à ideologia do cotidiano, é a ponte entre infraestrutura e superestrutura.**

A AXIOLOGIA ENTRE TERMOS E CONCEITOS

É possível que o manual tácito dos bons escritores defenda que todos os capítulos de uma obra – dos artigos e ensaios aos livros e enciclopédias – apresentem uma extensão mais ou menos similar. Porém, no que diz respeito a este texto, além da própria diferença entre analisar-comentar um ensaio e analisar-comentar um livro, a onipresente flutuação terminológica de Volóchinov – não diferente daquela que podemos observar nos escritos de Bakhtin – me impele a desconsiderar as orientações do manual. Portanto, ampliando ainda mais a seção destinada a *MFL*, passo a comentar as diferentes formas pelas quais a axiologia é ressaltada entre os termos e conceitos movimentados por Volóchinov (1929).

Para além das expressões equivalentes a "ênfase valorativa", "valor social", "ênfase social", "ênfases multidirecionadas", "multiacentuação", "acentos sociais vivos" e "avaliações sociais", que abarrotam certa porção do segundo capítulo da parte inicial de *MFL*, o termo equivalente a "refração", como esbocei anteriormente, é um dos vocábulos que indicam o ato ou efeito de axiologizar o mundo, isto é, o ato ou efeito de expressar a atribuição de valores ao mundo; ato ou efeito desencadeado pelo ser humano por meio do signo. Quanto a isso, estou em pleno acordo com Faraco (2013), quando, comentando sobre "A ideologia no/do Círculo de Bakhtin", afirma:

> a refração é, portanto, o modo como se inscrevem nos signos a diversidade e as contradições das experiências históricas dos grupos sociais. Sendo essas experiências localizadas, múltiplas e heterogêneas, os signos não podem ser unívocos (monossêmicos); só podem ser plurívocos (multissêmicos). A plurivocidade (o caráter multissêmico) é a condição de funcionamento dos signos nas sociedades humanas. E isso não porque eles sejam intrinsecamente ambíguos, mas fundamentalmente porque eles significam deslizando entre múltiplos quadros semânticos-axiológicos (e não com base numa semântica única e universal). (Faraco, 2013: 174).

Para além de estar disposto no termo equivalente a "refração", o processo de valoração engendrado por meio do signo aparece **intimamente próximo** e – ressalto – **distinto** do processo expresso pelo termo "significação" – do russo *znatchiénie*. Volóchinov (1929), como já visto, remete a este último processo logo nos primeiros parágrafos do capítulo inicial de *MFL*. Retomo suas palavras:

> qualquer produto ideológico é não apenas uma parte da realidade natural e social – seja ele um corpo físico, um instrumento de produção ou um produto de consumo – mas também, ao contrário desses fenômenos, reflete e refrata outra realidade que se encontra fora dos seus limites. Tudo o que é ideológico possui uma *significação* [*znatchiénie*]: ele representa e substitui algo encontrado fora dele, ou seja, ele é um *signo*. *Onde não há signo também não há ideologia.* Pode-se dizer que um corpo físico equivale a si próprio: ele não significa nada e coincide inteiramente com a sua realidade única e natural. Nesse caso, não temos como falar de ideologia. (Volóchinov, 2018 [1929]: 91-92).

Neste excerto, parece clara a relação estabelecida pelo autor entre "significação" e "realidade": a significação se instaura como a propriedade, conferida pelo ser humano a quaisquer eventos, fenômenos e/ou objetos do/no mundo, de representar ou substituir outros eventos, fenômenos e/ou objetos. Nesse caso, os primeiros eventos, fenômenos e/ou objetos do/no mundo são signos dos últimos. E é nessas condições que Volóchinov (1929) afirma:

> a significação [*znatchiénie*] só pode pertencer ao signo; a significação [*znatchiénie*] sem o signo é uma ficção. A significação [*znatchiénie*] é uma expressão da relação entre o signo, como uma realidade única, com uma outra realidade, que ele substitui, representa. **A significação** [*znatchiénie*] **é a função do signo** e por isso é impossível imaginar uma significação [*znatchiénie*] (que representa uma pura relação, uma função) que exista fora do signo, como um objeto isolado e autônomo. (Volóchinov, 2018: 119, negrito acrescido).

É preciso estar atento ao fato de que a significação, isto é, essa propriedade dos signos de representar ou substituir dada realidade, embora diferente, é inseparável da atribuição de distintas cargas valorativas interindividualmente construídas, ou, em suma, da atribuição de diferentes acentos valorativos. Essa amálgama tão estreita pode ser vislumbrada, inicialmente, pela afirmação de que "o signo não é somente uma parte da realidade, mas também reflete e refrata uma outra realidade, sendo por isso mesmo capaz de distorcê-la, ser-lhe fiel, percebê-la de um ponto de vista específico e assim por diante. **As categorias de avaliação ideológica** (falso, verdadeiro, correto, justo, bom etc.) **podem ser aplicadas a qualquer signo**" (Volóchinov, 2018 [1929]: 93, negrito acrescido). E, nessa afirmação, como nas anteriores, em consonância com o que vimos em *PVPP*, é possível observar que a **significação** é pensada distintamente da **valoração**, mas, reitero, nem um pouco longe desta.

Ainda quanto ao termo russo equivalente ao português "significação", devo recordar que ele é envolvido, no último capítulo da segunda parte de *MFL*, em uma série de outras considerações que complexificam ainda mais, se não a própria proposta volochinoviana, ao menos o nosso entendimento a respeito dela. Mais precisamente, o vocábulo russo correspondente a "significação" [*znatchiénie*], que estava posto nos termos de uma **relação** entre signo e realidade, em que inelutavelmente se manifestam os distintos posicionamentos axiológicos dos agentes humanos face ao mundo, passa a referir "*um artefato técnico de realização do tema*" (Volóchinov, 2018 [1929]: 229); sendo o vocábulo "tema" a expressão técnica que o pensador russo propõe para aludir ao "sentido da totalidade do enunciado [concreto]" (Volóchinov, 2018: 227). Por conseguinte, é possível observar que o vocábulo equivalente a "significação" [*znatchiénie*] parece escorregar de uma acepção em termos de relação, essencialmente valorativa, entre signo e realidade para uma acepção nos moldes de "algo que pertence à sentença como uma unidade gramatical" (Brandist, 2001: 81), ou seja, algo próprio unicamente da estrutura gramatical – vale dizer, algo referente àquilo que Bakhtin (1952-1953), anos depois, denominaria "oração", em oposição a "enunciado".

Para ser mais exato, recordo que, por parte de Volóchinov (1929), há também um terceiro uso para o termo russo equivalente ao português "significação" [*znatchiénie*], o que escancara ainda mais a celeuma advinda de sua oscilação terminológica. Em meio à distinção entre tema e significação, o autor afirma que "a significação [*znatchiénie*] não está na palavra, nem na alma do falante, nem na alma do ouvinte. A significação [*znatchiénie*] é *um efeito da interação entre o falante e o ouvinte no material de um dado conjunto sonoro*" (Volóchinov, 2018 [1929]: 232). Ora, parece suficientemente claro que, neste excerto, o autor não utiliza o termo correspondente a "significação" na acepção de "aqueles aspectos do enunciado que são *repetíveis e idênticos a si mesmos* em todas as ocorrências" (Volóchinov, 2018 [1929]: 228), tal como vinha fazendo, neste mesmo capítulo da obra, ao tratar da distinção tema/significação.

Aliás, a distinção volochinoviana entre tema e significação deixa ver, ainda, uma questão curiosa que vale a pena pontuar. Para deixar mais clara sua distinção, Volóchinov (1929) recorre a Marr e ao suposto "caráter composto do pensamento primitivo", o qual sugere que "o homem primitivo usava uma mesma palavra para designar os mais variados fenômenos, que, do nosso ponto de vista, não têm nenhuma correlação entre si. Mais do que isso, a mesma palavra podia designar conceitos totalmente opostos, como acima e abaixo; terra e céu; bem e mal e assim por diante" (Volóchinov, 2018: 229-230).

O fato curioso é que, em oposição a Sigmund Freud e, em última instância, a Karl Abel [1837-1906], o linguista sírio-francês Émile Benveniste, quando faz suas "Observações sobre a função da linguagem na descoberta freudiana", joga por terra a ideia de que exista algo como um caráter composto do pensamento primitivo (cf. Benveniste, 1995 [1956]: 85ss).

Seja como for, fato apreciável é que, nos dois primeiros usos apontados, o conceito expresso pelo termo equivalente a "significação" salvaguarda sua distinção e seu inextrincável vínculo para com a avaliação. No primeiro caso, remetendo à relação entre determinado signo e certa realidade, o conceito de significação é distinto e inseparável do processo de valoração do mundo. Assim, significar é, ao mesmo tempo, axiologizar, valorar, empregar acentos avaliativos. Portanto, numa tônica similar àquela já vista em *PVPP*, o conhecimento do mundo não se separa da avaliação do mundo; no próprio conhecer, junto ao significar, já habita o avaliar. Similarmente, no segundo caso, quando, em oposição ao tema, o conceito de significação é tomado "como aqueles aspectos do enunciado que são *repetíveis e idênticos a si mesmos* em todas as ocorrências" (Volóchinov, 2018 [1929]: 228), o pensador russo distingue e relaciona claramente o par significação/avaliação. Conforme sustenta, "qualquer palavra realmente dita não possui apenas um tema e uma significação [*znatchiénie*] no sentido objetivo, conteudístico dessas palavras, mas também uma *avaliação*, pois todos os conteúdos objetivos existem na fala viva, são ditos ou escritos em relação a certa ênfase valorativa" (Volóchinov, 2018 [1929]: 233).

Posta essa flutuação atinente ao termo russo equipotente ao português "significação", o que se desenha como conclusão é que, independentemente dos vocábulos movimentados, o rio teórico volochinoviano sempre corre para a ideia de que o processo de valoração do mundo – ou, simplesmente, de avaliação social – não é uma possibilidade; é um imperativo. Isso pode ser resumido na afirmação de que "**sem uma ênfase valorativa não há palavra**" (Volóchinov, 2018 [1929]: 233, negrito acrescido). E, ainda mais claramente, na constatação de que "não existe um enunciado sem avaliação. Todo enunciado é antes de tudo uma *orientação avaliativa*. Por isso, em um enunciado vivo, cada elemento não só significa mas também avalia. Apenas um elemento abstrato, percebido no sistema da língua e não na estrutura do enunciado, aparece privado de avaliação" (Volóchinov, 2018 [1929]: 236).

E essa consideração, devo dizer, está muito próxima das seguintes palavras de Bakhtin, presentes no manuscrito *Para uma filosofia do ato*:

> a palavra viva, a palavra completa, não conhece um objeto como algo totalmente dado; o simples fato de que eu comecei a falar sobre ele já significa que eu assumi uma certa atitude sobre ele – não uma atitude indiferente, mas uma atitude efetiva e interessada. E é por isso que a palavra não designa meramente um objeto como uma entidade pronta, mas também expressa, por sua entonação (uma palavra realmente pronunciada não pode deixar de ser entonada, porque a entonação existe pelo simples fato de ser pronunciada), minha atitude valorativa em direção do objeto, sobre o que é desejável ou indesejável nele [...]. (Bakhtin, 1993 [1919-1921]: 50).

Por fim, em que pesem os diferentes termos e conceitos circundantes ao processo de valoração do mundo em *MFL*, resta observar que, à semelhança do que considera em *PVPP*, Volóchinov (1929) sustenta que a entonação expressiva é a "camada mais evidente, mas ao mesmo tempo mais superficial, da avaliação social" (Volóchinov, 2018: 233).

EM SÍNTESE...

Neste segundo capítulo, demonstrei que, em *MFL*, a discussão a respeito da avaliação social passa a ser mais abrangente. E isso se dá pelo fato de que, nessa obra de 1929, a valoração do mundo é pensada em sua relação com o conceito expresso pelo termo "signo" e com os conceitos expressos pelo vocábulo "ideologia". Assim, mesmo com o emaranhado de termos e conceitos que apontei, na medida em que concebe a avaliação social como o núcleo do signo, Volóchinov (1929) instaura, consequentemente, o signo axiológico como fundamento para sua filosofia da linguagem de orientação sociológica.

Indissociável do(s) conceito(s) de significação, a atribuição de uma carga valorativa interindividualmente construída – em suma, a avaliação social – explicita algo, aparentemente, pouco considerado e que pode ser sintetizado da seguinte maneira: **o que torna pujante a vida de uma expressão linguística não são apenas os variados significados que a ela se pode atribuir, mas, sobretudo, os diversos posicionamentos axiológicos que nela podem ser orquestrados**. Posto de outra maneira, o embate social não existe em função somente das distintas cargas semânticas atribuídas aos eventos, fenômenos e/ou objetos do/no mundo, pois todos os diferentes grupos sociais falantes de uma mesma língua tendem a admitir a pluralidade de significações em torno de um signo. **O embate social emerge, de fato, com o processo de valoração, fundamentalmente social, do ser humano para com o mundo, pois, nesse processo, as ênfases apreciativas de um dado grupo, mais cedo ou mais tarde, tendem a colidir com as ênfases valorativas de outro, e, assim, a pluralidade enfática torna a palavra viva e acende a centelha da interação social.** Em meu entendimento, é somente sobre esse fundamento que se pode falar a respeito do caráter dialógico da linguagem.

Tudo isso exposto, é preciso, agora, considerar o que *MFL* diz a respeito da valoração em sua segunda parte. É a essa segunda parte, então, que avançamos.

AS CRÍTICAS DE VOLÓCHINOV
A VOSSLER E A SAUSSURE

Às vezes é útil pedir à evidência que se justifique.

(Benveniste, 1995 [1958]: 284)

A teoria da avaliação social na palavra lança uma forte luz
sobre a história das mudanças nos significados [*znacheniia*] das
palavras em uma língua, criando pela primeira vez uma base
genuinamente científica para o estudo dessas mudanças.

(Voloshinov, 2004 [1927-1928]: 249)

A partir dos últimos anos da década de 1990, os estudos em torno da obra do Círculo de Bakhtin se moveram de uma recepção quase acrítica, por parte dos estudiosos ocidentais, para uma incursão mais criteriosa. Nesse mais recente momento dos estudos relativos aos pensadores do Círculo, o intuito tem sido, dentre outras questões, compreender o ambiente em que emergiu o emaranhado de considerações filosófico-linguísticas presentes, por exemplo, nos textos de Volóchinov, Bakhtin e Medviédev. Em outras palavras, se busca compreender quais os autores e quais as teorias movimentadas pelos pensadores russos em questão, bem como os fatores sociopolíticos que condicionaram a formulação do que muitos, tradicionalmente, têm denominado "teoria dialógica".

No que toca a *MFL*, as próprias referências de Volóchinov a duas tendências do pensamento linguístico ocidental, as quais ele denomina "subjetivismo individualista" e "objetivismo abstrato", já demonstram seu diálogo, num movimento de relativa discordância, com certos autores e suas respectivas teorias. E esse diálogo, de fato, já suscitou o interesse dos mais diversos pesquisadores.

De minha parte, direi que, supostamente pensada para sanar o problema da inexistência de um "trabalho marxista sobre a filosofia da linguagem"

(Volóchinov, 2018 [1929]: 83), a iminente filosofia volochinoviana do signo – tal como exposta anteriormente – se instaura como o ponto de partida para uma breve revisão crítica das principais tendências filosófico-linguísticas contemporâneas aos autores do Círculo. **Afinal, conforme entendo, a percepção de Volóchinov é que tais tendências têm em comum o fato de ignorarem, cada uma ao seu modo, o que seria fundamental para o entendimento da linguagem: seu aspecto social e seu aspecto axiológico**. E isso, consequentemente, implica uma compreensão muito limitada da linguagem.

Nessas condições, então, com a finalidade de ampliar o rolo de argumentos que dão sustentação à minha hipótese principal – a saber, a vindicação, por parte de Volóchinov, do caráter axiológico da linguagem –, nas próximas páginas, abordo o que há por trás das famigeradas críticas de Valentin N. Volóchinov às tendências que denominou "subjetivismo individualista" e "objetivismo abstrato". Em suma, me detendo sobre cada uma das referidas tendências, argumento que a oposição volochinoviana está estruturada em sua vindicação do axiológico.

VOLÓCHINOV E SEU SUBJETIVISMO SOCIOLOGIZADO

Para o autor de *MFL*, a primeira tendência, nomeada de "subjetivismo individualista", tem como fundador o pensador alemão Wilhelm von Humboldt [1767-1835]. E a esse respeito, é preciso dizer que Volóchinov (1929) não se deixa incorrer em reducionismo. Para ele, o pensamento de Humboldt é "mais amplo, complexo e contraditório, e é por isso que Humboldt se tornou mentor de orientações bastante díspares" (Volóchinov, 2018 [1929]: 149). Fato que, curiosamente, será reafirmado por Harris (2003), quando observa que Humboldt, aos olhos de Chomsky, é um cartesiano, porém, aos olhos de Volóchinov, um antípoda do cartesianismo.

Mais importante, porém, do que esse registro da complexidade do pensamento de Humboldt, é o fato de que, **para Volóchinov, o subjetivismo individualista compreende uma filosofia da linguagem de orientação idealista, portanto, uma filosofia da linguagem ancorada no entendimento de que o conhecimento da realidade consiste na subordinação da realidade concreta às ideias ou, se se quiser, formas – entendidas, aqui, como entidades universais não materiais, anteriores e mais amplas do que os informes captados pelos sentidos.** Assim, uma filosofia da linguagem idealista pode ser vista como um empreendimento filosófico-linguístico em que os fenômenos linguísticos são tributários de certos **arquétipos universais**.

Volóchinov (1929) vincula o pensamento do subjetivismo individualista e, consequentemente, de Humboldt, ao romantismo (cf. Volóchinov, 2018: 201). Por isso, em relação ao romantismo, é importante esclarecer, com Figueiredo (2008: 139, negrito acrescido), que "da obra científico-poética de Goethe", em termos de ontologia, os românticos "**herdam a noção de forma e a ideia da natureza como uma potência criadora e transforma-dora**, dotada de uma temporalidade imanente; **este processo incessante de criação estaria submetido às formas primitivas, de tal modo que todos os fenômenos materiais seriam, em certa medida, expressivos, isto é, manifestações da forma matricial**". Não por coincidência, o humboldtia-no Ernst Cassirer, ao condenar o que denomina "sensualismo dogmático" e, então, iniciar sua reclamação de um lugar para o "mundo dos signos", relacionado a uma "atividade criadora livre" (Cassirer, 2001[1923]: 33), faz questão de citar Goethe.

Seja como for, a essa altura, uma pergunta parece imperativa: os arquéti-pos universais em que se estruturam os fenômenos linguísticos – conforme o entendimento do subjetivismo individualista – excluem de seu horizonte o aspecto social e o aspecto axiológico de tais fenômenos? À medida que formulo uma resposta a esse questionamento, objetivo deslindar parte do que subjaz às críticas de Volóchinov (1929) ao subjetivismo individualista.

Para uma resposta satisfatória a essa questão, o primeiro passo consiste em identificar quais são esses arquétipos universais de que os fenômenos linguísticos, na perspectiva do subjetivismo individualista, são tributários. Penso que, a esse respeito, é importante ter em mente a afirmação volochinoviana de que "o núcleo principal das ideias humboldtianas é a expressão mais forte e profunda dos rumos fundamentais da primeira tendência" (Volóchinov, 2018 [1929]: 149). Logo, nada mais natural do que procurar os referidos arquétipos universais nesse "núcleo principal das ideias humboldtianas". Entretanto, Volóchinov (1929) não chega a especificar qual seria tal "núcleo principal das ideias humboldtianas"; o que nos impele a buscar respostas em outras de suas afirmações sobre o subjetivismo individualista.

Inicialmente, concebendo que o subjetivismo individualista é marca-do pela centralidade da expressão individual na concepção da linguagem, Volóchinov (1929) o relaciona à escola do pensador alemão Karl Vossler

[1872-1949], o qual fora influenciado pelo pensamento de Humboldt. Escreve Volóchinov (1929):

> a primeira tendência analisa o ato discursivo individual e criativo como fundamento da língua (ou seja, todos os fenômenos linguísticos sem exceção). O psiquismo individual representa a fonte da língua. As leis da criação linguística – uma vez que a língua é formação e criação ininterrupta – na verdade são leis individuais e psicológicas; são elas que devem ser estudadas pelos linguistas e pelo filósofo da linguagem. Elucidar um fenômeno linguístico significa reduzi-lo a um ato individual e criativo consciente (muitas vezes até inteligente). (Volóchinov, 2018: 148).

As questões expostas nessa citação dão mostras daquilo que é essencial nas formulações linguísticas de origem idealista: uma teoria da expressão, preocupada (exclusivamente?) com o ponto de vista de quem se expressa (subjetivismo) e pautada na primazia do psiquismo individual (individualismo). Há que se observar, porém, que o subjetivismo não parece ser a grande causa da oposição advinda de Volóchinov (1929). Como o título dessa seção deixa transparecer, minha interpretação é que o elemento fundamental para a crítica volochinoviana à primeira tendência não é tanto o "subjetivismo" quanto é o seu caráter "individualista".

A aceitação volochinoviana do subjetivismo parece clara, primeiramente, porque, ao se voltar contra as teorias da expressão, nosso autor ressalta apenas seu caráter individualista, ou seja, a afirmação idealista de que a expressão é anterior ao expresso; ou, por outra, a atribuição de primazia àquilo que é interior. Vejamos:

> toda a teoria da expressão supõe inevitavelmente que o expresso pode de algum modo se formar e existir fora da expressão, que ele existe em uma forma e depois se converte em outra. Pois, caso contrário, se o expresso desde o início existisse na forma da expressão e entre eles houvesse uma conversão quantitativa (no sentido de compreensão, diferenciação etc.), toda a teoria da expressão desmoronaria. A teoria da expressão pressupõe invariavelmente um certo dualismo entre o interior e o exterior e uma certa primazia do interior, pois todo o ato de objetivação (expressão) ocorre de dentro para fora. As suas fontes encontram-se no interior. Não é por acaso que a teoria do subjetivismo individualista, como todas as teorias da expressão no geral, se originou no terreno idealista e espiritualista. (Volóchinov, 2018 [1929]: 203).

Volóchinov (1929), sem titubear, nega qualquer possibilidade de se separar qualitativamente aquilo que ele denomina "vivência", isto é, o caráter psíquico individual configurado pelo signo, de sua "expressão", ou seja, sua dimensão exteriorizada. Em consequência dessa primeira negação, nega também o individualismo, primazia do que é interior sobre o que é exterior. Em termos que anunciam, aos quatro ventos, essa sua face materialista, Volóchinov (1929) afirma:

> a vivência expressa e sua objetivação exterior são criadas, como sabemos, a partir do mesmo material. Com efeito, não há vivência fora da encarnação sígnica. Portanto, desde o início, não pode haver nenhuma diferença qualitativa entre o interior e o exterior. Mais do que isso, o centro organizador e formador não se encontra dentro (isto é, no material dos signos interiores), e sim no exterior. **Não é a vivência que organiza a expressão, mas, ao contrário, a expressão organiza a vivência, dando-lhe sua primeira forma e definindo a sua direção**. (Volóchinov, 2018: 204, negrito acrescido).

O leitor atento de *MFL* perceberá que é somente nas bases dessa dupla negação que o pensador russo estruturará, por todo o restante do capítulo "A interação discursiva", os elementos que dão à sua filosofia da linguagem um tom fundamentalmente social, a saber, as ideias de "situação social mais próxima", de um "horizonte social" pressuposto, de um "auditório social estável", de "bilateralidade da palavra" etc.

Seria possível apresentar, ainda, uma série de outros trechos-indícios que, muito antes de relegar os aspectos subjetivos da produção discursiva, evidenciam somente as dificuldades de Volóchinov (1929) para com o individualismo. Dando destaque a apenas mais um, vale lembrar que, também por ocasião de seus comentários acerca do discurso alheio, nosso autor insiste na ideia de que o grande desvio do subjetivismo individualista consiste na compreensão de uma primazia do que é interior sobre o que é exterior. Em suas palavras:

> de fato, a personalidade falante, os seus sentimentos, as suas intenções subjetivas, os propósitos, os planos estilísticos conscientes não existem fora da sua objetivação material na língua. Pois fora da sua manifestação linguística, mesmo que seja no discurso interior, a personalidade não é dada nem a si mesma nem aos outros; ela pode iluminar e conceber em sua alma apenas aquilo que possui material objetivo elucidativo, uma luz de consciência materializada em palavras formadas, em avaliações, em ênfases. [...]

> A personalidade, do ponto de vista do seu conteúdo subjetivo interior, é um tema da língua, e esse tema se desenvolve e se diversifica na direção das construções linguísticas mais estáveis. Por conseguinte, não é a palavra que expressa a personalidade interior, mas a personalidade interior que é uma palavra externalizada ou internalizada. (Volóchinov, 2018 [1929]: 310-311).

No trecho em destaque, parece clara a ideia de que Volóchinov (1929) não tem problemas em conceber a existência de propósitos, de finalidades, de intenções subjetivas. Antes disso, seu problema parece estar, necessariamente, no entendimento de que esses aspectos subjetivos possam ser pensados como sendo anteriores ao material linguístico, ou seja, como elementos internos anteriores aos elementos externos.

A aceitação de certo subjetivismo por parte de Volóchinov (1929) pode ser rastreada, também, por sua aproximação para com autores como o filósofo Anton Marty [1847-1914] e o pensador alemão Karl Bühler [1879-1963] (cf. Brandist, 2004). Mesmo sem entrar em muitos detalhes, é importante ter em mente que, além de conceber as diferentes implicações do enunciado sobre o ouvinte, as propostas de Marty e Bühler reforçavam o lugar da experiência mental do falante na elaboração dos enunciados.

Em resumo, direi que o foco na crítica ao individualismo, bem como as aproximações de nosso autor para com Marty e Bühler (cf. Brandist, 2004), se apresentam como um aceno positivo de Volóchinov (1929) para o subjetivismo; vale dizer, para a atitude de pensar a linguagem partindo "do ponto de vista do próprio falante que se expressa" (Volóchinov, 2018: 202). Nesse aspecto, isto é, no que se refere ao subjetivismo, o erro do subjetivismo individualista estaria apenas "em ignorar e não compreender a natureza social do enunciado, tentando deduzi-lo como uma expressão do mundo interior do falante" (Volóchinov, 2018 [1929]: 217). Sendo mais direto, é possível reiterar: para Volóchinov (1929), o problema desse subjetivismo é unicamente ser individualista, ou seja, na esteira do dualismo interno/externo, compreender a consciência individual como a fonte única para a explicação dos fatos linguísticos.

Assim sendo, na medida em que Volóchinov (1929) sustenta o entendimento de que o subjetivismo individualista criticado seria, de certa forma, uma degeneração do pensamento profundo de Humboldt (cf. Volóchinov, 2018: 150), compreender esse singular subjetivismo do pensador russo, em sua relação com Humboldt, se torna essencial para chegarmos aos arquétipos universais em que se estruturam os fenômenos linguísticos na perspectiva dessa primeira tendência. Consequentemente, compreender a relação entre Humboldt e o subjetivismo de Volóchinov é também elementar para respondermos à pergunta já posta: os arquétipos universais em que se estruturam os fenômenos linguísticos – conforme o entendimento do subjetivismo individualista – excluem de seu horizonte o aspecto social e o aspecto axiológico de tais fenômenos?

Para esclarecer essa relação entre Humboldt e o subjetivismo de Volóchinov, é importante, de partida, ter em mente que o autor de *MFL* não desconhece o fato de que, no centro do pensamento de Vossler – como visto, um dos principais nomes do subjetivismo individualista –, repousa a noção de **forma interna da língua**, de Humboldt.

Como o pensador russo registra em nota complementar, "o primeiro trabalho fundamental de Vossler é dedicado à crítica do positivismo linguístico" (Volóchinov, 2018 [1929]: 152). Assim, nos fundamentos próprios de um idealista, que "aceita de Humboldt o princípio de que a língua se faz de dentro para fora, e não de fora para dentro" (Elia, 1978: 18), Vossler se distancia do positivismo que credita aos neogramáticos e se empenha em tocar o aspecto espiritual de um fenômeno linguístico, vale dizer, sua face psíquica, interna. Por isso, então, Volóchinov (1929) afirma que, para a escola de Vossler, "o principal propulsor da criação linguística é o *gosto linguístico*, que é uma espécie particular de gosto artístico. O gosto linguístico é aquela verdade linguística que mantém a língua viva e que o linguista deve revelar em cada fenômeno da língua, se realmente quer compreendê-lo e explicá-lo" (Vólochinov, 2018: 152).

É nesse contexto, ainda, que Volóchinov (1929) retoma os dizeres de Vossler, exatamente no trecho em que se pode ver o quanto a proposta vossleriana é afluente da noção de forma interna da língua, de Humboldt:

> segundo Vossler, "só pode aspirar a um caráter científico uma história da língua que analise toda a sequência pragmático-causal com o objetivo de encontrar nela uma série estética específica, de modo que o pensamento linguístico, a verdade linguística, o gosto linguístico, o senso linguístico ou, como diz Humboldt, a forma interna da língua se torne clara e compreensível em suas transformações condicionadas de forma física, psíquica, política, econômica e, em geral, cultural". (Volóchinov, 2018: 152).

Em meu entendimento, os dois últimos trechos supracitados se instauram como um indício de que Volóchinov (1929) surpreende, como fundamento do subjetivismo idealista de Vossler, a noção humboldtiana de forma interna da língua. Em outras palavras, os dois últimos excertos apontam para a compreensão volochinoviana de que o conceito designado pela expressão "gosto linguístico" é a versão vossleriana da forma interna da língua, de Humboldt.

Essa noção, tal como mencionada por Humboldt, em seu trabalho tradicionalmente conhecido como "Introdução ao Kawi", constantemente tem suscitado interpretações muito diversas entre si. O filósofo alemão Ernst Cassirer, de orientação neokantiana e humboldtiana, constatou com precisão que, já em Humboldt, a determinação do que seja a forma interna da língua não é muito exata. Nas palavras de Cassirer (2001 [1923]: 356-357), "conforme por vezes se polemizou contra Humboldt, e com razão, ela é concebida ora morfológica e ora semasiologicamente; atinge num lado a relação em que se encontram determinadas categorias fundamentais da gramática, tais como as categorias do substantivo e do verbo na formação da língua, enquanto, por outro, provém da própria origem dos significados das palavras". Assim, ao que me consta, uma clara amostra das possíveis e diferentes interpretações resumidas por Cassirer (1923) pode ser encontrada ao comparar Heidermann (2006) com Grillo (2018 [2017]). O primeiro compreende a noção morfologicamente, ao passo que a segunda compreende a mesma noção semasiologicamente.

Nessas condições, então, para delimitar a noção humboldtiana de forma interna da língua, recorro ao próprio Cassirer, autor lido e traduzido por Volóchinov. Para o filósofo alemão,

> examinado o conjunto das determinações conceituais de Humboldt, torna-se imediatamente aparente que para ele é preponderante e decisivo este último aspecto [i. e., o aspecto semasiológico]. O fato de cada idioma em si comportar uma forma íntima específica significa principalmente para ele que o mesmo jamais expressa na sua escolha das designações simplesmente a feição das coisas observadas, mas que **cada escolha é determinada em primeiro lugar pela posição espiritual, pelo sentido dado à opinião subjetiva acerca dos objetos**. Pois a palavra não é cópia do objeto em si, mas da imagem que este provocou sobre o espírito. (Cassirer, 2001 [1923]: 357, negrito acrescido).

Como se vê, a interpretação da noção de forma interna da língua, feita por Cassirer (1923), aponta para uma definição de ordem semasiológica, isto é, semântica. Afora isso, a partir dessa interpretação, dois fatores fundamentais saltam aos olhos.

Em primeiro lugar, a definição de Cassirer (1923), atrelada aos dizeres de Vossler acerca do "gosto linguístico" – tal como retomado por Volóchinov (1929) –, possibilita perceber que a compreensão vossleriana em torno da forma interna da língua é um dos elementos que catapultam "o aspecto *consciente-ideológico* da língua" (Volóchinov, 2018 [1929]: 152) ao primeiro plano do pensamento filosófico-linguístico da escola de Vossler. Em segundo lugar, a interpretação cassireriana permite ver o nexo entre a noção de forma interna da língua, proposta por Humboldt, e o aspecto axiológico da linguagem, ou seja, o fato de que, por meio da linguagem, o ser humano valora o mundo. Esse nexo é o caráter criativo da linguagem.

Perante esses dois fatores, então, **estou inclinado a pensar que Volóchinov (1929) não se volta contra o subjetivismo,** *per se*, **por ver nele uma ressonância da noção humboldtiana de forma interna da língua. Afinal, essa noção é um tanto importante para a estruturação do aspecto axiológico da linguagem.**

Diante disso, o leitor atento das obras de Volóchinov poderia objetar que o próprio autor, em seu plano de trabalho para *MFL* – o qual faz parte do terceiro relatório entregue ao ILIAZV, referente a atividades executadas entre janeiro de 1927 e maio de 1928 (cf. Grillo; Américo, 2019) –, critica a noção de forma interna da língua. Entretanto, penso que, apesar da aparência de legitimidade, tal objeção não poderia ir muito longe. Para apresentar meu ponto, vejamos, antes, o que diz Volóchinov em seu plano de trabalho para *MFL*[11]:

> um lugar especial é ocupado pelo problema do *sentido* do enunciado e pelo, adjacente, *problema da mudança dos significados na história de uma língua.* Esse problema, que atualmente está sendo trabalhado de modo intenso pela escola de Anton Marty e pelos fenomenólogos, é de importância primordial para a sociologia da linguagem. O principal defeito de todas as teorias que lidam com esse problema resume-se à sua completa falha em compreender o papel da *avaliação social* na língua. *A avaliação social é um momento necessário e fundamental do significado.* Não há palavra indiferente ao seu objeto. A avaliação não deve ser identificada com a expressão emocional, que é apenas uma nuança opcional da avaliação social. *A avaliação social forma o próprio conteúdo do significado da palavra, ou seja, a definição concreta* que a palavra atribui ao seu objeto. A famigerada "*forma interna da palavra*" é, na obra da maioria de seus apologistas teóricos, apenas uma

expressão distorcida e cientificamente improdutiva para a avaliação social inerente à palavra. A avaliação social determina todas as *conexões concretas* da palavra, tanto nos limites de um enunciado quanto nos limites da interação de vários enunciados. (Voloshinov, 2004 [1927-1928]: 249).

A meu ver, além de corroborar tudo o que já destaquei a respeito da distinção e do vínculo entre os conceitos de significação e avaliação, o trecho supramencionado deixa transparecer que a rejeição de Volóchinov não é exatamente à noção de forma interna da língua tal como proposta por Humboldt. Antes, o autor rejeita a forma interna da língua daqueles que tentam seguir e desenvolver o pensamento de Humboldt. Conforme as palavras que acabamos de ler, o pensador russo rejeita a "famigerada '*forma interna da palavra*'" presente na "obra da maioria dos seus apologistas teóricos"[12]. E por quê? Exatamente pelo fato de que, conforme compreende, o desenvolvimento da forma interna da língua nos teóricos posteriores a Humboldt – especialmente Anton Marty e Gustav Chpiet – não abarca de modo preciso a avaliação social e, consequentemente, o **caráter criativo da linguagem**. Por isso, então, a recém citada afirmação de que, com tais teóricos, a noção humboldtiana se torna "apenas uma expressão distorcida e cientificamente improdutiva para a avaliação social inerente à palavra".

Para justificar minha posição, recordo que, no texto de *MFL*, é possível ver em maiores detalhes a censura de Volóchinov a Marty e Chpiet. Mais especificamente, a crítica que Volóchinov (1929) faz a Marty e a uma "maioria dos linguistas" (Volóchinov, 2018: 236) é exatamente aquela já sinalizada no trecho, anteriormente mencionado, de seu plano de trabalho: tais teóricos teriam isolado "a avaliação da significação, considerando-a um elemento secundário da significação, uma expressão da opinião individual do falante sobre o objeto de fala" (Volóchinov, 2018: 237). Em veia similar, o problema com Chpiet é que ele "aborda a avaliação como *cossignificação* da palavra. Ele separa claramente a significação objetiva e a cossignificação avaliativa, colocando-as em diferentes esferas da realidade" (Volóchinov, 2018 [1929]: 237).

Com esses trechos, julgo eu, é possível observar que, para Volóchinov (1929), a **forma interna da língua** é deformada quando se postula que, frente à significação, a avaliação seja somente um elemento de segunda ordem – esse é o caso de Marty. Além disso, a deformação da noção humboldtiana também ocorre quando a distinção entre significação e avaliação é seguida de uma separação – esse é o caso de Chpiet. De acordo com Volóchinov (1929), a avaliação possui um **papel criativo** nas mudanças das significações. Na verdade, a mudança da significação sempre é uma *reavaliação*: a transferência da palavra de um contexto valorativo para outro. A palavra ou é elevada a uma potência superior, ou é degradada a uma inferior. **A separação entre a significação da palavra e a avaliação resulta inevitavelmente no fato de que uma significação, privada de um lugar na constituição social viva (em que ela é sempre repleta de avaliação), é ontologizada, transformando-se em uma existência ideal e abstraída da formação histórica.** (Volóchinov, 2018: 237, negrito acrescido).

Para ficar mais claro, direi: Volóchinov (1929) entende que separar a significação da avaliação – que é sempre social e possui papel criativo – é asseverar a existência de uma significação transcendente, que se constrói à parte da história. Por isso, então, posso reiterar o que afirmei anteriormente (cf. capítulo "A axiologia em *Marxismo e filosofia da linguagem*"): a significação, isto é, essa propriedade dos signos de representar ou substituir dada realidade, embora diferente, é inseparável da atribuição de distintas cargas valorativas interindividualmente construídas, ou, em suma, da atribuição de diferentes acentos valorativos.

Assim, ao supostamente vencer, pelo conceito de avaliação social, as debilidades do conceito de avaliação que julga passível de apreensão no pensamento de Marty e Chpiet, Volóchinov (1929) consegue justificar, de forma sociológica, o aspecto criativo da linguagem e, consequentemente, sociologizar tanto a noção vossleriana – e, por isso, idealista – de gosto linguístico quanto a própria noção humboldtiana de forma interna da língua. Posto de outro modo, nosso autor adere ao caráter criativo dos fenômenos linguísticos, mas não necessariamente como postulado por ambas as noções. Para Volóchinov (1929), o caráter criativo não pode ser justificado apenas por referência ao psiquismo individual. Não se contentando, portanto, com seu tom individualista, o pensador russo justifica o caráter criativo pelo recurso à avaliação social e, então, o lança em uma engrenagem onde o que era absolutamente individual se torna uma construção interindividual.

Em relação a Vossler especificamente, é importante que se diga: à medida que Vossler se aproxima do pensamento do filósofo italiano Benedetto Croce [1866-1952], sua proposta se enevera em uma dimensão artística/estética cujas implicações Volóchinov (1930) considera tanto uma "supervalorização monstruosa do aspecto literário na língua" quanto um "primado [...] categórico do estilista sobre o linguista"; ambos aspectos, evidentemente, "inaceitáveis tanto para os estudos literários marxistas quanto para a linguística marxista" (Volóchinov, 2019e: 185). Assim, parece possível dizer que Volóchinov se aproxima do subjetivismo de Vossler; porém, sem anuir à sua face individualista e sem consentir com o esteticismo proveniente de Croce.

Há ainda outro fato, também vinculado a Humboldt, que corrobora a ideia de que a oposição volochinoviana ao subjetivismo individualista seja somente parcial. Trata-se, especificamente, do fato de Volóchinov (1929) claramente assumir a linguagem como uma atividade, o que remete à famosa afirmação humboldtiana de que "a língua em si não é uma obra acabada (*Ergon*), mas uma atividade (*Energeia*)" (Humboldt, 2006: 99). A diferença, porém, é estabelecida à medida que o autor de *MFL* intenta uma sociologização da *energeia*. A esse respeito, subscrevo as palavras de Carlos Alberto Faraco: "Voloshinov adota a concepção de Humboldt de linguagem como atividade, mas muda radicalmente o eixo de sua articulação ao atribuir-lhe um caráter inerentemente social, em que a interação longe de ser acessória (como era para Humboldt) é essencial. Desse modo, o trabalho elaborador mental contínuo não precede a comunicação: é esta que, ao alimentar de signos a consciência e dar-lhe a lógica das relações dialógicas, torna possível aquele trabalho" (Faraco, 2006: 130).

Há que se ressaltar que a aproximação de Volóchinov ao pensamento de Humboldt – via Chpiet, Marty, Vossler e, também, Cassirer – se configura somente parcial. O principal motivo, ao que tudo indica, está circunscrito às consequências epistemológicas advindas da escola idealista. Observe-se, por exemplo, o que diz o seguinte trecho de uma carta de Humboldt, endereçada a Schiller e datada de 1800:

> evidentemente, a linguagem constitui toda a nossa atividade de espírito subjetivamente (segundo a maneira de nosso procedimento); mas ela também produz concomitantemente os objetos, na medida em que são objetos de nosso pensamento. Pois os elementos da língua criam os segmentos na nossa imaginação, a qual, sem eles, seguiria numa sequência confusa. Esses segmentos são os signos sensoriais, com os quais determinamos as diversas esferas dos objetos específicos, e através dos quais (para evitar qualquer ideia falsa de uma matéria com extensão espacial) fazemos com que certas porções de nosso pensamento se tornem unidades, que podem ser utilizadas para outras composições e aplicações. Portanto, a língua é, se não como um

todo, pelo menos em termos sensoriais o meio, através do qual o homem constrói simultaneamente a si mesmo e ao mundo, ou melhor, através do qual se torna consciente de si mesmo, pelo ato de externar um mundo à parte, de dentro de si. (Humboldt, 2006: 181-183).

Como se vê no longo trecho citado, Humboldt afirma claramente sua compreensão idealista de que, pela linguagem, o ser humano efetivamente constrói a realidade, algo que, evidentemente, se choca com o realismo materialista de Volóchinov.

Esse encontro de duas perspectivas epistemológicas não apenas diferentes, mas, sobretudo, conflitantes – quais sejam: o realismo e o conceitualismo –, conduziu o historiador das ideias Craig Brandist a encontrar em Volóchinov (1929) um posicionamento dúbio, incoerente, sintetizado na expressão "o dilema de Volóchinov" (cf. Brandist, 2004). Sem me prender aos dilemas, direi que, no realismo peculiar de Volóchinov (1929), é possível observar sua adesão à concepção de linguagem como atividade – a *energeia*, de Humboldt – e a um subjetivismo que – desenvolvendo criticamente a noção humboldtiana de forma interna da língua – vê no agente humano uma atividade linguística criadora, a qual, muito antes de qualquer coisa, emerge unicamente pela capacidade humana de sempre (re)acentuar – vale dizer, (re)valorar – os signos já presentes no seio da sociedade.

Postos esses longos comentários, é chegada a hora de resumir esta seção. Para tal, retomo os dizeres de Volóchinov (1929), segundo os quais "a primeira tendência analisa o ato discursivo **individual e criativo** como fundamento da língua (ou seja, todos os fenômenos linguísticos sem exceção)" (Volóchinov, 2018: 148, negrito acrescido). Diante dessa alegação do pensador russo e de tudo o que foi discutido até aqui, penso estar em condições de responder à pergunta feita anteriormente: os arquétipos universais em que se estruturam os fenômenos linguísticos – conforme o entendimento do subjetivismo individualista – excluem de seu horizonte o aspecto social e o aspecto axiológico de tais fenômenos?

Primeiramente, direi que, no que julgo ser o entendimento de Volóchinov, se toda filosofia da linguagem idealista compreende os fenômenos linguísticos como sendo tributários de arquétipos universais, o arquétipo universal em que se baseia o subjetivismo individualista é a noção humboldtiana de forma interna da língua. Isso significa dizer que, para o subjetivismo individualista, os fenômenos linguísticos são tributários da forma interna da língua. Mais do que isso: vista como uma entidade universal, não material e anterior aos informes captados pelos sentidos, essa noção, juntamente com o próprio axioma da linguagem como atividade (*energeia*), parece estruturar o misterioso "núcleo principal das ideias humboldtianas", compreendido por nosso autor como sendo "a expressão mais forte e profunda dos rumos fundamentais da primeira tendência" (Volóchinov, 2018 [1929]: 149).

Pelo que vimos até aqui, parece não haver dúvida de que a forma interna da língua forra a mesa de que se servirá o aspecto axiológico da linguagem. Por esse motivo, então, se torna possível compreender a constatação volochinoviana de que "o subjetivismo individualista *tem razão* ao defender que os **enunciados singulares são de fato a realidade concreta da língua e possuem nela uma significação criativa**" (Volóchinov, 2018 [1929]: 217, negrito acrescido). Entretanto, também foi possível perceber que, na pena dos pensadores da primeira tendência – recordemos: daqueles que "não atingiram a síntese filosófica e a profundidade de Humboldt" (Volóchinov, 2018 [1929]: 150) –, o universal idealista proposto por Humboldt, ao mesmo tempo que inclui certo aspecto axiológico da linguagem, exclui completamente o aspecto social dos fenômenos linguísticos. Aqui, então, se vê o motivo pelo qual Volóchinov se afasta parcialmente do subjetivismo individualista e, o sociologizando, instaura o que prefiro chamar de "subjetivismo sociologizado".

VOLÓCHINOV E SAUSSURE: UMA LEITURA SOFISTICADA

No que se refere à segunda tendência, ou seja, ao objetivismo abstrato, Volóchinov (1929) identifica suas raízes no racionalismo do séc. XVII e XVIII, e assume que sua "expressão mais clara" (Volóchinov, 2018: 164) é a escola de Genebra ou, mais especificamente, as formulações do linguista genebrino Ferdinand de Saussure. Logo, não é de se estranhar que as críticas do pensador russo estejam voltadas diretamente para os dizeres creditados a Saussure (1916), presentes no *Curso de linguística geral* (daqui por diante, *CLG ou Curso*), cuja redação e organização são de Charles Bally [1865-1947] e Albert Sechehaye [1870-1946], colegas de Saussure, com a colaboração de Albert Riedlinger [1882-1978].

Para iniciar minhas considerações sobre a crítica que Volóchinov (1929) dirige a Saussure (1916), recordo que, às tantas de sua apresentação da segunda tendência, nosso autor destaca o que entende ser a "tese principal de Saussure: *a língua* [i. e., a *langue*, de Saussure] *opõe-se ao enunciado* [i. e., a *parole*, de Saussure], *assim como o social ao individual*" (Volóchinov, 2018: 169). Segundo entendo, na medida em que a referida tese contém o que Volóchinov (1929) identifica como "*próton pseudos* de Saussure" – nomeadamente, a ideia de que o enunciado [*parole*] "é inteiramente individual" (Volóchinov, 2018: 169) –, se torna fundamental partir dela para compreender sua crítica ao objetivismo abstrato.

Como fica claro pela citação presente em *MFL* (cf. Volóchinov, 2018: 168), aquilo que nosso autor toma como sendo a "tese principal de Saussure" é proveniente da afirmação, presente no *CLG*, de que "com o separar a língua da fala, separa-se ao mesmo tempo: 1º – o que é social do que é individual; 2º – o que é essencial do que é acessório e mais ou menos acidental" (Saussure, 2012 [1916]: 45). Tal afirmação, sabemos, ainda no *Curso*, é reiterada logo a seguir: "o estudo da linguagem comporta, portanto, duas partes: uma, essencial, tem por objeto a língua [*langue*], que é social em sua essência e independente do indivíduo – esse estudo é unicamente psíquico; outra, secundária, tem por objeto a parte individual da linguagem, vale dizer, a fala [*parole*], inclusive a fonação – é psicofísica" (Saussure, 2012 [1916]: 51).

Conforme sugere Tylkowski (2011; 2012) um dos motivos possíveis para a rejeição de Volóchinov (1929) à distinção saussuriana seria a orientação materialista do pensador russo. Neste caso, a distinção entre *langue* e *parole*, assim como a própria distinção entre esses dois componentes e a *langage*, estaria em oposição ao holismo que é próprio da abordagem materialista – dialética e histórica –, a qual "afirma que todos os fenômenos estão indissoluvelmente ligados e em interação contínua", de modo que se constitui um equívoco "a análise desses fenômenos como fatos isolados" (Tylkowski, 2011: 200).

Ora, quanto a isso, é preciso fazer uma breve e importante observação. Se, por um lado, a sugestão de Tylkowski (2011; 2012) rastreia uma possibilidade interessante, por outro, ela torna imperativo pontuar que, apesar dos pesares – e nós sabemos: há muitos! –, **a distinção entre *langue* e *parole*, presente no *CLG*, pode não implicar uma separação tão radical entre os dois objetos.** Isso pode ser demonstrado pelo fato de que, no próprio *Curso*, temos a afirmação de que "esses dois objetos estão estreitamente ligados e se implicam mutuamente; a língua [*langue*] é necessária para que a fala [*parole*] seja inteligível e produza todos os seus efeitos; mas esta é necessária para que a língua [*langue*] se estabeleça; historicamente, o fato da fala [*parole*] vem sempre antes. Como se imaginaria associar uma ideia a uma imagem verbal se não se surpreendesse de início essa associação num ato de fala [*parole*]?" (Saussure, 2012 [1916]: 51). E, a essas palavras, segue a conclusão de que "existe, pois, interdependência da língua [*langue*] e da fala [*parole*]; aquela é ao mesmo tempo o instrumento e o produto desta. Tudo isso, porém, não impede que sejam duas coisas absolutamente distintas" (Saussure, 2012 [1916]: 51).

Com isso, então, apesar da força de certas afirmações presentes no *CLG* – p. ex., "nossa definição da língua [*langue*] supõe que eliminemos dela tudo o que lhe seja estranha ao organismo, ao seu sistema: tudo quanto se designa pelo termo 'Linguística externa'" (Saussure, 2012 [1916]: 53) –, não é de se estranhar que, conforme pontuam Bally e Sechehaye (2012 [1916]: 26), seus editores, a abordagem de uma "linguística da fala" tenha sido "prometida aos ouvintes do terceiro curso".

Seja como for, dado que a sugestão de Tylkowski (2011; 2012), para o bem ou para o mal, parece encontrar justificativa em vias outras que não o texto de *MFL* propriamente dito, penso ser oportuno apresentar meu ponto de vista sobre o motivo da rejeição de Volóchinov (1929) à distinção saussuriana entre *langue* e o seu caráter social, de um lado, e *parole* e o seu caráter individual, de outro. Em meu entendimento, a verdadeira base da rejeição de Volóchinov (1929) à tese supracitada de Saussure (1916) são as implicações que, segundo o russo, decorrem da formulação saussuriana; implicações atinentes, especialmente, ao lugar do falante, da história e dos posicionamentos valorativos. **Para Volóchinov (1929), o caráter social da *langue*, no pensamento de Saussure e seus partidários, revela um siste-ma normativo e, por isso, imutável; logo, um sistema sem lugar para as mudanças históricas e para os acentos avaliativos que eclodem do e no trabalho do falante com a língua.**

Para esclarecer meu ponto, começo observando o fato de que, desde o início de suas considerações sobre a segunda tendência, Volóchinov (1929) faz questão de ressaltar o que entende ser um caráter normativo e, portanto, imutável, das formas linguísticas e da *langue*. É por isso que, logo de partida, nosso autor afirma que "se para a primeira tendência a língua é um fluxo eterno de atos discursivos, no qual nada permanece estável e idêntico a si mesmo, para a segunda tendência a língua é um arco-íris **imóvel** que se ergue acima desse fluxo" (Volóchinov, 2018 [1929]: 155, negrito acrescido).

Antes, porém, de avançar sobre essa questão, talvez seja válido registrar dois fatos que, em virtude da sutileza, por vezes, não são percebidos: em primeiro lugar, a existência de uma pequena imprecisão na descrição que Volóchinov (1929) faz do signo saussuriano; em segundo, a existência de algo próximo a um movimento de preservação terminológica.

Estritamente falando, o primeiro fato consiste em que Volóchinov (1929), ao assumir que o "*sistema linguístico*", de que trata a segunda tendência, deve ser "*compreendido como sistema de formas linguísticas fonéticas, gramaticais e lexicais*" (Volóchinov, 2018: 155), apresenta uma formulação em que tanto as formas fonéticas quanto as formas lexicais – incluindo, também, as enigmáticas formas gramaticais – podem ser tomadas como correspondentes do conceito saussuriano expresso pelo termo "signo". Ora, há um problema com essa descrição: ela ressuma um conceito de signo alheio a Saussure. O que deveria ser compreendido como um sistema de signos – "chamamos *signo* a combinação do conceito com a imagem acústica" (Saussure, 2012 [1916]: 107) – parece, na verdade, ser reduzido a um sistema de significantes, haja vista que, tudo indica, formas linguísticas de ordem fonética, gramatical e lexical não abrangem o conceito saussuriano expresso pelo termo "significado", ou seja, a ideia, elemento constituinte do conceito saussuriano de signo. Em relação a isso, vale lembrar as palavras de *CLG*: "a entidade linguística só existe pela associação do significante e do significado [...]; se se retiver apenas um desses elementos, ela se desvanece; em lugar de um objeto concreto, tem-se uma pura abstração. A todo momento, corre-se o perigo de não discernir senão uma parte da entidade, crendo-se abarcá-la em sua totalidade" (Saussure, 2012 [1916]: 147).

Por vezes, assim como deslizes na formulação tornam possível apontar lacunas em uma teoria, deslizes na descrição de uma formulação alheia permitem apontar brechas na compreensão que alguém tem da teoria de outrem. Todavia, o caso de Volóchinov aparenta ser diferente. Quer dizer, a julgar pelo todo de seu texto, parece que Volóchinov (1929), embora descreva a formulação saussuriana com uma pequena imprecisão, compreende corretamente os dizeres saussurianos a respeito do signo. Assim, nas páginas seguintes, mesmo com o problema de descrição, considerarei que as expressões equivalentes ao português "formas linguísticas" remetem ao exato conceito saussuriano de signo.

Quanto ao segundo fato, sua imensa sutileza parece desviar a atenção que lhe é devida. Refiro-me, precisamente, ao fato de que, na segunda parte de seu trabalho, nos momentos em que precisa fazer referência ao *signe* de Saussure (1916), o autor de *MFL* evita utilizar o termo russo "*znak*", equivalente ao termo português "signo" e tão fundamental na parte inicial de sua obra. Ao que parece, em se tratando do *CLG*, Volóchinov (1929) prefere utilizar o termo russo "*form*" e afins, os quais são equivalentes ao termo português "forma". Esse movimento, penso eu, permite ao nosso autor resguardar o termo russo "*znak*" – insisto: equivalente ao português "signo" e onipresente na primeira parte de seu trabalho – da carga semântica que julga ler no *Curso*, qual seja, a carga semântica da normatividade e da imutabilidade. Além disso, num ato que – conscientemente ou não – beira a mais sutil das ironias, a opção de Volóchinov (1929) pelo termo russo "*form*" e afins faz recordar que Saussure, pelo que consta no capítulo "As entidades concretas da língua", se opunha à utilização do termo francês "*forme*" para designar os signos (cf. Saussure, 2012 [1916]: 148).

Com esse segundo fato, aliás, fica claro o motivo pelo qual, até aqui, em toda a discussão que empreendi a respeito do signo em *MFL*, não fiz menção ao trabalho de Saussure. Conforme compreendo, o próprio Volóchinov toma esse cuidado: em seu debate sobre o signo, na primeira parte de *MFL*, nosso autor não menciona Saussure. A meu ver, esse dado pode ser lido como um indício de que, ali, os dizeres do russo visam estabelecer um caráter responsivo não com os postulados do genebrino, mas, sim, com as ideias de Cassirer (1923) a respeito do signo.

Tudo isso considerado, retorno ao que parece central na interpretação efetuada por Volóchinov (1929), a saber: a normatividade e a imutabilidade, ou seja, o fato de que a *langue*, tal como as formas linguísticas que a constituem, é imposta ao falante e, por conseguinte, se torna alheia a quaisquer mudanças, isto é, alheia ao trabalho de valoração e, consequentemente, criação, do falante.

Como é possível conferir no texto de *MFL*, caracterizando a segunda tendência, Volóchinov (1929) vincula a normatividade e a imutabilidade das formas linguísticas a "uma lei que vigora no interior do sistema linguístico" (Volóchinov, 2018: 157), vale dizer, na *langue*. De onde enxergo, a referida lei diz respeito à primeira das quatro considerações sobre a imutabilidade que Saussure (1916) julgou serem específicas, "mais essenciais, mais diretas" (Saussure, 2012: 113); nomeadamente, a consideração referente ao caráter arbitrário do signo. Para ser mais preciso, recordo as palavras do genebrino: "1 – *O caráter arbitrário do signo*. Vimos que o caráter arbitrário do signo nos fazia admitir a possibilidade teórica da mudança; aprofundando a questão, vemos que, de fato, **a própria**

arbitrariedade do signo põe a língua ao abrigo de toda tentativa que vise a modificá-la. A massa, ainda que fosse mais consciente do que é, não poderia discuti-la" (Saussure, 2012 [1916]: 113, negrito acrescido).

Essa formulação de Saussure (1916) parece desencadear a interpretação volochinoviana de que

> o indivíduo precisa aceitar e assimilar esse sistema [i. e., a *langue*] por inteiro, como ele é; dentro dele não há lugar para quaisquer avaliações ideológicas: pior, melhor, bonito, feio e assim por diante. Em sua essência, há apenas um critério linguístico: correto ou incorreto, sendo que a *correção linguística* é compreendida apenas como a *correspondência de uma dada forma ao sistema normativo da língua*. Portanto, não se trata de nenhum gosto ou verdade linguística. Do ponto de vista do indivíduo, a lei linguística é arbitrária, ou seja, privada de qualquer clareza e motivação natural e ideológica (por exemplo, artística). Assim, não há nem ligação natural nem correspondência (*correspondance*) artística entre a imagem fonética de uma palavra e a sua significação. (Volóchinov, 2018: 157).

Mesmo que passível de crítica, soa evidente que a interpretação de Volóchinov (1929) coloca o princípio saussuriano da arbitrariedade em oposição ao trabalho que os agentes humanos realizam com a língua. Se bem entendido, o princípio da arbitrariedade é a lei que, para Volóchinov (1929), sustenta o caráter social e normativo – portanto, imutável – da *langue*. Assim, o princípio da arbitrariedade é a lei que conduz a uma espécie de exclusão do trabalho do falante; exclusão que abarca, como causa e como efeito, uma alegada negligencia com a história.

O início desse raciocínio irrompe com a afirmação de que "o sistema da língua, no sentido descrito acima [i. e., na concepção do objetivismo abstrato], é completamente independente de quaisquer atos, intenções e motivos individuais e criativos" (Volóchinov, 2018 [1929]: 156). Esse mesmo raciocínio ganha força com o destaque de Volóchinov (1929) ao fato de que, na óptica do objetivismo abstrato, "o indivíduo recebe o sistema da língua da coletividade falante de modo totalmente pronto, e qualquer mudança dentro desse sistema encontra-se fora dos limites da sua consciência individual" (Volóchinov, 2018: 157). Por fim, sua forma mais categórica se apresenta sob uma espécie de silogismo: "se a língua, como um sistema de formas, é independente de qualquer impulso criativo ou de um ato do indivíduo, ela é um produto da criação coletiva: ela é social e, como toda instituição social, normativa para cada indivíduo" (Volóchinov, 2018 [1929]: 158).

A partir dos parágrafos que seguem a essa última afirmação, é possível dizer que o destaque de Volóchinov (1929) ao caráter social e normativo – portanto, imutável – da *langue* visa a colocar em relevo uma suposta *"ruptura entre a história e o sistema da língua* em seu corte extra-histórico ou sincrônico (para um dado momento)" (Volóchinov, 2018: 158). Quer dizer, tendo a *langue*, em uma dimensão sincrônica, um caráter normativo e, portanto, imutável, como ela poderia dar conta do processo histórico?

Em favor de Saussure (1916), é possível argumentar que a alegação de uma imutabilidade da *langue*, oriunda de seu caráter coletivo e hereditário – em última instância, normativo –, não a impede de, concomitantemente, ser mutável, especificidade proveniente de seu caráter temporal (sócio-histórico?). Como é possível ler no *CLG*, "o tempo, que assegura a continuidade da língua [*langue*], tem um outro efeito, em aparência contraditório ao primeiro [i. e., o da imutabilidade]: o de alterar mais ou menos rapidamente os signos linguísticos e, em certo sentido, pode-se falar, ao mesmo tempo, da imutabilidade e mutabilidade do signo" (Saussure, 2012 [1916]: 114-115).

A propósito dessa questão, a linguista Claudine Normand (2009 [2000]: 70-71), por exemplo, salienta que, "apesar de nenhuma vontade individual ou social poder mudá-la deliberadamente, a língua [*langue*] se modifica sem parar e essa propriedade deve ser associada ao arbitrário: já que nenhuma razão, mesmo 'relativa', justifica um estado mais do que outro, é tão impossível se opor às mudanças, que se produzem fora da consciência dos locutores, quanto impô-las por meio de qualquer regulamentação". Em outras palavras, a despeito dos desejos individuais e sociais, o sistema de signos linguísticos sofre alterações resultantes de seu caráter arbitrário, o qual não somente impede pretensas mudanças impostas por força de norma, como também impede oposições às mudanças arvoradas pelo tempo.

Além disso, é preciso considerar que, antes de qualquer coisa, o enfoque saussuriano emerge como contraponto a uma linguística que, nas palavras de Benveniste (1995 [1963]: 21), "consistia essencialmente numa genética das línguas. Fixava-se, para tentar estudar a *evolução* das formas linguísticas. Propunha-se como ciência histórica, e o seu objeto era, em toda parte e sempre, uma fase da história das línguas". Portanto, ao se considerar o contexto das aulas que deram vida ao *CLG*, parece claro que, como sintetizou

Benveniste (1995 [1954]: 5) – agora, em outro texto –, "não é tanto a consideração histórica que se condena aí, mas uma forma de 'atomizar' a língua e de mecanizar a história. O tempo não é o fator da evolução, mas tão somente o seu quadro".

De qualquer modo, se Volóchinov (1929), ao criticar a imutabilidade do sistema de signos – vale lembrar: imutabilidade proveniente do caráter social e normativo da *langue*, que, por sua vez, procede do princípio da arbitrariedade –, parece desconsiderar a mutabilidade indicada por Saussure (1916), isso ocorre em razão de conceber que, na proposta do genebrino, tal mutabilidade não está articulada – como, aparentemente, deveria – à *langue* em seu corte sincrônico, eleita como objeto de investigação da linguística saussuriana. Explico-me.

Afora o princípio da arbitrariedade, Volóchinov (1929) pontua que a *langue*, em um corte sincrônico, opera por uma relação de necessidade mútua e complementariedade; relação própria das formas linguísticas. Isso fica claro, por exemplo, quando o pensador russo afirma que, na concepção do objetivismo abstrato, "todas as formas da língua [i. e., os signos de Saussure], no contexto de um dado momento, isto é, em uma *sincronia*, são **mutuamente necessárias entre si e complementam-se**, transformando a língua em um sistema ordenado" (Volóchinov, 2018: 157, negrito acrescido). Além disso, fica claro quando nosso autor, logo depois, assume que, do ponto de vista da escola de Saussure, "as formas linguísticas que compõem o sistema da língua **necessitam-se e complementam-se mutuamente** de modo semelhante aos componentes de uma fórmula matemática" (Volóchinov, 2018 [1929]: 158, negrito acrescido).

Esses apontamentos – é importante dizer – não tornam possível asseverar que Volóchinov tenha tomado consciência do lugar ímpar que a teoria do valor possui no interior do *CLG*. De todo modo, eles demonstram que há, por parte do russo, alguma ciência da teorização saussuriana a respeito do valor linguístico. Em especial, Volóchinov parece ciente de que, como está registrado no *Curso*, no capítulo "A Linguística estática e a Linguística evolutiva", em um determinado estado da língua, vale dizer, em uma sincronia, "cada termo tem seu valor pela oposição aos outros termos" (Saussure, 2012 [1916]: 130). Em veia similar, o autor de *MFL* parece ciente daquilo que, no capítulo "O mecanismo da língua", Saussure (1916) definiu como "*solidariedades sintagmáticas*: quase todas as unidades da língua dependem seja do que as rodeia na cadeia da fala, seja das partes sucessivas de que elas próprias se compõem" (Saussure, 2012: 176). Enfim e sobretudo, nosso autor parece ciente de que, no capítulo "Identidades, realidades e valores", em que se esboça a noção de valor a partir do jogo de xadrez, o *CLG* declara: "vê-se, pois, que nos sistemas semiológicos, como a língua, nos quais **os elementos se mantêm reciprocamente** em equilíbrio de acordo com regras determinadas, **a noção de identidade se confunde com a de valor**, e vice-versa" (Saussure, 2012 [1916]: 156, negrito acrescido).

Esse último trecho do *CLG*, aliás, aparenta ser um elemento-chave para se compreender a alegação volochinoviana de que, para o objetivismo abstrato, mais do que os aspectos individuais, "o que importa é justamente a *identidade normativa*" (Volóchinov, 2018 [1929]: 156). A meu ver, pela expressão russa "*normatívnaia tojdiéstvennost*", equivalente à expressão portuguesa "identidade normativa", Volóchinov (1929) está, na verdade, sinalizando que o valor em Saussure (1916) é normativo. Dito de outro modo, penso que a identidade normativa mencionada por Volóchinov (1929) poderia ser tomada, em termos saussurianos, como "valor normativo". E, nesse sentido, seria possível falar, ainda, dos seguintes dizeres do *CLG*: "a coletividade é necessária para estabelecer os valores cuja única razão de ser está no uso e no consenso geral: **o indivíduo, por si só, é incapaz de fixar um [valor] que seja**" (Saussure, 2012 [1916]: 160, negrito acrescido).

Independentemente disso, o fato é que, por si sós, os apontamentos sobre necessidade mútua e complementariedade revelam – porque a ele atendem – o destacado lugar que o pensador russo atribui à distinção entre lógica sincrônica e lógica diacrônica. Para Volóchinov (1929), acompanhando o entendimento da segunda tendência do pensamento filosófico-linguístico, "não pode haver nada em comum entre a lógica que rege o sistema das formas linguísticas em um dado momento e a lógica (ou mais precisamente ilógica) da mudança histórica dessas formas. São duas lógicas distintas; ou, se reconhecermos uma delas como lógica, a outra será ilógica, isto é, uma pura violação da lógica aceita" (Volóchinov, 2018: 158). Como reitera mais adiante, "as ligações sistemáticas que relacionam duas formas linguísticas no sistema da língua (no corte de um dado momento) não possuem nada em comum com aquelas relações que ligam uma dessas formas à sua imagem transformada em um momento posterior da formação histórica da língua" (Volóchinov, 2018 [1929]: 159).

Para não restar dúvidas de que esse é um dos pontos centrais para Volóchinov (1929), recordo ainda que, mais à frente, ele martela: "não há nenhuma relação nem nada em comum entre a lógica da língua como sistema de formas e a lógica de sua formação histórica. As duas esferas são regidas por leis completamente diferentes e por diferentes fatores" (Volóchinov, 2018: 161).

Esse raciocínio não é gratuito. Antes, ele parece oriundo do fato de que, ao tratar das leis linguísticas, no capítulo "A Linguística estática e a Linguística evolutiva", o próprio Saussure (1916) assevera a necessidade de distinguir "as esferas do sincrônico e do diacrônico", posto que "falar de lei linguística em geral é querer abraçar um fantasma" (Saussure, 2012: 134).

Seja como for, quanto a essa distinção entre lógica sincrônica e lógica diacrônica, e à importância que a relação de necessidade mútua e complementariedade possui no interior da primeira, é proveitoso observar o discurso reportado que Volóchinov (1929) constrói:

> até o século XVI, um alemão conjugava da seguinte forma: *ich was*; *wir waren*. Já o alemão moderno conjuga *ich war*, *wir waren*. Desse modo, *ich was* transformou-se em *ich war*. **Entre as formas *ich was* – *wir waren* e *ich war* – *wir waren* existe uma ligação linguística sistemática e uma complementação mútua.** Em particular, elas estão ligadas e complementam-se entre si como o número singular e plural da primeira pessoa na conjugação de um verbo. **Entre *ich was* – *ich war* e entre *ich war* (moderno) e *wir waren* (séculos XV-XVI) existe uma relação diferente e totalmente específica que não possui nada em comum com a primeira, que é sistemática.** A forma *ich war*, formou-se em analogia com *wir waren*: no lugar de *ich was*, sob influência de *wir waren* (alguns indivíduos) passaram a criar *ich war*. O fenômeno massificou-se e, como resultado, um erro individual se transformou em uma norma linguística. (Volóchinov, 2018: 159-160, negrito acrescido).

Esse trecho é fundamental na argumentação de Volóchinov (1929). A partir de um exemplo apresentado no próprio *CLG*, no capítulo "A Linguística estática e a Linguística evolutiva" (cf. Saussure, 2012 [1916]: 141), nosso autor exemplifica e acentua sua interpretação de que **a lógica da sincronia – em resumo, a solidariedade sintagmática – não pode lidar com as mudanças linguísticas.** Segundo Volóchinov (1929), no pensamento da escola de Saussure, as mudanças linguísticas podem ser explicadas somente por uma lógica diacrônica, e, nela, em vez de serem assumidas como provas do trabalho de criação em que o falante revela seus distintos posicionamentos valorativos, tais mudanças são tomadas como produto de "um erro individual". E dada a fonte exata de seu discurso reportado, parece óbvio que esse posicionamento de Volóchinov (1929) confronta as seguintes palavras de Saussure (1916): "todas as inovações da fala [*parole*] não têm o mesmo êxito e, enquanto permanecem individuais, não há por que levá-las em conta, pois o que estudamos é a língua [*langue*]; elas só entram em nosso campo de observação no momento em que a coletividade as acolhe" (Saussure, 2012: 141).

Isso posto, para ficar suficientemente claro, reitero o que vinha dizendo: **se Volóchinov (1929) não leva em conta a mutabilidade apontada por Saussure (1916), isso se dá por entender que, na proposta do mestre de Genebra, tal mutabilidade não está articulada – como, aparentemente, deveria –, à *langue* em seu corte sincrônico, eleita como objeto de investigação da linguística saussuriana.**

Além disso, é preciso considerar, também, outro argumento que o texto de *MFL* nos apresenta mais adiante: para o pensador russo, a referência do *CLG* à mutabilidade se dá por recurso à *parole*, o que leva à conclusão de que Saussure (1916) determinou a face sincrônica da *langue* como objeto de investigação da linguística **somente** até o momento em que precisou trazer a história à baila. **Para Volóchinov (1929), quando a história e, consequentemente, a mutabilidade precisaram entrar em cena nas considerações saussurianas sobre a *langue*, a *parole* foi a sua condutora.** Por isso a afirmação de que, no empreendimento do objetivismo abstrato, "o ato individual de fala, isto é, do enunciado que foi decisivamente colocado à margem da linguística, retorna, no entanto, como um fator necessário da história da língua" (Volóchinov, 2018 [1929]: 169). Daí, também, sua menção, em nota complementar, às seguintes palavras do *Curso*: "*tudo quanto seja diacrônico na língua não o é senão pela fala*. **É na fala que se acha o germe de todas as modificações**" (Saussure, 2012 [1916]: 141, negrito acrescido).

Tudo isso leva a crer que, se Volóchinov (1929) critica a linguística da escola de Saussure, o faz, em parte, por conceber que tal linguística, ao se abstrair da *parole* – "a língua [*langue*] é para nós a linguagem [*langage*] menos a *fala* [*parole*]" (Saussure, 2012 [1916]: 117) –, se afasta do histórico, ou seja, do diacrônico, e, consequentemente, toma por objeto algo indubitavelmente imutável. E mais: se Volóchinov (1929) persiste na crítica, o faz, em parte, por conceber que o argumento de que a mutabilidade decorre da entrada da *langue* "em sua vida semiológica" (Saussure, 2012 [1916]: 117) conduz à conclusão de que a mutabilidade só chega à *langue* pelas mãos da *parole*.

Mesmo que esteja longe do aspecto geral das críticas volochinovianas a Saussure (1916), Pereira Castro (2016), ao fazer a leitura de um dos manuscritos saussurianos ao lado do *CLG*, parece apontar algo similar ao que observou o pensador russo. Conforme entende a linguista brasileira, "é a partir do ponto de vista do falante e da coletividade – **de um fato de fala que se torna um fato de língua** – que Saussure trata no *CLG* da mudança linguística e, portanto, da natureza da relação entre linguagem e tempo. Vê-se, assim, a complexidade produzida pelo reconhecimento do ponto de vista do sujeito falante, isto é, **a sua fala é introdutória da mudança** como acontecimento imprevisível, contingente, que só se realiza na esfera da língua se adotada pela comunidade" (Pereira castro, 2016: 64, negrito acrescido).

É importante reiterar que, apesar do caráter intricado de sua sequência argumentativa, o que Volóchinov (1929) faz não é somente contestar a ausência da história na face sincrônica da *langue*. Antes, advoga que essa dificuldade só pôde ser vencida por Saussure (1916) com o auxílio da *parole*. Logo, a mutabilidade da *langue* seria uma dimensão oriunda da *parole*, a qual, por sua vez, é movimentada por agentes humanos. E isso – é preciso dizer –, embora não pareça claro, no *CLG*, nas considerações do capítulo "Imutabilidade e mutabilidade do signo", talvez pudesse ser apreendido quando Saussure (1916) afirma que "**é a fala que faz evoluir a língua**: são as impressões recebidas ao ouvir os outros que **modificam** nossos hábitos linguísticos" (Saussure, 2012: 51, negrito acrescido)[13].

Ainda a respeito dessa tumultuada relação que envolve, de um lado, o tempo, a história e os agentes humanos e, de outro, as distinções *langue*/*parole* e sincronia/diacronia, importa dar lugar à pertinente síntese de Cruz (2016: 43):

> se a linguística sincrônica é a-histórica, ela o é na medida em que o apagamento do passado é uma condição para que o sujeito falante possa compreender e se fazer compreender. Pode-se afirmar, igualmente, que se a linguística diacrônica é histórica, ela o é na medida em que lhe interessa o estudo dos sons em sua sucessão temporal com vistas a depreender os fenômenos que fazem a língua passar de um estado a outro. Pode-se, contudo, afirmar que, inversamente, a emergência de um domínio sincrônico representa o retorno em linguística da dimensão viva da língua, entendida por Saussure como um fenômeno histórico-social, ao passo que a dimensão diacrônica representa, ao contrário, seu apagamento, remetendo ao puramente fisiológico. (Cruz, 2016: 43).

Também quanto a isso, outra interessante interpretação vem da linguista Eliane Silveira que, falando de alguns manuscritos saussurianos e do *CLG*, considera que "Saussure se vê em uma encruzilhada, se por um lado a história oferece elementos ao estudo da linguagem, por outro lado ela envolve o objeto de estudo em uma névoa, impedindo que ele possa ser estudado na sua constituição própria. Ou seja, se por um lado a língua está presente em todos os fatos humanos por outro lado a consideração de diversos fatos humanos no estudo da língua obscurece o objeto" (Silveira, 2004: 1228).

Tudo isso considerado, o fato é que, se olhados pela lente do que denominei "subjetivismo sociologizado", os apontamentos feitos na presente seção permitem admitir que, ao focalizar, em sua crítica ao objetivismo abstrato, a normatividade e a imutabilidade das formas linguísticas e da *langue*, Volóchinov (1929) fornece, mais uma vez, indícios de seu coração humboldtiano – para usar a expressão de Faraco (2006). Assim, a filiação sociologizada de Volóchinov (1929) ao pensamento de Humboldt pode ser vista como um dos fatores subjacentes que levam o pensador russo a rechaçar "as formas idênticas a si mesmas que compõem o sistema imóvel da língua (ἔργον)" (Volóchinov, 2018: 161).

Para ser mais exato, direi que, na interpretação de Volóchinov (1929), admitir que o objeto de estudo da linguística seja somente esse sistema imutável de formas linguísticas normativamente idênticas, "*encontrado previamente pela consciência individual e indiscutível* para ela" (Volóchinov, 2018: 162), levaria a uma "*ruptura entre a história e o sistema da língua* em seu corte extra-histórico ou sincrônico (para um dado momento)" (Volóchinov, 2018: 158) e, adicionalmente, a uma **obliteração do trabalho de significação e avaliação executado pelo agente humano na e pela língua**. Não é sem motivo, portanto, que, falando dos racionalistas – a quem vincula o pensamento da escola de Saussure –, nosso autor declara que "eles se interessam apenas pela *lógica interna do próprio sistema de signos*, que é, assim como na álgebra, **totalmente independente das significações ideológicas** que preenchem o signo. **Os racionalistas** até tendem a considerar o ponto de vista daquele que compreende, porém **ignoram o ponto de vista do falante** como um sujeito que expressa sua vida interior" (Volóchinov, 2018 [1929]: 163, negrito acrescido).

Essa posição, aliás, permite entender mais efetivamente as seguintes afirmações – já citadas anteriormente:

> é claro que o sistema da língua, no sentido descrito acima [i. e., conforme o entendimento do objetivismo abstrato], é completamente independente de quaisquer atos, intenções e motivos individuais e criativos. Do ponto de vista da segunda tendência já não se trata da criação consciente da língua pelo indivíduo falante. A língua contrapõe-se ao indivíduo como uma norma inviolável e indiscutível, à qual só lhe resta aceitar. [...]

> O indivíduo precisa aceitar e assimilar esse sistema por inteiro, como ele é; **dentro dele não há lugar para quaisquer avaliações ideológicas**: pior, melhor, bonito, feio e assim por diante. [...] Portanto, não se trata de nenhum gosto ou verdade linguística. (Volóchinov, 2018 [1929]: 156-157, negrito acrescido).

Dito de modo bem aberto: para Volóchinov (1929), é preciso lidar com o fato de que o falante possui uma consciência linguística. Mais precisamente, uma consciência linguística que não lida com um sistema de formas linguísticas normativamente idênticas, mas, antes, "com a linguagem no sentido do conjunto de diferentes contextos possíveis em que essa forma linguística pode ser usada" (Volóchinov, 2018 [1929]: 180).

A essa altura, se vê assomar outro aspecto que, segundo o próprio Volóchinov (1929), é de elevada importância. Para o autor de *MFL*,

> na realidade, a consciência linguística dos falantes não lida com a forma da língua nem com a língua como tal.

> De fato, a forma linguística é dada ao falante [...] apenas no contexto de certos enunciados e portanto apenas em um determinado contexto ideológico. **Na realidade, nunca pronunciamos ou ouvimos uma palavra, mas ouvimos uma verdade ou mentira, algo bom ou mal, relevante ou irrelevante, agradável ou desagradável e assim por diante.** *A palavra está sempre repleta de conteúdo e de significação ideológica ou cotidiana.* É apenas essa palavra que compreendemos e respondemos, que nos atinge por meio da ideologia ou do cotidiano. (Volóchinov, 2018 [1929]: 181, negrito acrescido).

Por tudo o que afirmei no capítulo anterior, alguns minutos de reflexão devem ser suficientes para perceber que, no trecho supramencionado, há uma complicação terminológica concernente à expressão "significação ideológica". Em todo caso, o trecho supracitado equivale a dizer que **o tratamento inadequado da consciência linguística do falante leva, por fim, a um apagamento do caráter significativo e axiológico da palavra**. Em outros termos: postular que a consciência do falante lida somente com um sistema de formas linguísticas normativamente idênticas significa (i) remover da palavra a presença de um conteúdo, portanto, sua condição de signo – vale lembrar: representar e substituir algo externo a ele –, e (ii) eliminar da palavra seu caráter axiológico, isto é, sua face valorativa.

Tudo que formulei até aqui se configura como meu ponto de vista – o leitor deve recordar: diferente daquele de Tylkowski (2011; 2012) – a respeito dos motivos que levam Volóchinov (1929) a rejeitar a tese que, conforme entende, é o "*proton pseudos* de Saussure e de toda a tendência do objetivismo abstrato" (Volóchinov, 2018: 169). De fato, a crítica de *MFL* a Saussure (1916) tem outros elementos que poderiam ser aventados. Entretanto, dado que tais elementos não parecem incidir diretamente sobre a questão central desse livro, não os abordarei aqui.

Por ora, direi que, de um modo que julgo mais incisivo do que em relação ao subjetivismo individualista, *MFL* rejeita a proposta de abordagem do objetivismo abstrato. Essa rejeição mais acentuada ao pensamento da escola de Saussure começa a despontar quando Volóchinov (1929) sintetiza a diferença entre o subjetivismo individualista e o objetivismo abstrato afirmando que

> a diferença entre a primeira e a segunda tendência pode ser ilustrada com muita clareza do seguinte modo: as formas idênticas a si mesmas que compõem o sistema imóvel da língua (ἔργον) eram, para a primeira tendência, apenas uma estratificação morta da formação linguística real, que é a verdadeira essência da língua, realizada por meio de um ato individual, criativo e irreproduzível. Para a segunda tendência, justamente esses sistemas de formas idênticas a si mesmas torna-se a essência da língua; já **a refração individual e criativa** e a variação das formas linguísticas são, para ela, apenas resíduos da vida linguística ou, mais precisamente, da imobilidade linguística monumental, apenas sobretons imperceptíveis e desnecessários do tom principal e permanente das formas linguísticas. (Volóchinov, 2018 [1929]: 161-162, negrito acrescido).

Ao que me parece, os dizeres presentes nessa síntese antecipam um elemento essencial da crítica de Volóchinov (1929) à segunda tendência. Para o russo,

> os contextos [de uso de uma palavra] **não se encontram lado a lado, como se não percebessem um ao outro, mas estão em estado de interação e embate tenso e ininterrupto. Essa alteração da ênfase valorativa da palavra em diferentes contextos é totalmente ignorada pela linguística e não encontra nenhuma expressão na doutrina da unidade da significação. Essa ênfase dificilmente pode ser substancializada, entretanto, é justamente a pluralidade enfática da palavra que a torna viva.** O problema da pluralidade enfática deve ser estreitamente ligado ao problema da pluralidade de significações. Os dois problemas só podem ser solucionados quando há essa ligação. No entanto, justamente essa ligação é totalmente irrealizável no terreno do objetivismo abstrato e de seus fundamentos. **A ênfase valorativa é deixada à margem da linguística juntamente com o enunciado unitário (*parole*).** (Volóchinov, 2018 [1929]: 197, negrito acrescido).

Esse excerto, que é um dos momentos que, nitidamente, marca a já mencionada distinção entre significação e avaliação, revela algo importante: **para Volóchinov (1929), os fundamentos do objetivismo abstrato o impedem de poder dar conta dos posicionamentos valorativos que, muito antes de emanarem do sistema, são orquestrados pelo falante em seu trabalho na e com a língua. Assim, se se quiser dar ao processo de valoração o tratamento que lhe é devido, se torna necessário pensar em um fundamento diferente.**

É com esse quadro em mente, então, que o autor apresenta a proposta alternativa que, para muitos estudiosos de sua obra, se instaura como o núcleo das formulações advindas do Círculo de Bakhtin: a natureza dialógica da linguagem. Essa proposta implica conceber que *"a realidade efetiva da linguagem não é o sistema abstrato de formas linguísticas nem o enunciado monológico isolado, tampouco o ato psicofisiológico de sua realização, mas o acontecimento social da interação discursiva que ocorre por meio de um ou de vários enunciados"* (Volóchinov, 2018 [1929]: 218-219).

A clareza do texto de Volóchinov (1929) não permite negar que há nessa passagem, e em todo o capítulo que ela compõe – isto é, no capítulo "A interação discursiva" –, um ponto de suma importância na reflexão do pensador russo. Todavia, devo sublinhar algo que, até onde sei, não foi devidamente notado: **a concepção dialógica da linguagem é evocada não como o grande ponto de chegada da reflexão volochinoviana, mas, antes, como a única concepção que permite chegar a tal ponto, qual seja, o caráter axiológico da linguagem**.

Quanto a isso, vale recordar as palavras que o autor escreve em seu plano de trabalho: "posto que a linguística, até agora, não tratou a *totalidade do enunciado* como um *ato social*, ou a *interação de enunciados* como um *evento social*, ela não foi capaz de abordar a avaliação social" (Voloshinov, 2004 [1927-1928]: 249). Essa passagem, por sua semelhança com o trecho anteriormente citado, deixa ver que a concepção dialógica emerge como a proposta alternativa às duas tendências do pensamento filosófico-linguístico; proposta que, tudo indica, pode se aproximar, devidamente, da avaliação social.

Dada a sutileza desse ponto, me esforço para o enunciar de um modo que fique ainda mais nítido. Para tal, me valho de uma analogia: o que se dá com "a teoria da avaliação social na palavra" (Voloshinov, 2004 [1927-1928]: 249), presente em *MFL*, é idêntico ao que ocorre com a teoria do valor presente no *CLG*. No *Curso*, o elemento central é a teoria do valor. É por causa da teoria do valor, inclusive, que se pode falar de sistema. Porém, só se chega a tal teoria se se conceber, metodologicamente, que o objeto de estudo é a *langue*, enquanto sistema. Assim, embora, por questões metodológicas, o sistema seja a via de acesso ao valor, só nos é possível falar de sistema por concebermos a existência do valor.

É um movimento absolutamente semelhante que se pode ver em *MFL*: para Volóchinov, o elemento central de sua filosofia da linguagem é o valor social, o processo de valoração fundamentalmente social. É por causa desse processo que se pode falar de dialogismo. Porém, só se chega a tal processo se se conceber, metodologicamente, que o objeto de estudo é "*o acontecimento social da interação discursiva que ocorre por meio de um ou de vários enunciados*. (Volóchinov, 2018 [1929]: 218-219). Assim, embora, por questões metodológicas, a concepção dialógica seja a única via legítima de acesso ao caráter axiológico da linguagem, só nos é possível falar de dialogismo por concebermos a existência do processo de valoração. Quer dizer, a centelha do processo de interação discursiva, com todo o seu movimento de compreensão ativa e responsiva, é o caráter axiológico da linguagem, ou seja, o fato de que a palavra inelutavelmente absorve e dá vazão ao conjunto de posicionamentos valorativos interindividualmente construídos. Dessa forma, julgo, está preservado o lugar ímpar do dialogismo e, ao mesmo tempo, permanece de pé a tese de que **só há enunciado-resposta porque a todo enunciado a que, efetiva ou virtualmente, se responde subjaz uma posição apreciativa a ser respondida.**

Feita essa espécie de escólio, é preciso lembrar que as verdadeiras condições em que Volóchinov pôde ler Saussure (1916) ainda parecem não estar muito claras. Sabe-se apenas que, mesmo com sua primeira tradução publicada em russo datando de 1933 – sendo, portanto, posterior à publicação de *MFL* –, o *CLG* saussuriano "foi amplamente discutido logo depois de seu aparecimento em 1916 e, assim, exerceu uma influência formadora sobre o desenvolvimento da linguística soviética" (Lähteenmäki, 2006: 190). Daí, então, a afirmação volochinoviana de que "na Rússia, a impopularidade da escola de Vossler é inversamente proporcional à popularidade e influência da escola de Saussure" (Volóchinov, 2018 [1929]: 165).

Seja como for, é seguro dizer que a leitura que Volóchinov (1929) faz de Saussure (1916) é, em qualquer acepção que se dê ao qualificador, uma leitura sofisticada.

EM SÍNTESE...

Neste terceiro capítulo, focalizando *MFL*, apresentei uma leitura que, a meu ver, permitiu flagrar o quanto a vindicação do aspecto axiológico da linguagem se instaura como o grande fundamento para as críticas de Volóchinov (1929) às tendências por ele nomeadas de "subjetivismo individualista" e de "objetivismo abstrato".

Aqui, como Faraco (2006), defendi a ideia de que as críticas de Volóchinov (1929) à escola de Vossler, isto é, ao subjetivismo individualista, possuem um caráter significativamente menos intenso, se comparadas às críticas feitas a Saussure e seus correligionários. E, para sustentar tal ideia, busquei revelar os indícios de que é desenvolvendo, criticamente, a ideia humboldtiana de forma interna da língua que Volóchinov estabelece sua teoria da avaliação social da palavra.

Também neste capítulo, destaquei as críticas de Volóchinov (1929) a Saussure (1916). Nesse conjunto de críticas ao *Curso*, o que parece realmente importante é a ênfase em destacar que o objeto eleito por Saussure (1916) é, no fim das contas, normativo e imutável. Quanto a isso, como apontei, há elementos para uma compreensão de que, antes de qualquer coisa, essas críticas ocorrem em virtude de Volóchinov (1929) enxergar na proposta saussuriana certa sonegação do aspecto axiológico da linguagem.

De modo geral, por tudo o que considerei neste capítulo, é possível observar que, para Volóchinov (1929), o subjetivismo individualista criticado é, de certa forma, uma degeneração do pensamento de Humboldt – que, além de "potente", demonstra "profundidade" (Volóchinov, 2018: 149ss). Contudo, na medida em que se lhe pode conferir uma orientação materialista – em que se destaca o processo de valoração do mundo, levado a cabo pelos agentes humanos –, o subjetivismo individualista ainda é passível de ser sociologizado. E, nesse sentido, há um dado importante, explicitado somente em "Sobre as fronteiras entre a poética e a linguística", de 1930: para Volóchinov, o subjetivismo individualista "realizou a sua tarefa histórica", nomeadamente, "a luta contra o positivismo e a **valorização do papel criativo do enunciado singular**" (Volóchinov, 2019e: 185, negrito acrescido).

Já o objetivismo abstrato, por seu turno, seria, no entendimento de Volóchinov (1929), uma tendência sem qualquer possibilidade de salvação, posto que rejeita a historicidade e, por conseguinte, sonega o lugar devido aos agentes humanos que movimentam, nos signos, os acentos avaliativos.

Assim, **é possível dizer que, num balanço final, as críticas volochinovianas – mesmo aquelas questionáveis, dirigidas ao *CLG* – assinalam para uma única finalidade: nos ombros do aspecto social da linguagem, vindicar o seu caráter axiológico**. É por não estar sobre os ombros do social que o – por assim dizer – axiológico da escola de Vossler não é suficiente para Volóchinov. Inversamente, a escola de Saussure – e mesmo a linguística de Meillet –, por não sobrelevar o axiológico, tem até o social questionado.

"SOBRE AS FRONTEIRAS ENTRE A POÉTICA E A LINGUÍSTICA"

> Nenhum método que tenta desprezar o problema da expressão valorativa pode tratar um monumento literário como artisticamente significativo.
>
> (Volóchinov, 2019e [1930]: 232)

O ensaio "Sobre as fronteiras entre a poética e a linguística" (*SFPL*) se mostra, a meu ver, um dos mais interessantes escritos de Volóchinov. Afinal, assim como *MFL* se configura uma **proposta sociológica de linguística e filosofia da linguagem**, *SFPL* poderia, sem problema algum, ser visto como sendo uma versáo reduzida de uma **proposta sociológica para os estudos literários**.

Esse texto, original de 1930, deixa claríssimas algumas das leituras e/ou influências teóricas de Volóchinov – p. ex., Gueórgui Plekhánov [1856-1918], Ernst Cassirer e Karl Bühler. E mais do que isso: assim como *PVPP*, o texto de *SFPL* possibilita flagrar a circulação de nosso autor entre os estudos literários, de um lado, e a linguística e filosofia da linguagem, de outro. Em última instância, por meio de *PVPP*, de *MFL* e de *SFPL*, é possível observar, em Volóchinov, um traço característico do ILIAZV: linguística e literatura, ambas, discutidas em conjunto (cf. Grillo; Américo, 2019: 21).

Independentemente disso, compreendo que a discussão em torno da valoração em *PVPP* e em *MFL* possibilita um olhar mais afinado para o que se constrói textualmente em *SFPL*. Portanto, nas próximas páginas, é desse ensaio que me ocupo.

AS DIFICULDADES DA ESTILÍSTICA TEÓRICA DE VIKTOR V. VINOGRÁDOV

Em *SFPL*, Volóchinov parte de um problema que, como pode ser rastreado já pelo título, está bem delineado: compreender quais os limites entre os estudos estilísticos e os estudos linguísticos. Para o autor, uma concepção da literatura em moldes efetivamente científicos impõe uma revisão das categorias elencadas para o estudo. Nesse sentido, Volóchinov (1930) assume que, assim como a linguística não deve ser estetizada, como fora feito por Croce e Vossler, que encetaram uma "supervalorização monstruosa do aspecto literário na língua e o primado tão categórico do estilista sobre o linguista" (Volóchinov, 2019e: 185) – como já destacado, questões claramente inconcebíveis para uma perspectiva sociológica –, tampouco a literatura deve ser completamente gramaticalizada. Conforme sustenta, "a gramaticalização de todas as categorias teórico-poéticas" tem como corolário "uma *fetichização* positivista *da realidade empírica* nas obras literárias" (Volóchinov, 2019e [1930]: 186).

Como Volóchinov (1930) precisamente salienta, não se trata de supor "que o estudo da arte *verbal*" possa prescindir "da ajuda da ciência da *palavra*, isto é, da linguística" (Volóchinov, 2019e: 186). Antes disso, o que se pretende colocar em relevo é o fato de que, por si sós, as categorias linguísticas não podem anunciar as peculiaridades da estrutura estética de uma dada obra literária. De acordo com o nosso autor, isso não pôde ser feito nem mesmo "por um dos estudiosos mais sagazes e cuidadosos, o linguista e teórico da literatura *par excellence*, Viktor Vinográdov" (Volóchinov, 2019e [1930]: 187).

Referindo-se exclusivamente aos escritos vinogradovianos publicados até 1929, Volóchinov (1930) sustenta que o teórico da literatura erra duplamente: por um lado, ao assumir uma espécie de primazia da metodologia linguística sobre uma metodologia propriamente poética na investigação de determinado objeto literário; por outro, ao se ancorar nos estudos linguísticos daquilo que Volóchinov, desde antes, denomina "objetivismo abstrato", isto é, o pensamento linguístico que Volóchinov entende como melhor representado por Saussure. Logo, a tarefa a que se propõe o autor de *SFPL* consiste em "revelar o erro duplo de Vinográdov e esboçar, ainda que de modo incompleto e preliminar, os caminhos para a solução marxista de alguns problemas da estilística" (Volóchinov, 2019e [1930]: 189).

Com uma sequência argumentativa demasiadamente confusa – talvez, decorrente do próprio processo de redução do texto –, Volóchinov (1930) aponta, também, para a adesão vinogradoviana a uma compreensão da estilística aos moldes de Karl Vossler. Nessa concepção, os estudos estilísticos são vistos como possuindo, pelo menos, dois campos para a investigação. O primeiro campo se refere, retomando as ideias vosslerianas, a algo como uma história do gosto linguístico – vale dizer, uma **estilística histórica** –, estando, portanto, destinado a investigar, sobretudo, o conceito designado pela expressão "estilo de época". O segundo campo, por seu turno, deve ser pensado como uma **estilística teórica**, ficando relacionado à construção de princípios, conceitos e categorias de análise para a investigação literária.

Para iniciar efetivamente sua empreitada, Volóchinov (1930) sumariza sua compreensão em torno da proposta vinogradoviana atinente ao segundo campo, isto é, circunscrita à estilística teórica. Nosso autor assume que no todo dos escritos de Vinográdov é possível ver um "*primado* incondicional, como se subentendido, do *linguista sobre o estudioso da literatura*" (Volóchinov, 2019e [1930]: 196). Isso equivale a dizer que, em vez da formulação de uma metodologia específica para os estudos literários, Volóchinov (1930) enxerga na proposta de Vinográdov uma tentativa de formalização estética da materialidade linguística das obras literárias a partir de princípios, conceitos e categorias provenientes da linguística.

Para ser mais específico, direi que, segundo Volóchinov (1930), o recurso metodológico de Vinográdov à linguística se assenta fortemente sobre a suposição – enformada pelo objetivismo abstrato – de que a obra literária, sendo "representante de um tipo linguístico que se formou ('naturalmente') em um meio dialético determinado e possui[ndo] fronteiras cronológicas precisas" (Volóchinov, 2019e: 192), revela um sistema de procedimentos estilísticos, visto como elo entre as **escolhas lexicais** e a **organização sintática** da obra literária. Esse sistema, à sombra da escola de Vossler, supostamente aponta para um caráter criativo e para um vínculo psicológico entre a dimensão lexical e a dimensão sintática, dando, assim, o tom de uma possível e desejada formalização da inescapável materialidade linguística das obras literárias.

Observe-se, aqui, que, mesmo definido como o **estilo poético individual** (cf. Volóchinov, 2019e [1930]: 192), o referido sistema de procedimentos estilísticos, na medida em que faz parte de uma – por assim dizer – linguagem literária, deve ser pensado como uma característica específica de dada **escola**

estilística. Logo, mesmo que este sistema de procedimentos estilísticos – vale dizer, o estilo poético individual – remeta ao processo estético-criativo de seleção lexical e organização sintática, "os seus fenômenos tornam-se mecânicos, transformam-se em modelos linguísticos (clichês) e penetram os dialetos da linguagem falada" (Volóchinov, 2019e [1930]: 193). Assim, portanto, como aponta Volóchinov (1930), a problemática relativa ao **estilo poético individual** e às suas relações com uma determinada **escola de estilo** termina por dar as cartas com as quais jogará a investigação em torno dos **estilos de época**. Dito de outra forma, a estilística teórica ditará as direções de avanço da estilística histórica.

É fundamental ter em mente algo que esbocei há pouco: mais do que somente observar, com certa perspicácia, que os conceitos de uma teoria da estilística se tornam *conditio sine qua non* para os estudos da estilística histórica (cf. Volóchinov, 2019e [1930]: 193), nosso pensador, pelo conceito de **estilo poético individual**, tomado como um sistema de procedimentos estilísticos que engloba a seleção e organização dos elementos estéticos, surpreende "nos enunciados teóricos de Vinográdov" uma espécie de "simbiose metodológica particular de Croce e Saussure" (Volóchinov, 2019e [1930]: 198). No entendimento de Volóchinov (1930) – vale lembrar, pesquisador vinculado à Subseção de Metodologia da Literatura, no Instituto de História Comparada das Literaturas e Línguas do Ocidente e do Oriente (ILIAZV) –, tal simbiose revela que Vinográdov compreende "a natureza do monumento literário de modo um pouco ambíguo" (Volóchinov, 2019e: 198).

A esse propósito, no que diz respeito à face saussuriana da proposta de Vinográdov, nosso autor considera que, nos escritos teóricos vinogradovianos, a formalização estética de uma obra literária se dá somente no âmbito de uma "seleção de palavras e na sua organização em séries sintáticas" (Volóchinov, 2019e [1930]: 196). Nessa medida, portanto, Volóchinov (1930) compreende que

> seguindo o exemplo de Saussure no campo da linguística, também no campo da poética Vinográdov ficou no terreno da língua e a tomou como uma norma, sem exceção, para todos os fenômenos da comunicação literária. [...] A obra que é "literária" somente no processo da interação entre o "criador" e os "contempladores", a obra em que cada elemento está **tensionado valorativamente** e **orientado socialmente**, essa obra é transformada por Vinográdov em um *enunciado monológico acabado, que*

foi uma vez pronunciado para o vazio e que se solidificou como um sistema de procedimentos estilísticos imóvel e autossuficiente. (Volóchinov, 2019e: 196-197, negrito acrescido).

De modo similar, no que toca à face crociana das ideias de Vinográdov, é possível dizer que Volóchinov (1930) a detecta exatamente na alegação, atribuída ao estudioso russo da literatura, de que a procura por um sistema de procedimentos estilísticos, isto é, por um estilo poético individual, seria, na verdade, uma busca, nas dimensões da seleção lexical e da organização sintática, pelos reflexos provenientes de uma consciência poética individual (cf. Volóchinov, 2019e: 197-198). Ora, sendo Vinográdov um contemporâneo dos pensadores do Círculo, e reconhecido por sua filiação à linguística saussuriana, não é de espantar que esse suposto apelo à consciência individual tenha sido alvo de Volóchinov, que, como visto no capítulo anterior, concebia as construções acerca de uma consciência individual como oriundas de uma matriz epistemológica distinta do objetivismo abstrato.

A essa altura, importa destacar que, mesmo constatando em Vinográdov certo apoio nas ideias crocianas, Volóchinov (1930) censura, sobremodo, o lugar do objetivismo abstrato na estilística vinogradoviana. Para o autor de *SFPL*, seria difícil conseguir "revelar, compreender e explicar cientificamente o estilo individual do poeta somente por meio da 'descrição' e 'classificação' das formas estilísticas" (Volóchinov, 2019e [1930]: 199). Afinal, tais procedimentos analíticos, seguindo a lógica do objetivismo abstrato, teriam por base um tratamento da obra literária apartada de sua realidade efetiva, a qual subsume "*o momento de sua concretização no acontecimento histórico vivo da comunicação literária*" (Volóchinov, 2019e [1930]: 197).

Numa consideração que começa a revelar as mesmas motivações subjacentes à sua crítica ao *CLG*, Volóchinov (2019e [1930]: 199, negrito acrescido) salienta que "o estilo individual do escritor não nasce e se desenvolve no sistema da língua, enquanto fenômeno linguístico, mas no **fluxo tenso de definição e delimitação valorativas mútuas,** na relação com todos os outros elementos da vida ideológica. O estilo é atravessado inteiramente e até o fim pela lei sociológica e, fora dela, ele é uma abstração ruim, uma ficção irreal, e nenhum método 'funcional-imanente' é capaz de nos fazer acreditar nela".

Assim posto, direi que, para nosso autor, **uma vez que sonega o lugar do fluxo das ênfases valorativas, a teoria estilística de Viktor V. Vinográdov deixa**

transparecer certa posição antissociológica e anti-histórica. Com efeito, para Volóchinov (1930), reformulando o conceito designado pela expressão "dinâmica do estilo individual", esboçado por Vinográdov, a verdadeira "*dinâmica do estilo individual é acima de tudo uma* **transformação histórica das avaliações sociais formativas**" (Volóchinov, 2019e: 200, negrito acrescido).

Em adição ao conjunto de dificuldades relativas à estilística teórica advinda de Vinográdov, nosso autor aponta que, também no tocante ao campo investigativo da estilística histórica, a posição de Vinográdov permanece demasiadamente antissociológica e anti-histórica. Conforme sustenta Volóchinov (1930), em que pesem as ressalvas do estudioso russo, "a história da literatura, na compreensão de Vinográdov, nos é apresentada como um certo vazio **privado de valores**" (Volóchinov, 2019e: 200, negrito acrescido). Mesmo apelando a "um antípoda da escola do objetivismo abstrato" – nomeadamente, a escola de Vossler –, o método de Vinográdov não consegue encarnar "uma abordagem do fenômeno vivo do enunciado cotidiano elementar, gerado pela situação histórica viva, por um momento da comunicação social" (Volóchinov, 2019e [1930]: 203).

Assim, finalizando seu passeio crítico sobre a teoria estilística vinogradoviana – empreendido nos capítulos/seções II e III de seu ensaio –, Volóchinov (1930), sem causar surpresa alguma, põe em relevo uma espécie de analogia entre a linguística do denominado objetivismo abstrato e a proposta de Vinográdov. Segundo o autor de *SFPL*, se levadas a cabo, as formulações do teórico russo da literatura terminam por fazer emergir "uma *ruptura* insuperável *entre o sistema e a história*, entre as categorias da poética teórica e da poética histórica. Essa ruptura da obra singular, enquanto sistema fechado de combinação de símbolos, com a história da literatura (como a alternância deles), que vimos em Vinográdov, transfere da linguística para a poética a ruptura existente na escola de Saussure, entre a língua como um sistema de formas normativo-idênticas e a língua como uma formação historicamente cambiante" (Volóchinov, 2019e [1930]: 205).

A CENTRALIDADE DO AXIOLÓGICO NA ANÁLISE LITERÁRIA

Respondendo à pergunta com a qual finalizou a terceira seção de *SFPL*, Volóchinov inicia o momento seguinte de seu texto afirmando, peremptoriamente, que o *proton pseudos* subjacente à proposta de Vinográdov "consiste na *gramaticalização das categorias estéticas*" (Volóchinov, 2019e [1930]: 206). Tendo em vista que tal ideia já vinha sendo esboçada desde o início do ensaio, ela, então, não se configura como uma novidade. Entretanto, é possível dizer que, a partir do quarto momento de *SFPL*, há um escrutínio da referida ideia; escrutínio que torna possível enxergar com mais nitidez o que há por detrás da crítica volochinoviana.

Nessa direção, um primeiro ponto a ser ressaltado é que, no entendimento do pensador russo, a "gramaticalização das categorias estéticas não é uma insuficiência metodológica pessoal de Vinográdov, nem mesmo de uma corrente inteira do objetivismo abstrato. Esse é o pecado original de toda a linguística indo-europeia, que analisa qualquer monumento literário em uma dimensão monológica. No decorrer de toda a sua história, a linguística indo-europeia não conheceu a coordenada que abre e dialogiza essa dimensão: a coordenada *da comunicação social e do embate social*" (Volóchinov, 2019e [1930]: 206-207).

Reforçando o que apontei na seção anterior, essa citação possibilita observar que a crítica de Volóchinov (1930) à proposta vinogradoviana é uma extensão da crítica, feita em *MFL*, ao pensamento linguístico de base filologista que Volóchinov (1929) enxerga em Saussure (1916) e que, de certa forma, vigorava em boa parte da Europa naquele momento.

Além disso, essa vinculação da gramaticalização das categorias estéticas ao pensamento indo-europeu torna possível que o autor de *SFPL*, claramente, faça ressoar parte dos dizeres de Cassirer (1923) a respeito do pensamento que, na história, se construiu em torno da linguagem. É assim, portanto, que nosso autor pode, novamente, destacar o flerte metodológico de Vinográdov, um saussuriano, com as concepções idealistas da linguagem. Dessa vez, porém, o destaque ao referido flerte permite a Volóchinov (1930) retomar aquela já conhecida relação entre **avaliação, material, conteúdo e forma**.

Alegando certo afastamento do idealismo visto em Vinográdov, Volóchinov (1930) considera que "o objeto estético é acima de tudo um sistema dinâmico de *signos* valorativos, uma formação *ideológica*, que surge no processo de uma comunicação social específica, e é afixada na obra como *medium* e material para essa comunicação" (Volóchinov, 2019e: 212). Essa afirmação é importante, se não por outros motivos, precisamente por deixar ver a reiteração da distinção entre os conceitos referidos pela expressão "obra exterior" – ou, simplesmente, "obra" – e "objeto estético", que é, basicamente, o fundamento das críticas de Bakhtin (1924) à estética material.

Apesar de a referida afirmação apresentar um uso não muito adequado para o termo equivalente a "material", é possível assumir, com segurança, que, pelos dizeres de Volóchinov (1930), a obra exterior é compreendida como sendo o aparato técnico, isto é, o material organizado, pelo qual se realiza o objeto estético (cf. Bakhtin, 1990 [1924]: 264-267). Este, por sua vez, deve ser visto como um construto teórico resultante do afloramento, em um material organizado – vale dizer, em uma obra exterior –, de (i) uma realidade extra-artística que passa a ser tematizada – ou seja, o **conteúdo** – e de (ii) uma expressão criativa axiologicamente determinada por um sujeito esteticamente ativo – isto é, a **forma** (cf. Bakhtin, 1990 [1924]: 304). Para que não restem dúvidas, retomo as palavras de Volóchinov (1930) que, em meu entendimento, se assemelham a parte do que vimos em *PVPP* e, até mesmo, em *PCMF*. Diz-nos Volóchinov (2019e [1930]: 212): "a realidade verbo-objetual da obra é só um meio material de comunicação e é somente nele que se realiza o objeto estético, ou seja, é apenas uma soma de estímulos da impressão artística. Já os componentes *estéticos* sintetizados nessa estrutura serão, por um lado, o *conteúdo* como realidade extra-artística tematizada, e, por outro lado, a *forma* correlacionada a esse conteúdo, como uma avaliação social da realidade esteticamente recepcionada".

Em suma, Volóchinov (1930) sustenta que o objeto estético – uma estátua, um romance etc. – é uma criação de determinado campo da cultura e, uma vez que se dá via signos, essa criação é, necessariamente, valorativa. E mais: ao mesmo tempo que essa criação valorativa, impressa materialmente em uma obra exterior, emerge no processo de dada interação social, ela se torna, também, a intermediária da interação.

Certamente, o leitor atento apresentaria, aqui, não sem alguma razão, dois questionamentos. Em primeiro lugar, perguntaria: com que legitimidade essa interpretação escorrega dos três R's da avaliação para os três R's do objeto estético? Em segundo lugar, perguntaria se a ideia da **forma** como sendo uma "avaliação social da realidade esteticamente recepcionada" (Volóchinov, 2019e [1930]: 212) não joga por terra aquilo que enfatizei anteriormente, a saber, que, no pensamento de Volóchinov, a **avaliação** se revela na **forma**. Dito de outra maneira, essa segunda objeção seria: sendo a forma uma avaliação social, como pode a avaliação ser realizada em um material, relativa a um conteúdo e revelada pela forma; isso não se configuraria uma espécie de raciocínio circular, em que a avaliação se revelaria na avaliação?

À primeira possível objeção direi que se, como visto, Volóchinov (1930) considera que o objeto estético opera pela dinâmica dos três R's – realizado no material, relacionado ao conteúdo e revelado pela forma e pela entonação –, isso ocorre exatamente em virtude da compreensão de que a avaliação social – que, convém reiterar, possui a mesma dinâmica – é o "aspecto organizador mais importante" (Volóchinov, 2019e: 214) do objeto estético e, consequentemente, de uma obra literária. Posto em outras palavras, **é justamente em virtude do papel preeminente que a avaliação social possui na compreensão de um objeto estético que se pode estender, ao objeto estético como um todo, a dinâmica a ela subjacente.**

Quanto à segunda objeção, penso que a resposta também é simples: **a forma é, de fato, uma avaliação social, mas a avaliação é mais do que a forma; ela está contida em germe também no material e no conteúdo.** A respeito de sua presença no material, Volóchinov (1930) afirma:

> **o problema do material na arte se esclarece por completo apenas na relação com o conceito de expressão valorativa.** É também esclarecida a significação puramente *sociológica* do material. Um corpo físico como tal não pode servir de material artístico, mas **somente aquele corpo** que pode se tornar um condutor da comunicação social e **que é capaz de receber a expressão valorativa procedente de um corpo humano vivo**. O material na arte, **inteiramente preenchido pela avaliação**, é organizado como *medium de um acontecimento social da interação artística entre as pessoas.* (Volóchinov, 2019e: 220, negrito acrescido).

De modo semelhante, se pode dizer, perfeitamente, que a própria escolha de uma realidade extra-artística a ser tematizada, ou seja, de um conteúdo, não ocorre desvinculada de um posicionamento valorativo. Isso fica evidente, sobretudo, quando nosso autor pleiteia o entendimento de que, no âmbito da literatura, a avaliação deve ser compreendida por duas maneiras de expressão: a **sonora** e a **tectônica**.

A primeira, obviamente, está relacionada ao material sonoro de que se servem determinadas obras literárias. Já a segunda, se refere aos momentos estruturantes da obra literária. Daí ser passível, para Volóchinov (1930), de uma divisão "em dois grupos: em primeiro lugar, as *eletivas* (as que selecionam) e, em segundo lugar, as *composicionais* (as que posicionam)" (Volóchinov, 2019e: 222).

Resumidamente, o primeiro grupo da dimensão tectônica se restringe às escolhas que, passando, por exemplo, pelas figuras de linguagem, vão desde a palavra até ao tema, isto é, o conteúdo de uma obra literária. O segundo grupo, por seu turno, diz respeito ao "lugar hierárquico de cada elemento verbal no todo da obra, seu estatuto, bem como a estrutura do todo" (Volóchinov, 2019e [1930]: 223). Logo, abrange desde a questão do estilo sintático até o gênero do discurso *per se*.

Na esteira dessa formulação, então, o autor de *SFPL* nos diz:

> todos esses três aspectos da avaliação social poética – a *entonação sonora*, ou seja, o colorido valorativo de todo material sonoro, a *escolha* do material verbal e, por fim, sua *disposição* no todo verbal – estão indissoluvelmente ligados entre si e podem ser distinguidos apenas de modo abstrato. **Tudo isso é a avaliação social em sua integralidade**. A sonoridade, a escolha, e o lugar da palavra se desenvolvem a partir da avaliação social, assim como a estrutura de uma flor se desenvolve a partir de um botão. (Volóchinov, 2019e [1930]: 223, negrito acrescido).

Diante de tudo isso, é possível observar que os elementos enfatizados na poética teórica de Vinográdov – nomeadamente, a seleção das palavras e a sua organização em uma ordem sintática – são abarcados pelas considerações volochinovianas em torno de uma poética sociológica: o primeiro elemento, no grupo das funções eletivas; o segundo, no grupo das funções composicionais. E, mais do que isso, Volóchinov (1930) retoma as reflexões sobre **material, conteúdo e forma** exatamente para estabelecer que uma poética teórica efetivamente sociológica não pode desconhecer o processo de valoração pela linguagem, o qual se realiza no primeiro, se relaciona ao segundo e se revela na terceira.

Ao fim, concluo essa breve incursão em *SFPL* com mais uma das elucidativas afirmações de Volóchinov (1930):

> **nenhum método que tenta desprezar o problema da expressão valorativa pode tratar um monumento literário como artisticamente significativo**. A tentativa de Vinográdov de ignorar a estrutura sociológica da forma poética resultou na introdução do método da linguística objetiva e abstrata na poética, método que inevitavelmente exigiu uma

gramaticalização completa de todas as categorias estéticas. No entanto, esse caminho metodológico só pode levar a uma coisa: a um completo *isolamento da literatura de todas as relações históricas e sociais*, ou seja, daquelas forças vivas e organizadoras que são as únicas responsáveis por transformar o fenômeno puramente físico do som e do movimento em algo ideologicamente significante e dotado de sentido artístico. (Volóchinov, 2019e: 232, negrito acrescido).

EM SÍNTESE...

Neste quarto capítulo, expus o fato de que a vindicação do axiológico, por parte de Volóchinov, se encontra passível de apreensão em *SFPL*, e que, no referido ensaio, nosso autor, claramente, destaca a necessidade de pensar a valoração no âmbito dos estudos literários.

Considerando, pois, o que foi apontado neste capítulo e, também, o trabalho executado nos capítulos anteriores, direi que há, por parte de Volóchinov, uma vindicação do axiológico com a mesma intensidade tanto em relação aos enunciados na vida cotidiana quanto no que se refere aos enunciados que são abarcados pelos campos de criação da cultura. Em outras palavras, a leitura empreendida permite afirmar que a vindicação do axiológico, generalizada em *PVPP*, ganha traços mais específicos em *MFL*, quando aborda a linguística e a filosofia da linguagem, e em *SFPL*, quando pondera sobre os estudos literários. Assim, é possível repisar meu entendimento de que, no todo da proposta volochinoviana, o que está no centro é o processo de valoração do mundo, efetivado pelo ser humano por meio da linguagem, seja quando esta última está voltada para as questões da vida cotidiana – onde se pode pensar a palavra na vida; vale dizer, a ideologia do cotidiano –, seja quando está voltada para as criações culturais formalizadas – onde se pode pensar a palavra na poesia e na arte, de modo geral; vale dizer, a palavra nas produções ideológicas formalmente constituídas.

Afora isso, no que toca a *SFPL*, julgo ter sido possível, novamente, jogar luz sobre a dinâmica dos três R's, subjacente à valoração do mundo.

AVALIAÇÃO SOCIAL, CRIAÇÃO E DEVIR HISTÓRICO

> Os novos aspectos da existência [...] não esquecem dos elementos da existência integrados anteriormente, mas entram em embate com eles, reavaliando-os, alterando o seu lugar na unidade do horizonte valorativo. [...]
> Isso resulta em um embate incessante de ênfases em cada elemento semântico da existência. [...] Nesse processo não pode haver nada de absolutamente estável.
>
> (Volóchinov, 2018 [1929]: 238)

> Por meio das formas internas da língua (formas semitranscendentais, por assim dizer), o movimento e o devir histórico estão sendo introduzidos no reino petrificado das categorias lógico-transcendentais.
>
> (Voloshinov, 2004 [1927-1928]: 232)

No presente capítulo, aponto mais detidamente o vínculo de Volóchinov com o neokantismo alemão – em especial, com o trabalho de Ernst Cassirer – e, assim, remato minhas considerações a respeito da relação entre avaliação social e criação. Logo, a discussão apresentada nas próximas páginas evoca as questões que expus no terceiro capítulo.

A fim de que esse remate seja o mais satisfatório possível, abordo os apontamentos de Volóchinov (1929) a respeito do devir histórico e, com isso, novamente, justifico e enfatizo a afirmação que fiz no segundo capítulo, a saber, a afirmação de que, na perspectiva volochinoviana, o signo, em decorrência de seu caráter axiológico, se torna elemento basilar para o desenrolar da história.

DE KANT AO GRUPO DE NIÉVEL

É consideravelmente difundido – ou, pelo menos, deveria ser – que a consolidação da filosofia moderna, entre o começo do séc. XVII e início do séc. XIX, está estreitamente vinculada à ascensão das ciências da natureza, que correspondiam, basicamente, àquilo que, hoje, costumeiramente, se tem denominado "mecânica newtoniana" ou, simplesmente, "física". De certa forma, os novos fatos científicos impunham aos filósofos daquele momento a tentativa de apresentar uma base filosófica tanto para a incipiente concepção de natureza quanto para os métodos investigativos que envolveriam esta última. É nesse quadro, portanto, que se inscrevem as formulações do filósofo prussiano Immanuel Kant [1724-1804].

Como não poderia deixar de ser, é por assumir posições valorativas que o pensamento filosófico de Kant estabelece um denso diálogo com outras posições. Em que pese a importância de propostas teóricas como o empirismo, de John Locke [1632-1704], aqui, pelas consequências, interessa salientar a oposição de Kant ao ceticismo de David Hume [1711-76]. Quer dizer, uma vez que o princípio causal ou, simplesmente, causalidade – base de sustentação do conceito de natureza e, portanto, ponto de partida para a própria ideia de uma ciência físico-matemática –, estava sob os ataques céticos de Hume, é especialmente contra esse movimento cético que Kant estrutura, em sua *Crítica da razão pura*[14], um pensamento que busca validar o referido princípio e, consequentemente, "garantir a legalidade da natureza, objeto de conhecimento da ciência físico-matemática" (Porta, 2011a: 77).

Nessas condições, é possível tomar Kant como proponente de uma filosofia da ciência que buscava apresentar bases para a ciência físico-matemática. Logo, com o filósofo de Konigsberg, naturalmente, a filosofia assumia o estatuto de uma instância superior que podia legitimar a ciência. Há que se considerar, porém, que os inegáveis êxitos científicos posteriores a Kant – p. ex., a termodinâmica e o eletromagnetismo – suscitaram uma mudança nesse quadro. E aqui, então, entra em cena o neokantismo.

Evidentemente, o termo "neokantismo" evoca a adesão a uma perspectiva kantiana, ou seja, à filosofia transcendental proveniente de Kant. E a respeito dessa perspectiva, o próprio Kant (2001 [1787]: B25) considera: "chamo *transcendental* a todo conhecimento que em geral se ocupa menos dos objetos, que do nosso modo de os conhecer, na medida em que este deve ser possível *a priori*. Um sistema de conceitos deste gênero deveria denominar-se filosofia *transcendental*".

Contudo, a própria presença do prefixo "neo" já indica que esse retorno a Kant possui alguma peculiaridade. Isto é, não se trata do retorno a um pensador que havia sido completamente abandonado. Muito antes disso, o que se mostra é o retorno a um filósofo cujo pensamento autêntico, conforme se julgava, havia sido distorcido, e que, além disso, precisava ser tomado como ponto de partida, mas, certamente, não como ponto de chegada.

De modo mais específico, o idealismo pós-kantiano teria distorcido a reflexão de Kant, na medida em que rejeitou "todos os dualismos kantianos, considerando-os como pré-críticos e exigindo totalidade e sistema" (Porta, 2011b: 46). Além disso, esse mesmo idealismo comprou briga com a ciência de sua época, quando, em vez de assumir a ciência como ponto de partida para a reflexão filosófica, sustentou que, na verdade, era ela, a ciência, apenas o "momento de um processo que a transcende" (Porta, 2011b: 46). Em contrapartida, se via, claramente, a ascensão cada vez maior de um materialismo-naturalista, tido como cosmovisão adequada para a ciência de então, com todos os seus avanços. É nessas circunstâncias, portanto, que, num processo profundamente complexo – e do qual, obviamente, essas poucas páginas não podem dar conta –, emerge o neokantismo, que

> será concorrente tanto do idealismo quanto do materialismo (e de outras vertentes do naturalismo). Trata-se, por um lado (contra o idealismo), de restituir à filosofia sua relação positiva com respeito à ciência; por outro, de mostrar (contra o materialismo) que a ciência não só não contradiz o idealismo em seus resultados, mas que, inclusive, o pressupõe nos princípios nos quais se sustenta. O neokantismo, ao mesmo tempo em que se opõe ao idealismo alemão, compartilha de sua cosmovisão básica e de sua ideia de objetividade como espontaneidade, marcando assim, ao mesmo tempo, sua superação e seu ressurgimento. O neokantismo é a reformulação do programa kantiano em face da situação da ciência que sofreu mudanças. Uma vez que o desenvolvimento das matemáticas e da física no século XIX colocou a filosofia diante de um novo *Faktum*, que devia ser refletido como tal, os neokantianos não podiam ser simplesmente kantianos. (Porta, 2011b: 47).

Assim justificado esse retorno a Kant, é preciso considerar que, em relação a ele, para o propósito deste trabalho, muito antes da importância de Adolf Trendelenburg [1802-1872] e de Kuno Fischer [1824-1907], ou do papel de Otto Liebmann [1840-1912], importa esclarecer que o denominado "neokantismo" não compreende um movimento homogêneo. De modo geral, seria possível falar de, pelo menos, duas diferentes escolas teóricas que partem de Kant para chegar, cada uma a seu modo, a lugares outros que não a Kant: a escola de Marburg, cujas figuras principais são Hermann Cohen [1842-1918], Paul Natorp [1854-1924] e o já citado Ernst Cassirer [1874-1945]; e a escola de Baden, em que se destacam os filósofos Wilhelm Windelband [1848-1915], Heinrich Rickert [1863-1936] e Emil Lask [1875-1915].

De fato, como quase tudo que se refere ao movimento neokantiano, essa divisão não é tão simples. Há, por exemplo, quem considere que, com o filósofo Alois Riehl [1844-1924], estamos frente a uma terceira escola, a escola realista. Por outro lado, há quem assuma que Riehl e seu pupilo Richard Hönigswald [1875-1947], como Eduard Zeller [1814-1908] antes deles, eram, na verdade, neokantianos independentes. Seja como for, diante das menções feitas por Volóchinov, o caminho que me parece mais adequado consiste em salientar apenas a escola de Marburg e a escola de Baden – a qual compreende o que Volóchinov (1929) chamou de "escola de Freiburg" (cf. Volóchinov, 2018: 126).

A despeito da riqueza do pensamento e dos muitos desdobramentos passíveis de serem identificados como provenientes da escola de Marburg, acredito que, para os fins deste trabalho, não é preciso ir muito longe. Assim, me restringindo ao necessário, menciono o fato de que é a partir da obra *Kants Theorie der Erfahrung* [*A teoria da experiência de Kant*], escrita por Hermann Cohen, que a crítica kantiana do conhecimento é alçada a um lugar de destaque no debate acadêmico.

Pode-se dizer, com certa segurança, que a obra de Cohen, tendo sua primeira edição datada de 1871, se caracteriza como o grande ponto de inflexão na história da interpretação do pensamento de Kant. Afinal, é com a referida obra que, se afastando de seus predecessores,

> em vez de enfatizar o lado fisiológico ou psicológico de Kant, Cohen salientou o lado epistemológico [...]. O principal objetivo de Kant era, em sua opinião, determinar não as causas do conhecimento, mas seus limites, fundamentos ou justificativas. Isso foi, em última instância, uma questão de ênfase. Os predecessores e contemporâneos de Cohen não negaram que Kant tinha intenções críticas ou epistemológicas; e Cohen não negou a importância da psicologia. Porém, Cohen deu uma importância resolutamente secundária às ciências da mente, ao passo que seus predecessores e contemporâneos deram-lhes importância primária. O que seus predecessores e contemporâneos colocaram em segundo plano – a epistemologia –, Cohen colocou em primeiro plano. (Beiser, 2018: 55-56).

Já na primeira edição de sua obra seminal, Cohen considera que o elemento basilar da filosofia crítica de Kant é o método transcendental, ou seja, o fato de que a reflexão filosófica não se pauta no objeto – digamos, nas coisas –, mas, antes, focaliza a objetividade – o conhecimento das coisas, por assim dizer. Essa ideia, que se torna central para a escola de Marburg, possui ramos numerosos e complexos. Por essa razão, aqui, importa apenas observar que, considerando a centralidade do método transcendental, não é necessário abandonar Kant, mas, simplesmente, a partir de Kant, reformular o estatuto da relação entre ciência e filosofia.

Assim sendo, em relação a Kant e ao idealismo pós-kantiano, o método transcendental de Cohen apresenta a particularidade de "partir da ciência como um *Faktum*, ou seja, como algo 'dado' [à filosofia], e, por uma reflexão explicitadora, elevar-se ao estabelecimento de suas condições lógicas de possibilidade" (Porta, 2011b: 48). Em outros termos, a filosofia não tem mais por finalidade legitimar o conhecimento e, consequentemente, a ciência, mas, sim, elucidar suas condições de validade.

É preciso ressaltar, porém, que, no retorno a Kant efetivado por Cohen, a filosofia da ciência ainda é, sobretudo, uma filosofia da ciência físico-matemática. A reflexão sobre outros modos de apreensão do mundo – p. ex., linguagem, arte, mito etc. – ganha lugar somente a partir do trabalho de Natorp e, principalmente, de Cassirer.

Além disso, é apenas com esses dois últimos filósofos que se concretiza uma importante mudança na escola de Marburg: "o *Faktum* da ciência tornou-se um *Fieri*, o fato, um fazer-se. O verdadeiro dado a ser refletido pela filosofia transcendental não é um saber fixo e definitivo, mas o devir essencialmente histórico da ciência" (Porta, 2011b: 51). Posto de outra maneira, com Natorp e, depois dele, com Cassirer, o objeto não é considerado como um ponto de partida dado, mas, sim, como um ponto de chegada, de modo que a ciência, em vez de ser tomada como um *faktum*, passa a ser concebida como um *fieri*, ou seja, como um devir. É esse entendimento, aliás, que subjaz à afirmação volochinoviana de que, com a obra *A filosofia das formas simbólicas* (daqui por diante, *FFS*), de Cassirer, "por meio das formas internas da língua (formas semitranscendentais, por assim dizer), o movimento e o devir histórico estão sendo introduzidos no reino petrificado das categorias lógico-transcendentais" (Voloshinov, 2004 [1927-1928]: 232).

Feitas essas resumidas considerações atinentes à escola de Marburg, convém fazer breves apontamentos a respeito da escola de Baden – assim denominada pelo fato de que as cidades de Freiburg e Heidelberg estavam situadas na região de Baden, sudoeste da Alemanha Imperial. A esse respeito, uma primeira questão a ter em mente é o fato de que, nessa escola, assim como naquela, se intenta elucidar as condições de validade do conhecimento e da ciência. Entretanto, se se pode afirmar que Marburg focaliza a *Crítica da razão pura*, é possível dizer que Baden destaca a *Crítica da razão prática*.

O primado da razão prática em Baden – implícito em Windelband e explícito em Rickert – está vinculado ao contexto neokantiano de combate às teorias representacionistas do juízo[15]. Como pontua Resende (2013: 55), "nas discussões lógicas e epistemológicas do século XIX, as escolas neokantianas, de modo geral, tomam o partido daqueles que combatem as teorias representacionistas do juízo, ou seja, negam que um juízo possa ser concebido simplesmente como uma representação de um objeto real, seja essa representação concebida de modo pictórico, isomórfico ou conceitual".

Em Baden, essa oposição às teorias representacionistas do juízo começa com os trabalhos de Windelband em torno de uma teoria prática do juízo. Já em seu *Was ist Philosophie?* [*O que é filosofia?*], original de 1882, o filósofo alemão apresenta uma distinção – observemos: absolutamente interessante para os estudiosos de Volóchinov – entre o conceito expresso pelo termo "juízo" (*Urteil*) e o conceito expresso pelo termo "apreciação" (*Beurteilung*)". A esse respeito, Resende (2013) sintetiza:

> trata-se de uma distinção lógica que normalmente não aparece no nível da gramática. A mera conexão neutra de representações (sujeito + predicado) é o que se chama de juízo, já o fato dessas representações constituírem uma proposição com valor de verdade se deve à apreciação. **O que Windelband quer mostrar é que nisso ordinariamente chamado de juízo está embutida uma apreciação em função de um valor, a qual não se confunde com o conjunto de formações conceituais. Todo juízo, seja lógico, ético ou estético é composto por representações e por uma apreciação.** (Resende, 2013: 58-59, negrito acrescido).

Se, na teoria do juízo proposta por Windelband, a centralidade da apreciação nos faz observar que o primado da razão prática está implícito, em Rickert esse primado se apresenta de modo mais categórico. Quer dizer, a despeito do fato de seus primeiros trabalhos voltados para a teoria do conhecimento apresentarem uma formulação que "se aproxima perigosamente de uma espécie de psicologismo voluntarista" (Resende, 2013: 69)[16], o herdeiro de Windelband retoma e aprofunda o pensamento de seu professor.

Em todo caso, para este trabalho, muito antes de percorrer o projeto epistemológico de Rickert, importa frisar um dos pontos de divergência entre Marburg e Baden. Assim, direi que, embora concordem a respeito da premissa de partida – nomeadamente: a filosofia consiste em elucidar as condições de validade do conhecimento e da ciência –, essas duas escolas do neokantismo seguem por caminhos diferentes. Enquanto o pioneiro da escola de Marburg, Hermann Cohen, assume a ciência como um **fato** e, por isso, visa a "uma metodologia que descreve matematicamente a constituição dos objetos científicos", Windelband, pioneiro da escola de Baden – e, depois dele, Rickert e Lask –, assume o conhecimento e a ciência como uma **pretensão de verdade**, o que revela "um enfoque prático nos **valores** que orientam a constituição dos juízos científicos" (Resende, 2013: 23, negrito acrescido).

Correndo o risco de beirar o reducionismo, tento ser ainda mais direto: pelo lado de Cohen, a filosofia busca elucidar as condições de validade da ciência, enquanto um fato dado; pelo lado de Windelband, Rickert e Lask, a filosofia busca elucidar as condições de validade de determinados fenômenos histórico-culturais, dos quais a ciência é apenas um, caracterizado pelos juízos orientados pela verdade, enquanto valor. Dessa maneira, na ótica dos neokantianos do sudoeste alemão, além dos "juízos orientados pelo valor verdade" (Resende, 2013: 23) – isto é, os juízos próprios das ciências físico-matemáticas –, cabe à filosofia refletir sobre outros tipos de juízo. Em resumo, "além dos juízos teóricos, haveria também juízos não teóricos, como os juízos éticos, estéticos, religiosos etc., os quais seriam orientados por outros tipos de valores, como o bem, o justo, o belo, o sagrado etc., e os quais diriam respeito a outras dimensões da experiência humana para além da ciência, como a moral, o direito, a arte, a religião etc." (Resende, 2013: 23).

Apesar das diferenças que podem ser apontadas entre as teorizações de Windelband, Rickert e Lask, fato é que, na medida em que abarca juízos outros que não apenas aqueles atinentes ao conhecimento científico, a filosofia da ciência concebida no interior da escola de Baden, pautada nos valores, termina por fundar uma filosofia da cultura.

Seja como for, em virtude do tema deste trabalho, é preciso deixar claro que, embora Volóchinov (1929) faça menção aos "representantes do neokantismo moderno da escola de Marburg e Freiburg" (Volóchinov,

2018: 126), em momento algum há referência direta ao trabalho de Windelband e Lask. Além disso, como se sabe, em *SFPL*, o pensador russo recusa, claramente, o conceito de valor proposto no seio da escola de Baden, afirmando, em nota complementar: "nosso conceito de valor não tem nada em comum com aquele conceito idealista, que existia no final do século XIX e início do século XX, tanto na psicologia (por exemplo, de Hugo Münsterberg) quanto na filosofia (por exemplo, Heinrich Rickert)". (Volóchinov, 2019e [1930]: 197).

Assim, se a questão da axiologia, tão essencial no pensamento de Baden, está presente no trabalho de Volóchinov, sem dúvidas, ela não está formulada exatamente sobre a mesma base conceitual dos filósofos do sudoeste alemão – aos quais nosso autor atribui um "eticismo abstrato" (Voloshinov, 2004 [1927-1928]: 232). A despeito das gritantes aproximações entre Volóchinov e os trabalhos de Windelband, Rickert e Lask – especialmente, a distinção entre juízo e apreciação, de Windelband, a distinção entre significação e sentido, de Rickert, e o, por assim dizer, desenvolvimento de uma teoria hilemórfica, por parte de Lask (cf. Resende, 2013) –, me parece que uma compreensão mais segura e efetiva do lugar da axiologia no pensamento do russo precisa ser estruturada a partir de sua relação com o trabalho de Cassirer, aluno de Cohen e de Natorp. Afinal, assim como segue seus professores num projeto que se identifica com o trabalho da escola de Marburg, Cassirer também recupera pontos gerais importantes da escola de Baden.

Mais precisamente, em relação à escola marburguense, Cassirer assume o método transcendental enfatizado por Cohen – reitero: a reflexão sobre a objetividade e não sobre o objeto – e, concomitantemente, adere à ideia natorpiana da ciência como devir – isto é, a filosofia como sendo uma reflexão sobre a ciência no seu eterno vir a ser. Ao mesmo tempo, Cassirer, assim como os filósofos da escola de Baden, traça um conjunto de considerações em que se pode observar uma preocupação não apenas com o conhecimento científico, mas, também, com outros aspectos que, igualmente, compõem o quadro cultural da experiência humana, tais como a linguagem, a arte, o mito etc. Com isso, então, se vislumbra o motivo pelo qual, em seu plano de trabalho para *MFL*, Volóchinov assume que, "no território da filosofia da linguagem", proveniente da pena de Cassirer, se supera "o cientificismo e o logicismo da escola de Marburg e o eticismo abstrato da escola de Freiburg" (Voloshinov, 2004: 232).

Antes, porém, de avançarmos ao que estou assumindo serem indícios da influência de Cassirer sobre Volóchinov, vale enfatizar o conhecimento que nosso autor e seus confrades detinham a respeito do trabalho dos neokantianos; questão que, a bem da verdade, está registrada nas muitas páginas de teor biográfico redigidas a respeito do tradicionalmente denominado "Círculo de Bakhtin".

Como se sabe, a história do encontro inicial ocorrido entre os diferentes integrantes do Círculo já foi parcialmente narrada por diversas penas (p. ex., Clark; Holquist, 1984; Brandist, 2002a; Bronckart; Bota, 2012; Grillo, 2012; Sériot, 2015). Em síntese, foi registrado o fato de que, em 1918, assim como Bakhtin parte de Petrogrado sob o convite de Liev V. Pumpiánski [1891-1940], Volóchinov deixa a mesma cidade atendendo a um convite feito por Bóris M. Zubákin [1894-1938]. Com isso, tanto um quanto outro firmam estadia em outra cidade russa, Niével, a sudoeste de Petrogrado e próxima à atual fronteira com a Bielorrússia. Em Niével, os quatro personagens mencionados formam um grupo de interesses comuns, o qual contava ainda com a presença de Matvei I. Kagan [1889-1937] e Maria V. Iudina [1899-1970]. Formava-se, então, a base do grupo de intelectuais de Niével cujas reuniões, que vigoraram por cerca de um ano, eram denominadas "seminário kantiano".

Até onde se sabe, a formação do seminário kantiano está estreitamente relacionada ao retorno de Kagan à cidade de Niével, em 1918. Em virtude de sua origem judaica, Kagan estivera impossibilitado de realizar sua formação superior em instituições do então Império Russo e, assim, se viu diante da necessidade de partir para a Alemanha Imperial, onde estudou filosofia nas cidades de Leipzig, Berlim e Marburg.

Em relação a Marburg, esse reduto de importantes filósofos neokantianos, vale salientar que Kagan fora aluno de Hermann Cohen, traduziu a obra *Sozial-Idealismus* [*Idealismo social*], de Paul Natorp, e assistiu a algumas palestras de Ernst Cassirer. Logo, não sem algum motivo, é tomado por alguns importantes estudiosos do Círculo como sendo o mentor do grupo de Niével.

Independentemente disso, fato é que a própria existência de um seminário kantiano, em que, ao menos por um tempo, Bakhtin e Volóchinov estiveram ligados, já pode ser vista como um importante indício de algumas das raízes filosóficas que nutrem o conjunto de formulações do Círculo. É isso que justifica o trajeto realizado nessa seção e, agora, permite passar àquilo que mais nos interessa: as marcas que a conexão Marburg-Niével – ou, por conta de Cassirer, conexão Marburg-Baden-Niével – deixa nas considerações de Volóchinov em torno do processo de valoração efetivado por meio da linguagem.

DE CASSIRER A VOLÓCHINOV

Como apontei anteriormente, Volóchinov (1927-1928), falando sobre Cassirer, afirma que, "no território da filosofia da linguagem", se supera "o cientificismo e o logicismo da escola de Marburg e o eticismo abstrato da escola de Freiburg" (Voloshinov, 2004: 232). Se bem entendido, aquilo que Volóchinov compreende como sendo o "território da filosofia da linguagem" consiste, basicamente, na elaboração cassireriana de uma filosofia das formas simbólicas. Em que pese a reflexão do filósofo marburguense se apresentar num *continuum* – que poderia ser tomado como começando, pelo menos, em 1910, com a publicação da obra *Substanzbegriff und Funktionsbegriff: Untersuchungen über die Grundfragen der Erkenntniskritik* [*Conceito de substância e conceito de função: investigações sobre as questões básicas da crítica do conhecimento*] –, tal elaboração parece ganhar contornos mais claros no primeiro volume de *A filosofia das formas simbólicas*; como se sabe, dedicado ao tratamento da linguagem.

Em mais detalhe, num aparente movimento de continuidade ao seu percurso filosófico, Cassirer inicia o primeiro volume de *FFS* destacando que o grande ponto de inflexão na história da filosofia se identifica com o momento em que se altera o foco na existência do ser – da entidade, por assim dizer –, pelo interesse no conceito do ser. Dito de outro modo, para Cassirer (1923), ao substituir as preocupações atinentes à "substância" pelas preocupações relativas à "função", a filosofia estava dando um passo importante. Esse passo, segundo o filósofo, consiste numa rejeição da teoria do conhecimento como reprodução. Nas palavras do próprio Cassirer (1923), com a mudança de uma perspectiva substancialista por uma funcionalista, isto é, relacional,

> o rígido conceito do ser parece fluir, por assim dizer, e diluir-se em um movimento generalizado – e a unidade do ser já não pode ser concebida como início deste movimento, mas tão-somente como meta a ser atingida. Na medida em que essa concepção se desenvolve e se impõe na ciência, a

ingênua *teoria da reprodução* do conhecimento perde terreno. Os conceitos fundamentais de toda e qualquer ciência, os meios pelos quais propõe as suas questões e formula as suas soluções não mais se apresentam como *reproduções* de um dado ser, e sim como símbolos intelectuais por ela mesma criados. (Cassirer, 2001: 14).

De acordo com o filósofo, é possível perceber, já pelas formulações do físico alemão Heinrich Hertz [1857-1894], que a ciência físico-matemática compreendeu o fato de que os instrumentos basilares de uma ciência são, na verdade, símbolos. Para Cassirer (1923), mesmo que se possa considerar que, em *Die Prinzipien der Mechanik* [*Os princípios da mecânica*], de 1894, os modos de dizer de Hertz ainda sinalizassem certa teoria da reprodução, já ali seria possível observar uma mudança de perspectiva na concepção do objeto: em vez de o objeto ser assumido "como algo puro em si", ele é compreendido como dependente "das categorias essenciais" (Cassirer, 2001: 16), oriundas de um dado enquadramento científico.

Ocorrida no contexto das discussões sobre as ciências naturais na Alemanha da segunda metade do século XIX, essa virada de chave – que faz recordar a afirmação saussuriana de que "é o ponto de vista que cria o objeto" (Saussure, 2012 [1916]: 39) – pode ser mais bem compreendida com outras palavras de Cassirer (1923):

> é verdade que com esta concepção crítica a ciência renuncia à esperança e à pretensão de apreender e reproduzir de maneira "imediata" a realidade. Ela compreende que todas as objetivações de que é capaz não passam, com efeito, de mediações, e jamais serão mais do que isso. Nesta perspectiva está implícita ainda uma outra consequência significativa para o idealismo. **Se a definição, a determinação de um objeto do conhecimento somente pode realizar-se por intermédio de uma estrutura conceitual lógica peculiar, faz-se necessário concluir que à diversidade desses meios deve corresponder uma diversidade tanto na estrutura do objeto como no significado das relações "objetivas".** Portanto, nem no âmbito da "natureza" o objeto da física coincide pura e simplesmente com o da química, tampouco o da química com o da biologia – porque cada uma dessas ciências, a física, a química e a biologia, tem um ponto de vista particular na proposição de sua problemática, e submete os fenômenos a uma interpretação e conformação específicas de acordo com este ponto de vista. (Cassirer, 2001: 16-17, negrito acrescido).

Segundo o filósofo de Marburg, seria possível pensar que, por estar pautada na multiplicidade dos pontos de vista e, consequentemente, dos objetos do conhecimento, a referida "concepção crítica" terminaria renunciando à busca idealista pela unidade. Entretanto, essa conclusão estaria equivocada. Para Cassirer (1923), muito antes de abrir mão da unidade, essa percepção filosófica e científica estabelece como exigência que, a despeito do caráter independente e das especificidades que os definem, os distintos enquadramentos científicos devem ser congregados "em um *sistema*, cujas partes, precisamente em sua diversidade necessária, se condicionem e interpelem umas às outras" (Cassirer, 2001: 17).

No entendimento de Cassirer (1923), essa teoria relacional lança a reflexão filosófica a respeito do conhecimento diante de uma "nova tarefa", a saber, "seguir e apreender em seu conjunto o caminho que cada ciência percorre isolada e individualmente" (Cassirer, 2001: 18). Assim, essa nova tarefa da "crítica filosófica do conhecimento" (Cassirer, 2001 [1923]: 18) se torna o ponto de partida para a proposta cassireriana de uma filosofia das formas simbólicas. Conforme compreendo, isso fica mais evidente quando, falando sobre a nova tarefa, o autor assevera:

> é necessário que ela [a crítica filosófica do conhecimento] indague se os símbolos intelectuais através dos quais as diversas disciplinas examinam e descrevem a realidade devem ser pensados como simples agregações, ou se podem ser compreendidos como manifestações diversas de uma mesma função espiritual básica. E se esta última premissa for verdadeira, cumpre estabelecer as condições gerais desta função e esclarecer o princípio que a rege. Em vez de se exigir, tal como a metafísica dogmática, uma unidade absoluta da substância, à qual remontam todas as existências particulares, busca-se agora uma regra que domine a multiplicidade e diversidade concretas das funções cognitivas e que, sem invalidá-las e destruí-las, possa reuni-las em uma ação uniforme, em uma atividade espiritual completa em si mesma. (Cassirer, 2001 [1923]: 18).

Com essa formulação de Cassirer (1923), se começa a perceber o lugar decisivo que o simbólico – especialmente, o símbolo, por vezes designado "signo" – tem em seu projeto. Afinal, como acabamos de ler, para Cassirer (1923), é exatamente por meio de "símbolos intelectuais" que "as diversas disciplinas examinam e descrevem a realidade".

Em adição a isso, é necessário considerar o fato de que, no momento imediatamente após estabelecer essa nova tarefa da reflexão filosófica do conhecimento, Cassirer (1923) faz questão de frisar que essa lida com a realidade – lida mediada pelos signos[17] – não é exclusividade do que ele chama de "conhecimento", ou seja, as ciências. Segundo o autor,

> o *conhecimento*, por mais universal e extenso que seja o seu conceito, representa apenas um tipo particular de configuração na totalidade das apreensões e interpretações espirituais do ser. [...] ao lado dessa forma de síntese intelectual, que se representa e reflete no sistema dos conceitos científicos, existem outros modos de configuração dentro da totalidade da vida espiritual. Também eles podem ser denominados de formas específicas da "objetivação" [...]. (Cassirer, 2001 [1923]: 18-19).

Esse excerto é de fundamental importância. Em primeiro lugar, ele deixa ver algumas das numerosas expressões que Cassirer (1923), falando do "conhecimento", mobiliza para exprimir sua ideia do que sejam as "formas simbólicas". Como se vê, elas são "tipo[s] particular[es] de configuração na totalidade das apreensões e interpretações espirituais do ser", são "formas de síntese intelectual" e, ainda, "modos de configuração dentro da totalidade da vida espiritual", bem como "formas específicas de 'objetivação'". Em segundo lugar, o referido trecho tanto permite observar que o conhecimento científico é um exemplo do que Cassirer (1923) entende por "formas simbólicas" quanto deixa clara a afirmação cassireriana de que o conhecimento científico não se caracteriza como o único modo de configuração do mundo.

Com efeito, nas páginas que sucedem a essa afirmação, Cassirer, sugerindo ler em Kant o início de seu sistema relacional, pontua, de modo mais preciso, algumas das outras formas simbólicas. De acordo com o neokantiano, "apesar de toda a sua diversidade interior, **os vários produtos da cultura espiritual, tais como a linguagem, o conhecimento científico, o mito, a arte, a religião**, tornam-se parte de um único grande complexo de problemas – tornam-se múltiplas tentativas direcionadas, todas elas, para a mesma meta de transformar o mundo passivo das meras impressões, que em um primeiro momento aparentemente aprisionam o espírito, em um mundo de pura expressão espiritual" (Cassirer, 2001 [1923]: 23, negrito acrescido).

A esse respeito, salta aos olhos a influência do autor de *FFS* sobre o pensamento de Volóchinov. Afinal, se, para Cassirer (1923), as formas simbólicas podem ser exemplificadas pelo conhecimento, arte, mito e linguagem, então, não é desatino algum reconhecer que, no marburguense, temos a versão neokantiana daquilo que Volóchinov, posteriormente, numa toada materialista, denominaria de "campo[s] da criação ideológica" (Volóchinov, 2018 [1929]: 94), vale dizer, os campos de criação da cultura.

Dito isso, estou propenso a crer que já estamos em condições de salientar aquilo que é mais fundamental para o propósito do presente capítulo e desse trabalho de modo geral: o caráter criativo inerente às formas simbólicas de Cassirer, e sua influência sobre Volóchinov.

Em meio aos apontamentos sobre sua teoria relacional, Cassirer (1923) reiteradas vezes acentua essa questão. Discorrendo sobre a diversidade de formas simbólicas, nos diz, por exemplo, que "toda autêntica função do espírito humano partilha com o conhecimento a propriedade fundamental de abrigar uma **força primeva formadora**, e não apenas reprodutora (*nachbildende kraft*)" (Cassirer, 2001 [1923]: 18-19, negrito acrescido). Ainda o autor, logo a seguir, adiciona: "**todas estas manifestações do espírito vivem em mundos peculiares de imagens (*Bildwelten*), nos quais os dados empíricos não são simplesmente refletidos, e sim criados de acordo com um princípio autônomo**. E é por este motivo que cada uma destas manifestações produz as suas próprias configurações simbólicas que, se não são iguais aos símbolos intelectuais, a eles se equiparam no que diz respeito à sua origem espiritual" (Cassirer, 2001 [1923]: 19, negrito acrescido).

Decerto, para o leitor de Volóchinov, essa afirmação cassireriana de que as formas simbólicas não apenas refletem os dados empíricos, mas, antes, os criam, já fará recordar a metáfora da refração. Em todo caso, a essas palavras do filósofo de Marburg, ainda cabe acrescentar trechos como os seguintes:

> [...] em todos estes campos [da atividade espiritual] o veículo propriamente dito do seu desenvolvimento imanente consiste no fato de produzirem um *mundo de símbolos* próprio e livre, situado ao lado e acima do mundo das percepções: um mundo que, de acordo com a sua natureza imediata, ainda traz as cores do sensível, as quais, porém, representam uma sensibilidade já configurada e, portanto, dominada pelo espírito. **Não se trata aqui de algo sensível simplesmente dado e encontrado, e sim de um sistema de multiplicidades sensíveis, produzidas por alguma forma de atividade criadora livre**. (Cassirer, 2001 [1923]: 33, negrito acrescido);

> [...] quanto mais claramente as diversas direções fundamentais se delineiam em sua energia específica, tanto mais evidente torna-se o fato de que toda aparente "reprodução" pressupõe sempre um trabalho original e autônomo

da consciência. A reprodutibilidade do conteúdo em si está vinculada à produção de um signo para o mesmo, um processo no qual a consciência age de maneira livre e independente. (Cassirer, 2001 [1923]: 37);

O conhecimento, bem como a linguagem, o mito e a arte: nenhum deles constitui um mero espelho que simplesmente reflete as imagens que nele se formam a partir de um ser dado exterior ou interior; eles não são instrumentos indiferentes, e sim as autênticas fontes de luz, as condições da visão e as origens de toda a configuração. (Cassirer, 2001 [1923]: 42, negrito acrescido).

Com a leitura desse conjunto de excertos, bem como de todo o texto cassireriano de 1923, resta claro que **a teoria da avaliação social na palavra, tal como proposta por Volóchinov (1929), se embebeda do caráter criativo constitutivo das formas simbólicas – e, por conseguinte, da linguagem –, o qual, por sua vez, é tributário da própria noção humboldtiana de forma interna da língua.** E isso, acredito, corrobora o que afirmei no terceiro capítulo do presente trabalho, a saber, que o caráter criativo da linguagem se instaura como uma das pontes que ligam Volóchinov a Humboldt.

A propósito disso, é preciso observar, por exemplo, o fato de que o trabalho de Humboldt está, textualmente e conceitualmente, entre os dois últimos excertos, de Cassirer (1923), supracitados. Como se lê naquelas páginas, Cassirer (1923), ao assumir a posição de que as diferentes formas simbólicas não devem ser tomadas "como simples *conformações*" a um mundo já estabelecido, mas que, antes, devem ser compreendidas "como *funções*" (Cassirer, 2001: 39), é bastante explícito ao sustentar que "Wilhelm von Humboldt foi o primeiro a conceber com clareza este tipo de abordagem, e aplicá-lo à filosofia da linguagem" (Cassirer, 2001: 40).

Mais precisamente, é possível dizer que Cassirer (1923) detecta em Humboldt uma concretização, na linguagem, da filosofia crítica kantiana. Quer dizer, para Cassirer (1923), a formulação humboldtiana do signo fonético pode ser vista como "a ponte entre o subjetivo e o objetivo" (Cassirer, 2001: 40), o que, obviamente, implica uma superação do afastamento entre aquilo que é subjetivo/interno e aquilo que é objetivo/externo. Assim, na compreensão do filósofo marburguense,

a oposição metafísica entre subjetividade e objetividade é substituída por sua correlação transcendental. Assim como em Kant o objeto, enquanto "objeto no fenômeno", não se opõe ao conhecimento como algo que lhe é exterior e extrapola os seus limites, mas, pelo contrário, somente se "torna possível", condicionado e substituído pelas próprias categorias do conhecimento – da mesma forma a subjetividade da linguagem agora não mais se apresenta como mera barreira que nos impede de apreender o ser objetivo, sendo, ao invés, considerada um meio capaz de dar forma, de "objetivar" as impressões sensoriais. Tal como o conhecimento, tampouco a linguagem provém de um objeto como de algo dado a ser simplesmente reproduzido; ao contrário, ela encerra uma maneira de apreender espiritual que constitui um fator decisivo em todas as nossas representações do objetivo. (Cassirer, 2001 [1923]: 144).

Bem entendido, Cassirer (1923) está dizendo, com todas as letras e mais algumas palavras, que, já em Humboldt, por meio da linguagem, há uma superação da teoria do conhecimento enquanto reprodução, e que essa superação é proveniente de uma primorosa articulação entre o subjetivo e o objetivo, "uma nova síntese de 'eu' e 'mundo'" (Cassirer, 2001: 42). Logo, não espanta que Volóchinov – que, repito, estava traduzindo o texto cassireriano de 1923 – tenha resumido as tendências filosófico-linguísticas em uma divisão entre subjetivismo e objetivismo.

E mais pertinente do que isso: na medida em que as palavras de Cassirer (1923) intentam salientar o caráter criativo de nossas formas de apreensão do mundo, se vê assomar sua influência sobre a teoria da avaliação social na palavra, de Volóchinov. Afinal, após criticar o subjetivismo individualista e o objetivismo abstrato, o pensador russo coloca em relevo exatamente o aspecto criativo – vale dizer, formador – da língua. Como se pode ler ao fim do capítulo "A interação discursiva", nosso autor é bem claro:

finalizando, tentaremos formular em poucas teses o nosso ponto de vista:

1. *A língua como um sistema estável de formas normativas idênticas é somente uma abstração científica*, produtiva apenas diante de determinados objetivos práticos e teóricos. Essa abstração não é adequada à realidade concreta da língua.

2. *A língua é um **processo ininterrupto de formação**, realizado por meio da interação sociodiscursiva dos falantes.*

3. *As **leis da formação da língua** não são de modo algum individuais e psicológicas, tampouco podem ser isoladas da atividade dos indivíduos falantes.* **As leis da formação da língua são leis *sociológicas* em sua essência.**

4. *A criação da língua não coincide com a criação artística ou com qualquer criação especificamente ideológica. No entanto, ao mesmo tempo, **a criação linguística não pode ser compreendida sem considerar os sentidos e os valores ideológicos que a constituem.*** A formação da língua, como qualquer formação histórica, pode ser percebida como uma necessidade mecânica cega, porém também pode ser uma "necessidade livre" ao se tornar consciente e voluntária.

5. *A estrutura do enunciado é uma estrutura puramente social.* O enunciado, como tal, existe entre os falantes. O ato discursivo individual (no sentido estrito da palavra "individual") é um *contradictio in adjecto*. (Volóchinov, 2018 [1929]: 224-225, negrito acrescido).

Como é possível observar, essas teses, a um só tempo, se contrapõem – ainda que de maneiras diferentes – às duas tendências do pensamento filosófico-linguístico expostas por Volóchinov (1929) e resumem o ponto de vista de nosso autor. De onde enxergo, elas deixam ver – até mesmo pela insistência com os termos equivalentes ao português "formação" e "criação" – que, ao término do capítulo "A interação discursiva", Volóchinov (1929) visa pôr em relevo a dimensão criativa – isto é, formadora – da linguagem.

Em poucas palavras, o processo de valoração, fundamentalmente social, atribui à linguagem a capacidade de estar em ininterrupta formação. Por essa razão, não causa espécie a asserção de que "*a língua é um processo ininterrupto de formação*, realizado por meio da interação sociodiscursiva dos falantes" (Volóchinov, 2018 [1929]: 224-225).

A fim de evitar equívocos interpretativos, é importante dizer: como julgo estar claro – ao menos desde o terceiro capítulo deste trabalho –, as considerações sobre o caráter criativo da linguagem não são exclusividade de Volóchinov (1929). Pensadores citados pelo teórico russo, tais como Humboldt, Vossler e Cassirer, demonstram interesse pela questão. Assim, **o que parece diferenciar Volóchinov (1929) é o fato de que, em consonância com sua posição materialista, nosso autor, por meio da avaliação social – um desenvolvimento sociologizado da forma interna da língua, de Humboldt, e da filosofia dos valores, de Baden –, intenta dar uma estrutura sociológica ao caráter criativo da linguagem. Isso equivale a dizer que a fundamentação sociológica do caráter criativo da linguagem é o objetivo último de sua vindicação do axiológico. Afinal, é o aspecto axiológico, fundamentalmente social, que atribui à linguagem sua capacidade de criar.**

É aqui, portanto, que se torna possível observar o fato de que, na esteira de Cassirer (1923) – por conseguinte, na esteira de Humboldt e dos neokantianos do sudoeste alemão –, Volóchinov (1929) ergue a teoria da avaliação social na palavra como uma proposta teórica em que o devir da história passa, impreterivelmente, pelo processo de valoração levado a termo por meio da linguagem. Quanto a isso, vale lembrar as seguintes palavras de nosso autor:

> o criador de gado primitivo não se interessa por quase nada e quase nada o afeta. O homem do fim da época capitalista se interessa por quase tudo, começando pelas regiões da terra mais remotas e terminando pelas estrelas mais distantes. Essa ampliação do horizonte valorativo se realiza de forma dialética. Os novos aspectos da existência que passam a integrar o horizonte de interesses sociais e que são abordados pela palavra e pelo *pathos* humano não esquecem dos elementos da existência integrados anteriormente, mas entram em embate com eles, reavaliando-os, alterando o seu lugar na unidade do horizonte valorativo. Essa formação dialética se reflete na constituição dos sentidos linguísticos. Um sentido novo se revela em um antigo e por meio dele, mas com o objetivo de entrar em oposição e o reconstruir.
>
> Isso resulta em um embate incessante de ênfases em cada elemento semântico da existência. Na composição do sentido não há nada que esteja acima da formação e independente da ampliação dialética do horizonte social. A sociedade em formação amplia sua percepção da existência em formação. Nesse processo não pode haver nada de absolutamente estável. (Volóchinov, 2018 [1929]: 238).

Nesse longo trecho, que finaliza a segunda parte de *MFL*, Volóchinov exemplifica o modo como o processo de valoração do ser humano para com o mundo interfere no processo histórico. Conforme sugere, **a avaliação social atribui à linguagem a capacidade de estar em ininterrupta formação e, ao mesmo tempo, a capacidade de promover a ininterrupta formação da história**.

De acordo com nosso autor, "determinada inteiramente pela ampliação da base econômica" (Volóchinov, 2018 [1929]: 238), a formação da totalidade dos interesses sociais acessíveis, compreensíveis e essenciais – ou, simplesmente, a constituição do horizonte valorativo – de um dado grupo social ocorre de uma maneira dialética. Em mais detalhe, quaisquer novos elementos que são adicionados à existência de um grupo social – isto é, quaisquer elementos que se tornam alvo do interesse de tal grupo – instauram um embate com os elementos anteriormente integrados à existência do referido grupo – vale dizer, com os elementos que outrora se tornaram alvo do interesse do grupo em questão. Em poucas palavras, o acolhimento de novos elementos implica uma reavaliação dos elementos anteriores. Logo, não se pode falar de uma existência completamente dada, mas, de algo em permanente construção; algo sempre em processo de criação; em um devir, sem previsões de conclusão.

Ora, como a consciência é sígnica – devo lembrar: "*a própria consciência pode se realizar e se tornar um fato efetivo apenas encarnada em um material sígnico*" (Volóchinov, 2018 [1929]: 95) –, consequentemente, os elementos da existência assumem uma significação – quer dizer, representam ou substituem determinada realidade – e são tomados valorativamente[18]. Com isso, resta claro que o devir histórico passa, inelutavelmente, pela linguagem e, por conseguinte, pelo processo de valoração que lhe é próprio e que, como sabemos, não está nem um pouco distante da significação.

Como já esboçado ao longo deste trabalho, o processo de valoração não prescinde das condições socioculturais que, por óbvio, abrangem as condições econômicas e as posições sociais que os modos de produção das sociedades estabelecem. Qualquer afirmação contrária seria equivalente a comprometer a reflexão volochinoviana com uma espécie de angelismo linguístico. Todavia, certamente, poderíamos questionar a afirmação volochinoviana de que a formação do horizonte valorativo – reitero: a constituição da totalidade dos interesses sociais acessíveis, compreensíveis e essenciais – de um dado grupo social "é determinada **inteiramente** pela ampliação da base econômica" (Volóchinov, 2018 [1929]: 238, negrito acrescido). Afinal, tal alegação parece se enamorar de um determinismo econômico. Em todo caso, a meu ver, essa formulação reducionista – porque determinista – não aparenta ferir de morte o conjunto das considerações de nosso autor.

Perante esses apontamentos, cabe dizer que, conforme o leitor atento pode notar, a postulação da teoria da avaliação social na palavra como uma proposta teórica que vincula avaliação social e devir histórico se constitui a tentativa volochinoviana de atribuir à valoração o lugar que lhe foi sonegado por outros estudiosos da linguagem. Dito resumidamente, com a teoria da avaliação social na palavra, Volóchinov (1927-1928) intenta corrigir "o principal defeito de todas as teorias" que, como visto no plano de trabalho para *MFL*, buscaram lidar com "o problema do *sentido* do enunciado" e com o contíguo "*problema da mudança dos significados na história de uma língua*" (Voloshinov, 2004: 249).

Tudo o que foi dito leva a enfatizar: **na perspectiva volochinoviana, a história avança pelo embate de abordagens. E posto que tal embate se materializa no e pelo signo axiológico, é possível concluir que a ausência do signo axiológico resultaria na ausência, também, do devir histórico. Em suma, a história da história é, também, a história do ser humano que, ao valorar o mundo ao seu redor, o forma e transforma por meio do signo.**

Isso estabelecido, quero dizer que essa formulação torna instigante o fato de que, segundo os escritos veterotestamentários, todo o desenrolar da história humana, como a conhecemos, parte da atitude adâmica de comer do fruto oriundo de uma árvore cujo nome não poderia ser mais sugestivo: **árvore do conhecimento do bem e do mal**. De acordo com o relato do segundo e do terceiro capítulo do Gênesis, é a partir da ingestão do fruto da referida árvore que Adão e Eva passam a encarar sua nudez de uma maneira diferente daquela, única, concebida até então. Sem entrar nas possíveis polêmicas atinentes a Gênesis, cabe uma pergunta: estaríamos, com o referido registro, diante de uma das mais remotas referências ao processo de valoração e seu vínculo com a história?

Curiosamente, em seu arrevesado texto "Sobre a linguagem em geral e sobre a linguagem do homem", datado de 1916, Walter Benjamin [1892-1940], que fora aluno de Heinrich Rickert, versa sobre a linguagem de Adão e Eva. Ali, o autor considera: "essa palavra que julga expulsa os primeiros homens do paraíso" (Benjamin, 2013 [1916]: 67).

Que os especialistas e interessados apresentem suas respostas, pois, apesar de essa e de outras questões abrirem instigantes perspectivas de discussão, este ainda é somente um capítulo de remate.

EM SÍNTESE...

Neste capítulo, conferi um acabamento àquilo que, a meu ver, constitui os pontos mais sensíveis deste trabalho. Estritamente falando, rematei meus dizeres a respeito da ligação que Volóchinov estabelece entre avaliação social, criação e devir histórico.

Se fui minimamente feliz em minhas considerações, deve ter ficado claro que Volóchinov, assim como seus confrades do grupo de Niével, detinha algum conhecimento dos trabalhos desenvolvidos nas escolas neokantianas de Marburg e Baden. Em especial, deve ter ficado estabelecido o fato de que, mesmo indiretamente, a filosofia dos valores proposta pelos filósofos de Baden repercute na formulação de Volóchinov em torno de uma teoria da avaliação social na palavra, e que, afora as proximidades conceituais, Cassirer, o último marburguense célebre, desponta como o mais claro vínculo entre Volóchinov e Baden.

Para além da conexão Marburg-Niével que, por certo, é uma conexão Marburg-Baden-Niével, este capítulo apontou para o fato de que a teoria da avaliação social na palavra, tal como formulada por Volóchinov (1929), é uma proposta teórica sobre o caráter criativo – ou seja, formador – da palavra. Em resumo, é uma teoria que assume o acento de valor – vale dizer, a posição axiológica –, fundamentalmente social, como sendo o elemento que confere à palavra seu caráter criativo. Com essa teoria, insisto, a história da construção da história é, ao fim e ao cabo, a história dos embates axiológicos que o ser humano faz, fez e fará eclodir no signo, por meio do signo e, não poucas vezes, em razão do signo.

Se me fiz entender, restou claro que Volóchinov (1929) reclama para sua teoria o aspecto criativo da linguagem, isto é, o fato de que a linguagem forma e transforma o mundo – ou, se se quiser, o estado de coisas. De fato, no pensamento de Humboldt e Cassirer, esse aspecto criativo, além de ser uma consequência da forma interna da língua, se revela parte indispensável de uma epistemologia idealista, a qual, de modo geral, presume que o objeto da percepção é completamente produzido no e pelo pensamento. Todavia, ainda que influenciado pelo idealismo de Humboldt e Cassirer, Volóchinov defende que, muito antes de ser consequência de uma forma interna da língua, o aspecto criativo da linguagem é engendrado pela avaliação social que, a todo momento, o ser humano lança na palavra. O acento de valor atribuído a uma dada palavra, por um dado grupo social, mais cedo ou mais tarde, é confrontado com outros acentos, atribuídos por outros grupos ou, até mesmo, por integrantes do mesmo grupo. E é por esses embates axiológicos, travados no e pelo signo, que o devir histórico passa.

Se for solicitado um exemplo, direi que, em sociedades e/ou grupos sociais que prezam pelo conhecimento e pela liberdade, o objeto expresso pelo termo "livro", frequentemente, é axiologizado em uma vertente positiva. Mesmo que o conteúdo de determinados livros seja dispensável, o livro, como objeto genérico, é importante, necessário, valioso etc. Em contrapartida, em um mundo aos moldes de *Fareinheit 451* e em contextos de ignorância e autoritarismo – vale lembrar o relato de Schnaiderman (2005), apresentado nas considerações iniciais –, o mesmo objeto tende a ser valorado como sendo, por exemplo, algo perigoso.

Vê-se, portanto, que a questão não é apenas o que um termo significa, mas, sobretudo, quais valores ele expressa para um dado grupo social, em um determinado lugar e em um período histórico específico. E, como visto, esse processo de valoração não prescinde das condições socioculturais – econômicas, históricas, políticas, religiosas etc.

Por tudo o que tenho exposto, está claro: mais do que significar o mundo, o ser humano o valora. Ao axiologizar o mundo por meio do signo, o ser humano põe sua impressão digital no processo histórico.

SEGUNDA PARTE

VALENTIN N. VOLÓCHINOV E O DISCURSO REPORTADO: UMA QUERELA AXIOLÓGICA

PERSCRUTANDO O OBJETO:
VICISSITUDES DA PALAVRA

> A ideia principal de todo o nosso trabalho – *o papel produtivo e a natureza social do enunciado* – precisa ser concretizada: é necessário mostrar sua importância não apenas no que se refere à visão de mundo geral e às questões fundamentais da filosofia da linguagem, mas também no que se refere às questões particulares e mais específicas dos estudos linguísticos.
>
> (Volóchinov, 2018 [1929]: 87)

Nos capítulos anteriores, a reflexão volochinoviana a respeito da valoração foi abordada na integralidade dos textos de *PVPP* e *SFPL*. Entretanto, em relação a *MFL*, a teoria da avaliação social na palavra foi exposta somente no que se refere às duas primeiras partes. É preciso, então, arrazoar sobre o que a terceira, e última, parte de *MFL* tem a dizer acerca do processo de valoração do mundo via palavra. Com isso, confiro um acabamento à leitura que empreendo em torno da *magnum opus* de Volóchinov.

Para iniciar o referido acabamento, convém observar que a discussão empreendida na terceira parte de *MFL* elege por tema geral algo que pode ser resumido na expressão "problemas de sintaxe" (Volóchinov, 2018 [1929]: 241). Numa espécie de continuidade às críticas feitas à escola de Saussure, Volóchinov (1929) inicia a terceira parte de seu trabalho salientando que, na linguística de seu tempo, "a sintaxe é analisada de modo extremamente inadequado" (Volóchinov, 2018: 241-242). Para o autor, dada sua orientação para línguas mortas e alheias, e sua consequente ênfase na fonética e na morfologia, tal linguística apresenta por característica um terreno infértil para a abordagem da sintaxe. Assim, segundo entende o pensador russo, "o estudo produtivo das formas sintáticas só é possível no terreno de uma teoria bem elaborada do enunciado" (Volóchinov, 2018 [1929]: 242), a qual – devemos lembrar – consiste na abordagem do enunciado como sendo fundamentalmente social; abordagem em que o enunciado, em pé sobre a situação extraverbal concreta que lhe é própria, é tomado como um elo da comunicação discursiva, marcado por posições valorativas e orientado para o outro.

É nesse contexto, então, que Volóchinov (1929) enuncia a relevância de lançar determinados fenômenos, muitas vezes tidos por conhecidos e bem estudados, em uma "*problematização renovada*" (Volóchinov, 2018: 246). Mais precisamente, na última parte de *MFL*, o fenômeno que Volóchinov (2018 [1929]: 246) coloca sob nova luz é o fenômeno sintático denominado "*discurso alheio*, isto é, os modelos sintáticos ('discurso direto', 'discurso indireto', 'discurso indireto livre'), a modificação desses modelos e as variações dessas modificações que encontramos na língua para a transmissão de enunciados alheios e para a inserção desses enunciados, justamente como alheios, num contexto monológico coerente".

Para o pensador russo, a nova luz que importa lançar sob o discurso alheio é o método sociológico. Como assevera, "*problematizar o fenômeno de transmissão do discurso alheio em uma perspectiva sociológica* – essa é a tarefa do nosso trabalho a seguir" (Volóchinov, 2018 [1929]: 247).

Concernente à definição do conceito designado pela expressão "discurso alheio", Volóchinov (1929) apresenta uma clareza nem sempre vista em seus escritos. Assim, para além da definição que apontei anteriormente, o autor assinala: "o 'discurso alheio' é *o discurso dentro do discurso, o enunciado dentro do enunciado*, mas ao mesmo tempo é também *o discurso sobre o discurso, o enunciado sobre o enunciado*" (Volóchinov, 2018 [1929]: 249). Esses dizeres, penso eu, deixam claro que, para o nosso autor, o discurso alheio – quer dizer, a palavra alheia, o discurso transmitido – é, em última instância, o discurso citado, o qual, ao mesmo tempo que é tomado para a construção de um discurso outro, o autoral – quer dizer, a palavra autoral, o discurso transmissor –, é tomado, também, para a demonstração da significação e da avaliação relativas a si mesmo. Isso equivale a dizer que o discurso alheio de que nos fala Volóchinov (1929) é um discurso que serve à construção de outro discurso e à explicitação da significação e da avaliação que em si mesmo são impressas.

É de fundamental importância observar que, em suas considerações, **Volóchinov (1929) não reclama ineditismo na investigação da palavra alheia.** Como já esbocei, ele vincula esse fenômeno àquela necessidade de problematização renovada, o que, obviamente, indica a problematização de algo já problematizado. Na verdade, afora o trabalho do linguista russo Aleksandr M. Pechkóvski [1878-1933] e do saussuriano Charles Bally, nosso autor chega a recordar os trabalhos, atinentes ao discurso alheio, levados a cabo por alguns dos teóricos vosslerianos, como, por exemplo, Etienne Lorck [1860-1933] e Eugen Lerch [1888-1952].

Da mesma maneira, **Volóchinov (1929) não reclama qualquer ineditismo no estabelecimento da interação discursiva como centro de uma abordagem da linguagem.** Como se pode consultar em uma das notas complementares de *MFL*, Volóchinov tem consciência de que, em certa medida, tal assunto fora abordado por Lev P. Iakubínski [1892-1945], pelo já mencionado Viktor V. Vinográdov e pela escola de Vossler.

Assim, com a discussão que tem por tema geral os problemas de sintaxe, o que o autor de *MFL* parece visar não é a um mero tratamento do discurso alheio ou a uma mera discussão sobre a concepção dialógica da linguagem. Antes, ao problematizar algo já estudado, e o abordar a partir de uma concepção já relativamente conhecida, Volóchinov (1929) objetiva dar um tratamento empírico à sua construção teórica sobre a valoração; "caminha do geral e abstrato para o particular e concreto" (Volóchinov, 2018: 88), da teoria para a empiria. Mais importante do que isso: ao encetar uma discussão em que articula o discurso alheio com a concepção dialógica da linguagem, Volóchinov (1929) intenta demonstrar que, vista de perto, **a discussão sobre o enunciado alheio** "possui por si só uma grande importância que **extrapola os limites da sintaxe**" (Volóchinov, 2018: 87, negrito acrescido).

Neste capítulo, então, exploro a discussão volochinoviana em torno do enunciado alheio e, com isso, começo a elucidar a maneira como o problema do enunciado alheio extrapola os limites da sintaxe. E essa elucidação, como se verá, concretizo nas páginas do próximo capítulo.

DOS ESTILOS E DAS VERTENTES

De acordo com Volóchinov (1929), "as formas de transmissão do discurso alheio expressam a *relação ativa* de um enunciado com outro, não no plano temático, mas nas formas construtivas estáveis da própria língua" (Volóchinov, 2018: 251). Essa afirmação, a despeito de beirar a tautologia, nos deixa ver, até mesmo pela expressão enfatizada, que a transmissão do discurso de outrem não ocorre de maneira mecanizada, passiva, acrítica. Antes, nas palavras do próprio Volóchinov (1929), tal procedimento requer "a percepção do enunciado alheio, a sua compreensão e avaliação, isto é, a orientação ativa do falante" (Volóchinov, 2018: 254). É nesse sentido, portanto, que, para o nosso autor, a inter-relação existente entre o discurso autoral e o discurso alheio revela duas tendências possíveis: o **estilo linear** e o **estilo pictórico**.

O estilo linear, enquanto primeira e "principal tendência de reação ativa ao discurso alheio" (Volóchinov, 2018 [1929]: 255), tem como possibilidade a preservação tanto da alteridade quanto da autenticidade do discurso de outrem. Assim, o que caracteriza o estilo linear é uma espécie de proteção, conservação, não necessariamente da integralidade, mas, sim, da integridade, ou seja, das particularidades do dizer alheio. Nas palavras de Volóchinov (1929), no que toca ao estilo linear, "a língua pode tentar criar limites claros e estáveis para o discurso alheio. Nesse caso, **ao protegê-lo das entonações autorais**, os modelos e as suas modificações seguem uma estratificação mais rígida e clara do discurso alheio, tendendo à sua síntese e ao desenvolvimento de suas particularidades linguísticas individuais" (Volóchinov, 2018: 255, negrito acrescido). Ao que, mais adiante, reforça: "a sua [i. e., do estilo linear] tendência principal é a criação de contornos claros e exteriores do discurso alheio diante da fraqueza da sua individualização interior. À vista da homogeneidade total e estilística de todo o contexto (o autor e todos os seus personagens usam a mesma linguagem), o discurso alheio alcança, do ponto de vista gramatical e composicional, um isolamento máximo e uma solidez escultural" (Volóchinov, 2018 [1929]: 257-258).

Tais dizeres de Volóchinov (1929) parecem deixar suficientemente claro: o estilo linear é um estilo de apreensão e transmissão do discurso alheio em que este último é cercado, em maior ou em menor grau, com vistas a evitar o seu apagamento pelo discurso autoral.

No que se refere à segunda tendência de reação ativa do discurso autoral para com o discurso alheio, Volóchinov (1929) também é bastante claro. Para o nosso autor, se, em relação ao estilo linear, é possível falar do estabelecimento de fronteiras claras entre o discurso autoral e o discurso alheio, no que toca ao estilo pictórico, a dinâmica é inversa. Conforme sustenta o pensador russo, no estilo pictórico, as fronteiras entre o discurso autoral e o discurso alheio não são bem estabelecidas; com efeito, elas são mesmo apagadas. Daí, portanto, sua afirmação de que, nesse segundo estilo, "a língua elabora um meio de introdução mais sutil e flexível da resposta e do comentário autoral ao discurso alheio. O contexto autoral tende à decomposição da integridade e do fechamento do discurso alheio, à sua dissolução e ao apagamento das suas fronteiras. [...] Ele tende a apagar os contornos nítidos e exteriores da palavra alheia" (Volóchinov, 2018 [1929]: 258).

Isso estabelecido, é importante frisar: **com a distinção entre estilo linear e estilo pictórico não se almeja postular que possa haver, seja em um estilo ou em outro, qualquer coisa semelhante a uma ausência de posicionamentos valorativos.** Por tudo o que vimos ao longo do presente trabalho, julgo estar claro que, para Volóchinov, isso é inconcebível. **Estritamente falando, o que se pontua com a distinção entre estilo linear e estilo pictórico são as diferentes formas de relação entre o discurso autoral e o discurso alheio, e, consequentemente, os variados modos de se lidar com os posicionamentos valorativos de outrem.**

No quadro do estilo linear, como visto, a relação entre o discurso autoral e o discurso alheio é pautada pelo estabelecimento de fronteiras mais rígidas. E esse posicionamento se manifesta em duas distintas vertentes.

Na primeira vertente do estilo linear, que Volóchinov (1929) denomina **dogmatismo autoritário**, o discurso alheio é tomado, principalmente, por aquilo que ele movimenta em termos de conteúdo, tema. Daí a afirmação volochinoviana: "**percebe-se apenas o *que* do discurso, enquanto o seu *como* fica fora dos limites da percepção**" (Volóchinov, 2018 [1929]: 256, negrito acrescido). Conforme argumento mais à frente, esse foco sobre o conteúdo não implica, necessariamente, uma total desconsideração da forma. Na verdade, tal foco nos permite compreender que, a despeito de buscar preservar a integridade da palavra alheia, até mesmo o estilo linear se encontra suscetível de diminuir, em alguma medida, a individualização discursiva presente no discurso de outrem. Ainda assim, é preciso estar ciente de que, no dogmatismo autoritário, não há qualquer tentativa de pôr em cena as ênfases de valor exclusivas do discurso autoral. Antes, no interior dessa vertente, "as formas de transmissão do discurso alheio se despersonificam" (Volóchinov, 2018 [1929]: 257). Por conseguinte, é possível afirmar que estamos frente a uma vertente do estilo linear em que a palavra autoral, por evitar ir além do conteúdo, despersonifica a palavra alheia, ao mesmo tempo que, por evitar ir além da transmissão, despersonifica a si mesma.

Ainda no quadro do estilo linear, há também a vertente intitulada **dogmatismo racionalista**. À semelhança do que ocorre na vertente anteriormente apresentada, no dogmatismo racionalista, o discurso autoral lida, principalmente, com o conteúdo, o tema do discurso alheio. Todavia, nessa vertente, a diminuição da individualização discursiva própria do discurso alheio ocorre "em outras direções" (Volóchinov, 2018 [1929]: 257). Precisamente dito, enquanto, no dogmatismo autoritário, a despersonalização da palavra alheia ocorre em virtude do destaque ao conteúdo – em detrimento da forma –, no dogmatismo racionalista tal diminuição do individualismo da palavra alheia resulta do fato de o discurso autoral e o discurso alheio compartilharem o mesmo enunciado; em especial, do fato de, nesse compartilhamento, o responsável pelo discurso autoral falar em nome do responsável pelo discurso alheio. Assim, com essa aproximação maior entre o discurso autoral e o discurso alheio, "**a precisão e a inviolabilidade das fronteiras entre o discurso autoral e o discurso alheio atingem seu limite máximo**" (Volóchinov, 2018 [1929]: 257, negrito acrescido); ou seja, o que passar disso adentra às dependências do estilo pictórico.

Em direção oposta ao que se vê no estilo linear, no quadro do estilo pictórico, a relação entre o discurso autoral e o discurso alheio é pautada pelo apagamento de fronteiras. Mais uma vez, Volóchinov (1929) discorre sobre duas diferentes vertentes.

Na vertente nomeada de **individualismo realista e crítico**, o discurso autoral, em sua lida com o discurso alheio, passa, definitivamente, a lidar com algo além do conteúdo. Dito de modo mais preciso, com essa vertente, se observa um destaque maior à forma do discurso alheio. É esse destaque que faz assomar o caráter avaliativo do discurso de outrem e, assim, "**frequentemente resulta na diminuição do aspecto semântico [i. e., conteudístico] da palavra**" (Volóchinov, 2018 [1929]: 258, negrito acrescido). Porém, dada a obliteração deliberada das fronteiras, não há qualquer preocupação em separar quais são as avaliações advindas do discurso alheio e quais são próprias do discurso autoral. Na realidade, este último adentra ao primeiro com as suas próprias entonações, tais como "humor, ironia, amor ou ódio, enlevo ou desprezo" (Volóchinov, 2018 [1929]: 258).

Quanto à segunda vertente do estilo pictórico, Volóchinov (1929) a nomeia **individualismo relativista**. Trata-se da vertente em que o discurso autoral entra em processo de decomposição. Quer dizer, o destaque dado à forma do discurso alheio se acentua de tal maneira que mesmo o "mundo de maior autoridade e objetividade" (Volóchinov, 2018 [1929]: 259), próprio do discurso autoral, termina enfraquecido, relativizado. Em outros termos, a ancoragem do discurso autoral sobre o discurso alheio é tão grande que chega ao ponto de rarefazer, até mesmo, a realidade concreta de que parte o autor. É por isso que, nas palavras de Volóchinov (1929), se trata de uma vertente em que "**a dominante discursiva é transferida para o discurso alheio, o qual se torna mais forte e ativo do que o contexto autoral emoldurante e é como se começasse a dissolvê-lo**" (Volóchinov, 2018: 259, negrito acrescido). Que o leitor tenha sempre em mente: sobretudo, é aqui, no individualismo relativista, próprio do estilo pictórico, que Volóchinov (1929) enxerga a narrativa de Dostoiévski (cf. Volóchinov, 2018: 259).

Expostas essas quatro vertentes, subsumidas em dois estilos, já é possível abordar a questão dos modelos sintáticos. Com efeito, na apresentação do fenômeno do discurso alheio, Volóchinov (1929) deixa antever uma distinção entre modelos sintáticos e modificações estilísticas. Entretanto, é somente no início do terceiro capítulo da terceira parte que nosso autor clareia um pouco mais a referida distinção. Para ele, os **modelos sintáticos** – isto é, o **Discurso Indireto**, o **Discurso Direto** e o **Discurso Indireto Livre**[19] –, podem ser pensados como abstrações teóricas, passíveis de ocorrer somente a partir da vida concreta das modificações estilísticas. (cf. Volóchinov, 2018 [1929]: 264).

Antes, porém, de avançar na direção dos modelos sintáticos e das modificações estilísticas que lhes são típicas, vale aproveitar a menção à referida distinção para aprimorar a apresentação, anterior, dos estilos e vertentes.

A despeito das dificuldades de se apresentar, com total coerência, um panorama do desenvolvimento histórico proposto por Volóchinov (1929) em relação às quatro vertentes aludidas, há um elemento que parece indiscutível: nosso autor supõe que, de modo geral, em par com o desenvolvimento das sociedades, as línguas demonstram uma evolução sintática que, partindo dos modelos sintáticos e modificações estilísticas próprios do dogmatismo autoritário, agrega os modelos e modificações típicos do dogmatismo racionalista e do individualismo realista e crítico, e, então, com todos os anteriores, chega aos modelos e modificações próprios do individualismo relativista. Quanto a isso, vale citar o momento em que Volóchinov (1929) deixa ver mais claramente aquilo que – entremos em acordo! – não ficou tão claro nos momentos anteriores de *MFL*:

> resumindo tudo o que dissemos sobre as possíveis tendências de inter-relação entre o discurso alheio e o autoral, podemos delimitar as seguintes épocas: *dogmatismo autoritário*, caracterizado pelo estilo monumental, linear e impessoal de transmissão do discurso alheio (Idade Média); *dogmatismo racionalista* com o seu estilo linear ainda mais nítido (séculos XVII e XVIII); o *individualismo realista e crítico* com seu estilo pictórico em que as réplicas e os comentários autorais tendiam a penetrar no discurso alheio (final do século XVIII e século XIX); e, finalmente, o *individualismo relativista* com sua decomposição do contexto autoral (contemporaneidade). (Volóchinov, 2018: 262).

O trecho supramencionado, de fato, não nos diz em relação a quais línguas tal datação pode ser aplicada. Além disso, do modo como se apresenta, poderia levar a crer – mesmo que somente os ingênuos – que a separação entre tais épocas é absolutamente rígida; como se uma vertente desaparecesse no dia anterior ao surgimento da seguinte. Em todo caso, o que foi exposto até aqui nos permite propor uma imagem representativa da ideia:

Imagem 1 – Estilos e vertentes

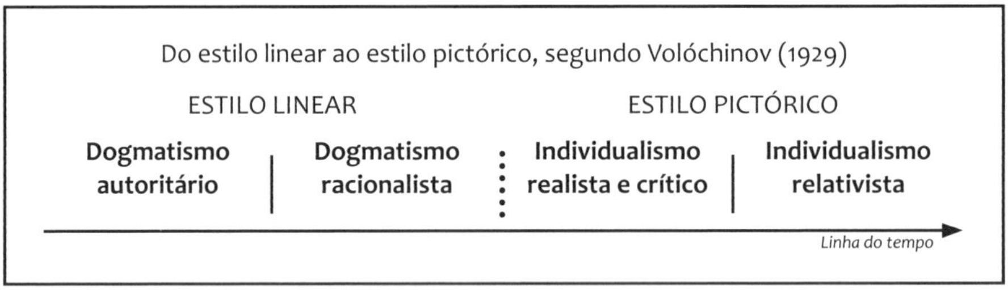

Fonte: elaborado pelo autor.

DO DISCURSO INDIRETO

Como antecipei, no entendimento de Volóchinov (1929), os modelos sintáticos – vale lembrar: o Discurso Indireto, o Discurso Direto e o Discurso Indireto Livre – correspondem a abstrações teóricas, passíveis de ocorrer somente a partir da vida concreta das modificações estilísticas. Assim, no que toca ao **Discurso Indireto**, o pensador russo discute, especialmente, dois tipos de modificação estilística: a modificação analítico-objetual e a modificação analítico-verbal[20].

Antes de passar a uma caracterização de tais modificações, é absolutamente essencial dizer algo que, até onde sei, não tem sido devidamente exposto: diferentemente do que muitos parecem supor – pois raramente são apresentadas definições claras –, o Discurso Indireto, tal como o entende Volóchinov (1929), não é o mero discurso que, em vez de citar *ipsis litteris*, recorre a paráfrases da palavra alheia. De acordo com Volóchinov (1929), o Discurso Indireto "*consiste na transmissão analítica do discurso alheio. A análise do enunciado alheio, que acompanha a transmissão, sendo inseparável dela, é um traço obrigatório de qualquer modificação do discurso indireto. Pode haver diferença apenas no grau e na orientação dessa análise.* [...] **A análise é a alma do discurso indireto**" (Volóchinov, 2018: 268 e 270, negrito acrescido).

Como se vê, Volóchinov (1929) confere à análise um lugar central na delimitação do Discurso Indireto. E a propósito disso, então, é necessário observar que, longe de ser mero sinônimo da ideia expressa pelo vocábulo "investigação", o termo "análise" – russo *analiz* – é empregado, aqui, em acepção mais filosófica, como sendo o oposto a "síntese". Recorde-se, por exemplo, o uso efetuado por Kant (2001 [1781]), quando opõe juízos analíticos a juízos sintéticos.

Assim, ao destacar o caráter analítico do Discurso Indireto, Volóchinov (1929) está colocando no centro desse modelo sintático a possibilidade de decompor, em diferentes partes, o enunciado de outrem. Bem entendido, ao dizer que o Discurso Indireto é essencialmente analítico, Volóchinov (1929) está afirmando que a essência do Discurso Indireto é a decomposição da palavra alheia em conceitos parciais que lhe são constitutivos; nomeadamente, o conteúdo e a forma. Não é sem motivo, portanto, que as duas principais modificações desse modelo sintático são a **modificação analítico-objetual** e a **modificação analítico-verbal**.

Para Volóchinov (1929), com o primeiro tipo de modificação, "o enunciado alheio pode ser percebido como uma determinada *posição semântica* do falante e, nesse caso, a construção indireta transmite analiticamente a sua exata *composição objetual* (aquilo que o falante disse)" (Volóchinov, 2018: 271). Com vistas a evitar que o vocábulo "semântica" nos envolva em uma confusão conceitual, vale reformular: segundo o autor de *MFL*, com a modificação analítico-objetual, o processo de percepção e transmissão analítica do discurso alheio se refere ao vínculo, estabelecido pelo falante do discurso alheio, entre as suas palavras – quer dizer, os signos – e a realidade. Estamos, aqui, no plano do conteúdo, isto é, no plano da realidade extradiscursiva que passa a ser tematizada.

A propósito do segundo tipo de modificação, é possível falar de outro plano: o plano da forma, vale dizer, plano da expressão criativa axiologicamente determinada por um sujeito esteticamente ativo. De acordo com Volóchinov (1929), a modificação analítico-verbal diz respeito a "perceber e transmitir analiticamente o enunciado alheio como *expressão*, que caracteriza não apenas o objeto do discurso (ou melhor, nem tanto o objeto do discurso), mas o *próprio falante*: o seu modo de falar, individual ou típico (ou ambos), seu estado de espírito, expresso não no conteúdo, mas nas formas do discurso (por exemplo: fala entrecortada, a ordem das palavras, entonação expressiva e assim por diante), a sua capacidade ou não de se expressar bem etc." (Volóchinov, 2018: 271).

Como pontuado pelo próprio Volóchinov (1929), esses dois tipos de modificação dizem respeito a "dois objetos essencialmente diferentes" (Volóchinov, 2018: 271). O primeiro tipo de modificação estilística do Discurso Indireto revela uma apreensão e transmissão relacionada ao tema do enunciado, isto é, seu conteúdo. Nas palavras do russo, "a modificação analítico-objetual percebe o enunciado alheio no *plano puramente temático*, e tudo o que não possui significação temática simplesmente deixa de ser ouvido, captado por ela" (Volóchinov, 2018 [1929]: 272). Por sua vez, o segundo tipo de modificação estilística do Discurso Indireto, a saber, a modificação analítico-verbal, toma como objeto aspectos atinentes não ao conteúdo do enunciado, mas, sim, à forma. E, aqui, é digno de nota que, em seus quatro exemplos da modificação analítico-verbal, Volóchinov (1929) recorra a trechos das obras *Os irmãos Karamázov* e *O idiota*, ambas consideradas da terceira fase de Dostoiévski.

É necessário que se frise: essa distinção entre as duas principais modificações estilísticas do Discurso Indireto não deve ser confundida com a afirmação, mencionada no início dessa seção, de que os modelos sintáticos expressam a relação ativa da palavra autoral para com a palavra alheia não no conteúdo, mas, sim, nas formas. Com a afirmação sobre os modelos sintáticos – que ratifico: beira a tautologia –, o que está em cena é o fato de que as formas de transmissão do discurso, vale dizer, os diferentes modelos sintáticos, permitem observar a relação ativa já nas formas de construção da língua, sem precisar recorrer ao conteúdo temático. Com a distinção entre as modificações analítico-objetual e a analítico-verbal, por sua vez, o que se pontua é o fato de que as duas principais modificações estilísticas do

Discurso Indireto miram diferentes aspectos da palavra alheia: a primeira, o plano do conteúdo; a segunda, o plano da forma.

Posto isso, direi que, se bem entendida, a distinção entre modificação analítico-objetual e modificação analítico-verbal é, com efeito, a base exata para a distinção entre o Discurso Indireto que é próprio do estilo linear e o Discurso Indireto que é próprio do estilo pictórico. Isso fica explícito em dois momentos. O primeiro momento é quando Volóchinov (1929) registra seu entendimento de que um desenvolvimento efetivo da modificação analítico-objetual é passível de ocorrência apenas na vertente do dogmatismo racionalista (cf. Volóchinov, 2018: 272), que, já vimos, se encontra no quadro do estilo linear. Tal observação nos traz à mente o fato, já esboçado, de que é somente nesse estilo que há um forte interesse pelo conteúdo, vale dizer, o tema, exposto na palavra alheia. Quanto ao segundo momento, ele aparece quando o pensador russo afirma que a modificação analítico-verbal "cria efeitos totalmente originais e pitorescos na transmissão do discurso alheio" e que, "na qualidade de um procedimento estilístico usual, essa modificação pode enraizar-se na língua apenas no terreno do individualismo crítico e realista" (Volóchinov, 2018 [1929]: 275-276), o qual, sabemos, é próprio do estilo pictórico.

Em adição a esses dois momentos, que explicitam a correlação entre as modificações do Discurso Indireto e os estilos a que elas correspondem, cabe pleitear mais um argumento: à ideia de que a modificação analítico-verbal está correlacionada ao individualismo crítico e realista, Volóchinov (1929) acrescenta que "a modificação analítico-objetual é típica justamente do individualismo racionalista" (Volóchinov, 2018: 276). Ora, em todo o texto do pensador russo, é somente aqui que a expressão "individualismo racionalista" aparece. Por esse motivo, não seria desatino supor que, com tal expressão, estamos frente a um mero lapso. Porém, é preciso responder qual, de fato, é a vertente em questão. Em uma palavra: Volóchinov estaria vinculando a modificação analítico-objetual ao dogmatismo racionalista ou a algum dos dois tipos de individualismo?

Além de os apontamentos anteriores já atestarem o fato de se tratar do dogmatismo racionalista – convém recordar: "um desenvolvimento amplo e essencial da modificação analítico-objetual somente pode ocorrer em um contexto autoral racional e dogmático" (Volóchinov, 2018 [1929]: 272) –, há outro dado que corrobora essa ideia e, assim, resolvendo o lapso de

Volóchinov, confirma a correlação que estabeleci. Trata-se da afirmação volochinoviana de que, "na história da linguagem literária russa", o tal individualismo racionalista, ou seja, essa vertente da qual a modificação analítico-objetual é típica, "esteve quase completamente ausente" (Volóchinov, 2018 [1929]: 276). Conforme entendo, esses dizeres precisam ser avaliados à luz da afirmação de que a modificação analítico-objetual, declarada como típica do dogmatismo racionalista, "em geral, [...] é pouco desenvolvida na língua russa", sendo, também, "rara no discurso literário [russo]" (Volóchinov, 2018 [1929]: 273). O conjunto das afirmações, julgo eu, resolve o lapso de Volóchinov, confirma a correlação que estabeleci e, por conseguinte, torna possível a seguinte imagem:

Imagem 2 – Modificações do Discurso Indireto

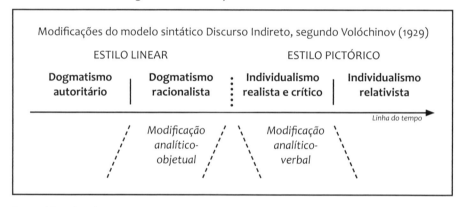

Fonte: elaborado pelo autor.

DO DISCURSO DIRETO

Com esses apontamentos atinentes ao Discurso Indireto, está posta uma excelente oportunidade para apresentar as ideias de Volóchinov (1929) acerca do **Discurso Direto**; modelo sintático que, segundo nosso autor, possui "primazia incondicional" (Volóchinov, 2018: 266) na língua russa, na qual "ele é extremamente bem elaborado na linguagem literária" (Volóchinov, 2018: 278).

De modo geral, Volóchinov (1929) trata de quatro tipos de modificações estilísticas próprias do Discurso Direto: o **discurso direto preparado**, o **discurso direto reificado**, o **discurso alheio antecipado, disperso e oculto**

no contexto autoral e, por fim, o **discurso direto substituído** – em outro momento, denominado discurso direto retórico. Para o autor, em todos esses quatro tipos de modificação do Discurso Direto, "ocorre uma troca mútua de entonações, uma espécie de contaminação mútua entre o contexto autoral e o discurso alheio" (Volóchinov, 2018 [1929]: 278).

Assim, fica nítido que o Discurso Direto abordado por Volóchinov (1929) não se restringe ao Discurso Direto que cita *ipsis litteris* a palavra alheia. Se digo que não há restrição, é preciso deixar claro que isso não significa inexistência desse tipo de Discurso Direto. Se bem observado, Volóchinov (1929) não trata dessa modificação do Discurso Direto, mas, de passagem, ele deixa registrada a sua existência: seu nome é "discurso direto primitivo e inerte" (Volóchinov, 2018: 268). E, quanto a isso, vale mencionar as seguintes palavras do pensador russo: "o desenvolvimento do modelo do discurso direto percorreu um caminho histórico longo e instrutivo que vai desde os **blocos volumosos, inertes e indivisíveis do discurso direto** nos monumentos antigos até os meios modernos, flexíveis e frequentemente ambivalentes da sua introdução no contexto autoral" (Volóchinov, 2018 [1929]: 278, negrito acrescido).

Com essa afirmação, penso eu, não resta qualquer dúvida de que, para Volóchinov (1929), o Discurso Direto, enquanto modelo sintático, não se restringe ao discurso direto primitivo e inerte, modificação correspondente a um certo estágio do desenvolvimento da língua em que ela percebe "o enunciado alheio como um todo compacto, indivisível, imutável e impenetrável" (Volóchinov, 2018: 268). Na verdade, como já mencionado, além dessa modificação, que cita *ipsis litteris* e está presente abundantemente em textos antigos, há outros meios de transmitir, de maneira direta, a palavra alheia; o Discurso Direto "possui enorme variedade de modificações substancialmente distintas" (Volóchinov, 2018 [1929]: 278)[21].

Como é passível de verificação no texto de *MFL*, Volóchinov não demonstra o mesmo interesse em todos os tipos de modificação. Estritamente falando, além de somente mencionar o discurso direto primitivo e inerte, o tratamento conferido ao discurso direto preparado e ao discurso direto reificado é bastante sucinto.

No caso do discurso direto preparado, Volóchinov (1929) assume que o discurso direto do personagem é pré-configurado pelo discurso autoral. Nessa pré-configuração, o discurso autoral insere suas próprias ênfases avaliativas a respeito do tema do discurso alheio. Em poucas palavras, na modificação discurso direto preparado, enquanto o discurso autoral pré-configura o discurso alheio, ele já faz avançar suas próprias posições avaliativas sobre o discurso alheio. Para exemplificar tal modificação, Volóchinov (1929) faz referência à obra *O idiota*, de Dostoiévski. Além disso, aproveita o ensejo para reafirmar que, por vezes, a penetração profunda das avaliações do autor no discurso do personagem "acarreta um enfraquecimento da objetividade do próprio contexto autoral" (Volóchinov, 2018 [1929]: 279).

Em relação ao discurso direto reificado, Volóchinov (1929) pontua que o discurso direto do personagem retoma as avaliações e emoções com as quais o discurso autoral caracterizou o personagem. Logo, o discurso alheio está embebido pelo discurso autoral. Obviamente, nessas condições, enquanto, por um lado, o discurso alheio – isto é, o discurso do personagem – diminui o plano do conteúdo, por outro lado, ele ressalta o plano da forma. Para Volóchinov (1929), um bom exemplo é o discurso direto que aparece "nas obras de Gógol e dos representantes da chamada 'escola natural'" (Volóchinov, 2018: 280). Como o autor de *MFL* afirma algumas páginas antes, "na 'escola natural', e até no próprio Gógol, as palavras dos personagens às vezes quase perdem seu sentido objetual, tornando-se um objeto pitoresco, análogo à vestimenta, à aparência, à mobília e assim por diante" (Volóchinov, 2018 [1929]: 258-259).

Além do tratamento sucinto dessas modificações – que deixam claro o avanço do discurso autoral sobre o discurso alheio –, nosso autor aborda, de maneira um pouco mais detida, por um lado, o discurso alheio antecipado, disperso e oculto no contexto autoral, e, por outro lado, o discurso direto substituído.

Para Volóchinov (1929), na modificação **discurso alheio antecipado, disperso e oculto no contexto autoral**, as palavras tendem a compartilhar "simultaneamente dois contextos, dois discursos", quais sejam, "o discurso do autor narrador" – isto é, aquele que transmite, cita – e "o discurso do personagem" (Volóchinov, 2018: 284) – vale dizer, aquele que é transmitido, citado. De modo semelhante, na modificação **discurso direto substituído**, por vezes, é possível observar um pertencimento simultâneo das palavras "à narrativa do autor e ao discurso interior (que, no entanto, às vezes também pode ser exterior) do personagem" (Volóchinov, 2018 [1929]: 287-288). Como nosso autor pontua, no discurso direto substituído, em alguns casos, tanto a pergunta retórica quanto a exclamação retórica – fenômenos típicos dessa modificação – se apresentam "bem na fronteira entre o discurso autoral e o alheio (normalmente interior) e, muitas vezes, integram diretamente este ou aquele, ou seja, podem ser interpretados simultaneamente como uma pergunta ou exclamação do autor e como uma pergunta ou exclamação do personagem direcionadas a si próprio" (Volóchinov, 2018 [1929]: 285-286).

Conforme se vê, para Volóchinov (1929), há uma característica comum entre o discurso alheio antecipado, disperso e oculto no contexto autoral, e o discurso direto substituído. Nomeadamente, em ambas as modificações, há o compartilhamento da palavra.

Diante disso, cabe uma pergunta: se, em ambas as modificações, as palavras se instauram como terreno compartilhado entre o discurso autoral e o discurso alheio, qual é, precisamente, a distinção entre a primeira modificação e a segunda?

De onde enxergo, tal pergunta tende a encontrar resposta no modo como a palavra é compartilhada em ambas as modificações. Estritamente falando, a resposta a tal questionamento se encontra no fenômeno linguístico que Volóchinov (1929) denomina "*interferência discursiva*" (Volóchinov, 2018: 284).

Segundo o pensador russo, a interferência discursiva é o fenômeno linguístico que consiste num peculiar compartilhamento da palavra: enquanto o autor – responsável pela palavra autoral – partilha das palavras enunciadas pelo personagem – responsável pela palavra alheia –, ele deixa ver que a ênfase valorativa que atribui a tais palavras possui outra direção. Quer dizer, ainda que ancoradas nas palavras enunciadas pelo personagem, as ênfases valorativas do discurso autoral apresentam uma direção que não condiz com a direção das ênfases apreciativas do discurso alheio. Assim, é possível dizer que a interferência discursiva é, ao fim e ao cabo, exatamente aquilo que, posteriormente, o autor de *MFL* denomina "interferência valorativa" (Volóchinov, 2018 [1929]: 316).

Para Volóchinov (1929), esse peculiar compartilhamento da palavra se apresenta somente no discurso alheio antecipado, disperso e oculto no contexto autoral. É por isso, inclusive, que, ao tratar de tal modificação, nosso autor toma como o exemplo dois trechos da obra *Uma história desagradável*, de Dostoiévski, e assume que, neles, os enunciados "são uma arena de encontro e de embate de duas entonações, de dois pontos de vista, de dois discursos!" (Volóchinov, 2018 [1929]: 282). Para o autor de *MFL*, no discurso direto substituído, esse compartilhamento da palavra não promove qualquer confronto de acentos valorativos. Muito antes, ele revela "uma solidariedade total entre o autor e o personagem nas avaliações e nas entonações" (Volóchinov, 2018 [1929]: 287).

Em consequência do exposto, parece claro que, apesar da característica comum – qual seja, a palavra como terreno compartilhado entre discurso autoral e discurso alheio –, há diferença entre os estilos e, consequentemente, entre as vertentes de cada uma dessas modificações.

O discurso alheio antecipado, disperso e oculto no contexto autoral é uma modificação própria do estilo pictórico; especificamente, uma modificação interior à vertente individualista relativista, ou seja, à vertente do estilo pictórico em que, por sua intensidade, a ancoragem do discurso autoral sobre o discurso alheio chega ao ponto de diminuir a realidade concreta de que parte o autor. Nesse sentido, aliás, convém lembrar as palavras de Volóchinov (2018 [1929]: 280): "a preparação do discurso alheio e a antecipação do seu tema, das suas avaliações e ênfases pela narrativa do autor podem tornar o contexto autoral tão fortemente subjetivizado e marcado com os tons do personagem que esse mesmo contexto passa a soar como um 'discurso alheio', dotado, no entanto, de entonações autorais".

Como prova de seu pertencimento à vertente individualista relativista, devemos considerar os seguintes fatos: (i) Volóchinov (2018 [1929]: 281) enxerga tal modificação como "muito recorrente na prosa contemporânea, sobretudo na obra de Andrei Biéli e dos escritores que foram influenciados por ele"; (ii) nosso autor chega mesmo a dizer que "os exemplos clássicos dessa modificação devem ser procurados nas obras de Dostoiévski do primeiro e do segundo períodos" (Volóchinov, 2018: 281) – donde, então, a exemplificação a partir do romance *Uma história desagradável*. Esses dois fatos referidos condizem perfeitamente com o vínculo estabelecido pelo autor, ainda no segundo capítulo da terceira parte, entre o individualismo relativista e autores como Dostoiévski, Biéli e os romancistas russos que chama de contemporâneos (cf. Volóchinov, 2018 [1929]: 259).

Se, com alguma atenção, é possível verificar que, de acordo com Volóchinov (1929), o discurso alheio antecipado, disperso e oculto no contexto autoral é uma modificação própria do estilo pictórico, atenção semelhante deixa ver, claramente, que o discurso direto substituído é uma modificação do estilo linear. Com efeito, na medida em que, nessa modificação, a palavra se instaura como terreno comum entre o discurso autoral e o discurso alheio, seria possível questionar o pertencimento do discurso direto substituído ao estilo linear; afinal, como já visto, esse estilo preza pela separação das fronteiras entre o discurso autoral e o alheio. Entretanto, não se deve esquecer que, como dito anteriormente, na vertente denominada "dogmatismo racionalista", o discurso autoral e o discurso alheio compartilham o mesmo enunciado; e o responsável pelo discurso autoral fala em nome do responsável pelo discurso alheio. Além disso, não podemos negligenciar o fato de que, ao iniciar a abordagem da modificação discurso direto substituído, Volóchinov (1929) indica se tratar de "uma das [...] modificações 'lineares'" (Volóchinov, 2018: 285). As aspas, julgo eu, matizam a linearidade atribuída a essa modificação. Isso significa dizer que o discurso direto substituído é uma modificação característica do dogmatismo racionalista, vertente em que o estilo linear passa a ter certo cheiro de estilo pictórico[22].

Com essa explanação sobre as modificações do Discurso Direto, é possível ter uma impressão mais clara da correlação entre tais modificações e seus respectivos estilos e vertentes. Assim, apresento a seguinte imagem:

Imagem 3 – Modificações do Discurso Direto

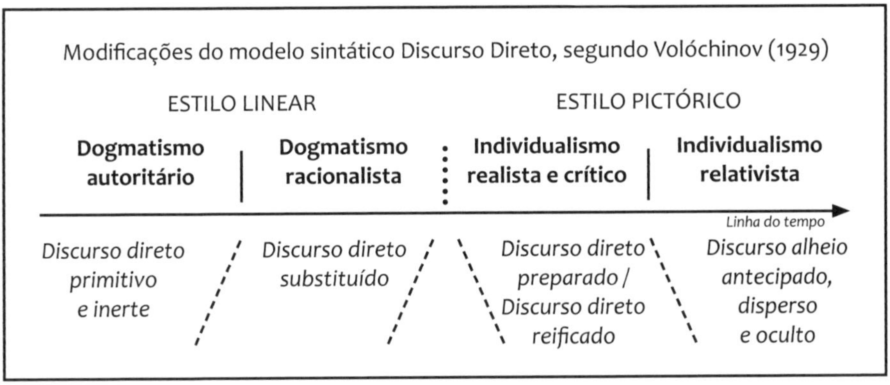

Fonte: elaborado pelo autor.

DO DISCURSO INDIRETO LIVRE

Embora a fadiga do leitor costume ser proporcional à quantidade de detalhes e termos técnicos apresentados em um texto, importa ampliar um pouco mais a presente seção, a fim de verificar a abordagem que Volóchinov (1929) faz do **Discurso Indireto Livre**.

Como o nosso autor adianta, no início do terceiro capítulo da terceira parte de *MFL*, seu exame do Discurso Indireto e do Discurso Direto toma como exemplos somente a literatura de língua russa (cf. Volóchinov, 2018: 265). No entanto, o que se vê no quarto capítulo da referida parte é algo diferente. Nesse capítulo, em que se examina o Discurso Indireto Livre, nosso autor apresenta um estudo que abarca, além de exemplos da literatura de língua russa, exemplos das literaturas de língua francesa e alemã.

O leitor atento, certamente, há de perceber que a discussão desenvolvida no tratamento do Discurso Indireto Livre remete, novamente, à oposição entre subjetivismo individualista, de um lado, e objetivismo abstrato, de outro. Nessas circunstâncias, não surpreende que Volóchinov (1929) rejeite por completo as considerações do saussuriano Charles Bally (cf. Volóchinov, 2018: 298-299) e que, no espírito do que chamei de subjetivismo sociologizado, faça – como antes, é importante dizer: somente até certa medida – um aceno positivo para o trabalho dos vosslerianos (cf. Volóchinov, 2018: 313).

Em termos mais precisos, na esteira do que já vimos no presente estudo, Volóchinov (1929) censura Bally, dentre outros motivos, pelo fato de que

> na verdade, no sistema abstrato da língua, em que Bally insere as *formes linguistiques* não há movimento, não há vida, não há realização. A vida começa apenas quando um enunciado encontra o outro, isto é, quando começa a interação discursiva [...].

> Não é uma forma abstrata [i. e., a modificação do discurso indireto] que aspira a outra forma [i. e., o discurso direto], mas ocorre uma mudança na orientação mútua dos dois enunciados com base na alteração da percepção ativa do "indivíduo falante", da sua autonomia semântico-ideológica e da sua individualidade discursiva pela consciência linguística. (Volóchinov, 2018: 298).

Quanto à relação entre nosso autor e a escola de Vossler, cabe observar que, ao discorrer sobre a maneira como os vosslerianos lidaram com o Discurso Indireto Livre, Volóchinov (1929) afirma que, pelo menos, desde 1921, Etienne Lorck já vinha trabalhando com o Discurso Indireto Livre, ao qual nomeava *Erlebte Rede*, ou seja, "discurso vivido". Mais do que isso, ainda segundo Volóchinov (1929), Lorck assumia que, nessa forma de transmissão do discurso alheio, o papel principal não pertencia à razão, mas, antes, à fantasia.

Ainda em relação aos vosslerianos, Volóchinov (1929) tece considerações sobre a formulação de Gertraud Lerch, presente no texto *Die uneigentlich direkte Rede* [*O discurso impropriamente direto*], de 1922. Aqui, nosso autor destaca que

> o papel que a fantasia desempenhava na concepção de Lorck é atribuído por Lerch à empatia (*Einfühlung*). É justamente ela que encontra a expressão adequada no discurso indireto livre. As formas do discurso direto e indireto vêm precedidas pelo verbo introdutor (disse, pensou etc.). Com isso, o autor transfere a responsabilidade do que foi dito ao personagem. Como no discurso indireto livre esse verbo é omitido, o autor representa os enunciados do personagem como se ele mesmo os levasse a sério, como se tratasse de fatos e não apenas do que foi dito ou pensado. De acordo com Lerch, isso é possível somente por meio da empatia do poeta com as criações da sua própria fantasia, quando ele se identifica ou se iguala a elas. (Volóchinov, 2018 [1929]: 306).

No que diz respeito à formulação de Lerch, Volóchinov (1929) chama atenção, ainda, para a ideia de que, no Discurso Indireto Livre, prevalece uma relação de empatia – digamos, identificação – e distanciamento – digamos, independência – do autor para com o personagem. Quanto a isso, numa espécie de resenha do texto de Lerch, nosso autor apresenta as considerações da estudiosa a respeito da presença do Discurso Indireto Livre na obra dos franceses Jean de La Fontaine [1621-1695] e Gustave Flaubert [1821-1880]. Numa posição que parece atribuir a Lerch, Volóchinov (1929) pontua que

> Flaubert fixa o seu olhar justamente naquilo que lhe é repugnante e odioso, mas mesmo assim é capaz de sentir a empatia, de se identificar com o odioso e o repugnante. O discurso indireto livre torna-se, na obra dele, tão ambíguo e inquieto quanto a sua própria orientação em relação a si mesmo e às suas criações: a sua posição interior vacila entre a admiração e o repúdio. O discurso indireto livre, que permite ao mesmo tempo identificar-se com as suas criações e manter a sua posição independente, a sua distância em relação a elas, é extremamente benéfico para expressar esse amor-ódio por seus personagens. (Volóchinov, 2018: 309-310).

O leitor atento deve observar que, embora Volóchinov (1929) destaque tais considerações de Lorck e Lerch, ele não faz delas a sua própria posição a respeito do Discurso Indireto Livre. A despeito de certo elogio aos vosslerianos – "eles instigaram e avivaram a alma ideológica da língua, que nas mãos de alguns linguistas lembravam às vezes um fenômeno da natureza-morta" (cf. Volóchinov, 2018 [1929]: 313) –, Volóchinov (1929) rechaça, mais uma vez, o tom individualista de suas considerações, vale dizer, o fato de os vosslerianos traduzirem "para a linguagem das motivações individuais, por mais sutis e sinceras que sejam, os acontecimentos da formação social, os acontecimentos históricos" (Volóchinov, 2018: 313). Além disso, se referindo exclusivamente aos trabalhos executados por Etienne Lorck e Gertraud Lerch, o pensador russo, deixando clara a centralidade do caráter axiológico da linguagem em seu pensamento, sustenta que ambos "igualmente desconsideram um aspecto extremamente importante para a compreensão do nosso fenômeno: a avaliação contida em cada palavra viva e expressa pela ênfase e entonação expressiva do enunciado" (Volóchinov, 2018 [1929]: 314).

Para além desses pontos genéricos da crítica de Volóchinov (1929) aos vosslerianos, cabe ressaltar um aspecto específico, que diz respeito à sua contraposição aos postulados de Lerch. De acordo com o autor de *MFL*, "no fenômeno linguístico objetivo do discurso indireto livre, combinam não a empatia com a manutenção da distância dos limites da alma individual, mas as ênfases do personagem (empatia) com as ênfases do autor (distância) nos limites da mesma construção linguística" (Volóchinov, 2018 [1929]: 314).

Como é possível observar, Volóchinov (1929) reformula a posição de Lerch. Para o pensador russo, não se deve assumir que a relação entre empatia e distância, característica do Discurso Indireto Livre, possa ser corretamente compreendida de um ponto de vista psicologizante, em que se destaca a "alma individual". Muito antes disso, Volóchinov (1929) assevera que a relação entre empatia e distância – insisto: relação característica do Discurso Indireto Livre – deve ser compreendida a partir de uma óptica já considerada anteriormente, a saber, a óptica da interação discursiva, quer dizer, aquela pela qual se assume a ideia de que a palavra "é uma expressão da comunicação social, da interação de personalidades materiais e dos produtores" (Volóchinov, 2018: 311).

É, pois, com esse destaque à interação discursiva, que Volóchinov (1929), além de rejeitar os tratamentos dados ao Discurso Indireto Livre, reforça a sua própria posição. Resumidamente, é possível dizer que, para o pensador russo, **o Discurso Indireto Livre é o modelo sintático que expressa, na**

interação discursiva, de uma vez por todas, um novo modo de percepção da palavra alheia.

Ao criticar a definição apresentada por Ludwig Tobler [1827-95], Volóchinov (1929) afirma que uma definição satisfatória do Discurso Indireto Livre deve considerar tal discurso como

> uma **tendência** positiva completamente ***nova* da percepção ativa do enunciado alheio**, *uma orientação específica* da dinâmica da inter-relação entre o discurso autoral e o alheio. Mas Tobler não percebe em absoluto essa dinâmica, constatando apenas as características abstratas dos modelos. [...] *aquilo que é fundamental na nossa forma – a **inter-relação totalmente nova entre o discurso autoral e o alheio** –* não é expresso nos motivos de Tobler. Para ele, são apenas duas formas antigas, a partir das quais ele quer criar uma nova. (Volóchinov, 2018: 293-294, negrito acrescido)[23].

Ao que, logo depois, conclui:

> foi necessária uma mudança ou um deslocamento dentro da comunicação sociodiscursiva e da orientação mútua dos enunciados para que se formasse uma **percepção essencialmente nova da palavra alheia**, posteriormente expressa no discurso indireto livre. Em sua constituição, essa forma começa a fazer parte também do conjunto de possibilidades linguísticas e é apenas dentro dele que as intenções discursivas individuais dos falantes podem ser definidas, motivadas e realizadas de modo produtivo. (Volóchinov, 2018 [1929]: 295, negrito acrescido).

Notada a ênfase volochinoviana na ideia de que o Discurso Indireto Livre expressa um **novo modo de percepção da palavra alheia**, podemos perguntar: em que consiste, efetivamente, esse novo modo de percepção da palavra alheia? Ou, posto de outra maneira: qual é, precisamente, essa inter-relação totalmente nova entre o discurso autoral e o discurso alheio?

Valendo-me das palavras que Volóchinov (1929) utiliza ao fim de seu trabalho, direi que esse novo modo de percepção do enunciado alheio consiste na **subjetivação geral e profunda da palavra** (cf. Volóchinov, 2018: 321).

Para explicar essa afirmação, é necessário, inicialmente, alertar para o fato de que, aqui, não se trata de supor, simplesmente, que o Discurso Indireto Livre seja algo novo. Com efeito, quando Volóchinov (1929) expõe, a partir das informações de Gertraud Lerch, um panorama histórico do desenvolvimento do Discurso Indireto Livre na língua francesa (cf. Volóchinov, 2018: 306ss), fica claro que o referido modelo sintático já estava presente no francês antigo, onde teria sido produto de um "defeito gramatical", isto é, "resultado da pura incapacidade gramatical de separar o ponto de vista e a posição do narrador da posição dos personagens" (Volóchinov, 2018: 307). Assim, o que, de fato, é anunciado como novidade se resume, unicamente, ao modo de percepção da palavra alheia.

Estritamente falando, esse novo modo consiste em uma percepção da palavra alheia não mais como um enunciado relativo a algo socialmente objetivo, mas, sim, como um enunciado relativo a particularidades puramente subjetivas. **Em outros termos, esse novo modo de percepção da palavra alheia se caracteriza por um tipo específico de desprendimento da realidade extradiscursiva que está sendo tematizada, ou seja, um tipo específico de indiferença para com o conteúdo. Trata-se, pois, de um modo de percepção da palavra alheia que, diminuindo, de uma maneira bem específica, o plano do conteúdo, concentra esforços apenas no plano da forma.** Daí, portanto, ao fim de seu trabalho, Volóchinov (1929) atribuir tal modo de percepção da palavra alheia às "tendências formalistas da poética, da linguística e da filosofia da linguagem" (Volóchinov, 2018: 322).

A julgar pelo foco sobre a forma, esse novo modo de percepção da palavra alheia não está muito distante do que já foi enunciado sobre as modificações compreendidas pelo estilo pictórico. A razão disso é o fato de que **um novo modo de percepção da palavra alheia não se estabelece repentinamente, mas, antes, como resultado das diversas mudanças que ocorrem no seio da sociedade, vai surgindo e ganhando força, até despontar, com maior nitidez, num modelo sintático específico. Assim, me parece legítimo afirmar que, para Volóchinov (1929), a subjetivação da palavra reflete uma inclinação social e, nessas condições, avançando gradativamente, encontra sua mais rigorosa materialização no Discurso Indireto Livre.**

Considerando, pois, que o avanço do conhecimento é tributário das perguntas, é preciso instaurar mais uma: o que há no Discurso Indireto Livre que nos permite, necessariamente, o assumir como a materialização mais rigorosa da subjetivação da palavra, e não apenas como uma das materializações suaves? Quer dizer: em relação à subjetivação da palavra, como distinguir entre a materialização mais rigorosa, que se dá com o Discurso Indireto Livre, e as materializações suaves, que ocorrem com a modificação analítico-verbal do discurso indireto, com o discurso direto preparado, com o discurso direto reificado, com o discurso alheio antecipado, disperso e oculto no contexto autoral, e, finalmente, com o discurso direto substituído – que, é importante lembrar, tem certo cheiro de estilo pictórico?

Dado que o processo de subjetivação consiste na acentuação das particularidades subjetivas do personagem, e que tal acentuação ganha maior robustez quando autor e personagem compartilham a mesma palavra, resta claro que, pela ausência de compartilhamento da palavra, a modificação analítico-verbal do discurso indireto, o discurso direto preparado e o discurso direto reificado não podem materializar a subjetivação da palavra com a mesma intensidade que o faz o Discurso Indireto Livre. Para resumir: o que confere, ao Discurso Indireto Livre – em face da modificação analítico-verbal, do discurso direto preparado e do discurso direto reificado –, o estatuto de materialização mais rigorosa da subjetivação da palavra é o primeiro elemento da interferência valorativa, ou seja, o compartilhamento da palavra.

Em relação ao discurso direto substituído, vale considerar as seguintes palavras de Volóchinov (1929):

> no discurso indireto livre, reconhecemos a palavra alheia não tanto pelo sentido tomado abstratamente, mas sobretudo pela ênfase e entonação do personagem, isto é, pela orientação avaliativa do discurso.
>
> **Percebemos como essas avaliações alheias interrompem as ênfases e as entonações do autor. Como sabemos, é essa a diferença entre o discurso indireto livre e o discurso direto substituído, em que não aparece nenhuma ênfase nova em relação ao contexto autoral circundante.** (Volóchinov, 2018: 314-315, negrito acrescido).

Bem entendido, esse excerto apresenta algo que Volóchinov (1929) já havia considerado em sua exposição do discurso direto substituído – por isso, inclusive, a expressão "como sabemos". Nomeadamente, o que está sendo reiterado é o fato de que a distinção entre o Discurso Indireto Livre e a modificação discurso direto substituído se instaura como resultado da ausência, nesta última, do segundo elemento da interferência valorativa, a saber, a diferença entre as ênfases valorativas do autor e do personagem.

Posto de outra maneira, é fato que o discurso direto substituído apresenta como característica o compartilhamento da palavra. Entretanto, para a concretização da interferência valorativa, lhe falta apresentar uma diferença entre a direção da ênfase apreciativa do discurso autoral e a direção do acento apreciativo do discurso alheio. É por isso que o autor de *MFL* havia registrado, páginas antes, que a interferência discursiva é o passo restante para transformar tal modificação em Discurso Indireto Livre (cf. Volóchinov, 2018 [1929]: 289). Assim, se tal passo não é concluído, e o discurso direto substituído permanece, no máximo, como uma materialização suave da subjetivação da palavra, o motivo é simples: embora o discurso direto substituído seja um exemplo do compartilhamento da palavra entre autor e personagem, não há, nele, diferença entre as direções das ênfases valorativas do primeiro e as direções dos acentos de valor do segundo.

A despeito do que os dois elementos da interferência valorativa possam esclarecer sobre a distinção entre o Discurso Indireto Livre e as modificações que acabo de considerar – vale dizer: a modificação analítico-verbal do discurso indireto, o discurso direto preparado, o discurso direto reificado e o discurso direto substituído –, é preciso ressaltar que, os tomando como resposta para a última pergunta que fiz, terminaríamos diante de um problema. Apresentado de maneira precisa, o problema seria o seguinte: tendo em vista que o discurso alheio antecipado, disperso e oculto no contexto autoral apresenta tanto o compartilhamento da palavra quanto a divergência na direção dos acentos de valor do discurso autoral e alheio, qual seria, pois, a diferença entre a referida modificação e o Discurso Indireto Livre?

Considerando os apontamentos de Volóchinov (1929) a respeito da língua russa, é possível dizer que o discurso alheio antecipado, disperso e oculto no contexto autoral é uma modificação responsável por "fenômenos gramaticais e estilísticos específicos" (Volóchinov, 2018: 296), ao passo que o Discurso Indireto Livre "não possui qualquer sinal sintático claro (como, aliás, também ocorre na língua alemã)" (Volóchinov, 2018: 265). **Essa diferença, que à primeira vista estaria circunscrita ao caráter formal da construção linguística, parece indicar que, com o Discurso Indireto Livre, ocorre a acentuação do processo de decomposição do contexto autoral**. Explico-me.

Para o nosso autor, independentemente de haver aparecido no francês antigo em função da limitação gramatical da época, o Discurso Indireto Livre – tal como o discurso alheio antecipado, disperso e oculto no contexto autoral – deixa ver um processo de decomposição do discurso autoral. Como já visto, é esse processo que marca o pertencimento do Discurso Indireto Livre – e, também, do discurso alheio antecipado, disperso e oculto no contexto autoral – ao estilo pictórico, em sua vertente individualista relativista. Daí, inclusive, a afirmação de Volóchinov (1929): "o surgimento e o desenvolvimento do discurso indireto livre devem ser estudados em ligação estreita com o desenvolvimento de outras modificações também pictóricas do discurso direto e indireto" (Volóchinov, 2018: 320).

Entretanto, dado que o Discurso Indireto Livre não usufrui de características formais nítidas e estáveis, seu lugar no processo de decomposição do discurso autoral não é semelhante ao lugar ocupado pela modificação discurso alheio antecipado, disperso e oculto no contexto autoral. Assim, o Discurso Indireto Livre representa o estágio mais avançado da dissolução do contexto autoral no contexto alheio.

Diante de tudo isso, julgo poder finalizar minhas observações sobre o tratamento dado, por nosso autor, ao Discurso Indireto Livre. Para tal, inicio afirmando que, de acordo com Volóchinov (1929), na língua russa, o Discurso Indireto Livre é um modelo sintático muito próximo das modificações do Discurso Direto. Na verdade, conforme assume o confrade de Bakhtin, tanto na língua russa quanto na língua alemã, o Discurso Indireto Livre é proveniente do Discurso Direto (cf. Volóchinov, 2018 [1929]: 299). Aliás, não é sem motivo que, como bem alertam as tradutoras da mais recente edição brasileira de *MFL*, nosso autor optou pela expressão russa "*nessóbstvenno priamaia rietch*, literalmente 'discurso impropriamente direto'" (Volóchinov, 2018 [1929]: 261) – expressão equivalente ao alemão *uneigentlich direkte Rede*, proposto por Gertraud Lerch (cf. Volóchinov, 2018: 291).

Afora isso, o exposto na presente seção já dá conta do que é capital na discussão empreendida por Volóchinov no último capítulo de *MFL*, a saber, que o **Discurso Indireto Livre é o modelo sintático que materializa, na interação discursiva, de uma vez por todas, um novo modo de percepção da palavra alheia, ou seja, a subjetivação geral e profunda da palavra.** Como acredito ter demonstrado, o que faz do **Discurso Indireto Livre a mais rigorosa materialização do novo modo de percepção da palavra alheia é, por um lado** – isto é, em comparação com a modificação analítico-verbal do discurso indireto, com o discurso direto preparado, com o discurso direto reificado e com o discurso direto substituído –, **os elementos da interferência valorativa, e, por outro lado** – ou seja, em comparação com a modificação discurso alheio antecipado, disperso e oculto no contexto autoral –, **a ausência de características formais nítidas e estáveis.**

Assim, ao vincular o Discurso Indireto Livre ao novo modo de percepção da palavra alheia, Volóchinov (1929) confirma o que havia anunciado ainda nas páginas da introdução de *MFL*: "o tema da terceira parte – *o problema do enunciado alheio* – possui por si só uma grande importância que extrapola os limites da sintaxe" (Volóchinov, 2018: 87).

EM SÍNTESE...

Neste sexto capítulo, explorei as considerações de Volóchinov (1929) em torno do discurso reportado. Mais precisamente, destaquei seus dizeres a respeito da distinção entre estilo linear e estilo pictórico, e a correlação entre tais estilos, os modelos sintáticos Discurso Indireto, Discurso Direto e Discurso Indireto Livre, e as modificações estilísticas próprias de cada modelo.

No conjunto dessa exposição do trabalho descritivo de Volóchinov (1929), julgo ter ficado claro que, para o autor de *MFL*, no final das contas, a distinção entre estilos, entre modelos sintáticos e entre modificações estilísticas passa por um mesmo critério: saber como, em sua percepção e transmissão do discurso alheio, o discurso autoral lida com o duo "forma" e "conteúdo".

Nesse sentido, ao considerar o destaque de Volóchinov ao fato de que o Discurso Indireto Livre materializa um novo modo de percepção da palavra alheia, dei início à elucidação daquilo que o próprio Volóchinov (1929) indica na introdução de seu texto. Estritamente falando, dei início à elucidação do fato de que o problema do enunciado alheio extrapola as questões propriamente sintáticas. E é, pois, nas páginas do próximo capítulo, que me ocupo em efetivar essa elucidação.

PARA ALÉM DA SINTAXE:
VICISSITUDES DA SOCIEDADE FALANTE

> A palavra, como um fenômeno ideológico *par excellence*, existe em uma formação e transformação ininterruptas; ela reflete com sensibilidade todos os deslocamentos e as mudanças sociais. Nos destinos da palavra estão os destinos da sociedade falante.
>
> (Volóchinov, 2018 [1929]: 319)

Ao partir dos estilos e avançar até as modificações estilísticas, a exposição anterior permite observar que a querela em torno das formas de transmissão do discurso alheio é, antes de tudo, uma discussão sobre como o discurso autoral maneja o discurso alheio: se o faz focalizando o conteúdo – é o caso das formas de transmissão típicas do estilo linear – ou se o faz focalizando a forma – é o caso das formas de transmissão típicas do estilo pictórico. Com isso, resta claro que "toda forma de transmissão do discurso alheio percebe a palavra alheia do seu jeito, trabalhando ativamente com ela" (Volóchinov, 2018 [1929]: 314).

O que ainda é preciso ressaltar, acerca da última parte de *MFL*, é o fato de que o trabalho executado por Volóchinov (1929) não consiste em um empreendimento meramente descritivo. Embora o autor alerte para a impossibilidade de "amplas generalizações históricas" e entenda que elas "estão presentes apenas de modo provisório e hipotético" (Volóchinov, 2018 [1929]: 247), é seguro dizer que, após se inclinar sobre o objeto de estudo, o pensador russo não se furta de olhar para a sociedade, a fim de, por meio daquele, melhor compreender esta, e vice-versa.

Para esclarecer esse ponto, aproveito as condições favoráveis, estabelecidas na discussão anterior, e dou a conhecer uma das subteses que defendo neste trabalho. **Precisamente dito, meu entendimento é que, em virtude do olhar para a sociedade, o trabalho de Volóchinov (1929) acerca da transmissão do discurso alheio, mesmo predominantemente descritivo, permite ver uma posição axiológica, a saber: certo incômodo com o estilo pictórico; em especial, com sua vertente individualista relativista, expressa pela modificação discurso alheio antecipado, disperso e oculto no contexto autoral, e, sobretudo, pelo modelo sintático Discurso Indireto Livre.**

Diante de tal subtese, uma pergunta, naturalmente, tende a emergir: por que razão Volóchinov teria algum incômodo ou descontentamento relativo às formas de transmissão próprias do estilo pictórico?

Com o propósito de apresentar os argumentos que sustentam a referida subtese e, assim, responder a essa pergunta, será preciso retornar a dois apontamentos que, propositalmente, deixei de elencar.

O primeiro apontamento diz respeito ao fato de, para Volóchinov (1929), a reflexão sobre as formas de transmissão do discurso alheio deve considerar "as particularidades dos fenômenos discursivos estudados" (Volóchinov, 2018: 261). Em mais detalhe, o autor de *MFL* entende que, ao refletir sobre as formas de transmissão da palavra alheia, é preciso considerar a finalidade almejada pelo discurso autoral. É justamente essa consideração teleológica que permite observar o fato de que o discurso artístico, por exemplo, não pleiteia o mesmo caráter persuasivo do discurso político ou do discurso jurídico, tendo, portanto, mais liberdade para empregar as formas de transmissão – sejam elas próprias do estilo linear ou do pictórico.

O leitor conhecedor das posições formalistas poderá objetar dizendo que, ao destacar a preocupação de Volóchinov (1929) com "a *finalidade da orientação* do contexto autoral" (Volóchinov, 2018: 261), estou atribuindo ao nosso autor a posição formalista que estabelece uma distinção entre linguagem poética e linguagem prática – distinção que abordarei mais adiante. Em minha defesa, lembro que a ideia de prestar atenção ao caráter teleológico de cada tipo de discurso, a despeito de ser aproveitada pelos formalistas, é, em parte, proveniente da pena de Iakubinski, estudioso conhecido por Volóchinov. Com isso, quero dizer que se os formalistas tomam a distinção de Iakubinski em prol de uma causa – a saber, especificar o objeto da ciência literária –, Volóchinov (1929) parece lhe dar outro encaminhamento – qual seja, matizar o julgamento que se faz acerca da transmissão da palavra alheia.

Como segundo apontamento que prepara o terreno para os argumentos que sustentam a subtese recém-anunciada – vale lembrar: o incômodo ou descontentamento de Volóchinov com o estilo pictórico, especialmente em sua vertente individualista relativista –, recordo uma proposição que, dada a peculiaridade de minha interpretação, precisa ser bem explorada. Diz-nos Volóchinov (2018 [1929]: 261-262): "é necessário considerar sempre a hierarquia social da palavra que está sendo transmitida. Quanto mais intensa for a sensação de superioridade hierárquica da palavra alheia, tanto mais nítidas serão suas fronteiras e menos penetrável ela será pelas tendências comentadoras e responsivas".

A passagem supramencionada é de fundamental importância. A meu ver, a referida afirmação não intenta somente destacar o quão forte são as fronteiras dos discursos alheios que passam "a sensação de superioridade hierárquica". Mais pertinente do que isso, a referida afirmação de Volóchinov (1929) põe em cena uma questão que, creio, ainda estar por receber o devido destaque: **muito antes de romantizar o estilo pictórico, como sendo aquele estilo em que os modelos sintáticos permitem relativizar e/ou confrontar o discurso alheio proveniente das instâncias tidas como hierarquicamente superiores, nosso autor põe em relevo o fato de que as formas do estilo pictórico, com seu típico apagamento de fronteiras, tendem a incidir, precipuamente, sobre o discurso alheio advindo das instâncias tidas como hierarquicamente inferiores**. Quer dizer, dado que o discurso alheio que passa "a sensação de superioridade hierárquica" possui fronteiras mais impenetráveis, parece claro que, em direção oposta, o discurso alheio mais penetrável é exatamente aquele que não aparenta a referida superioridade.

Para que essa interpretação não seja mal compreendida, é preciso considerar o que foi enunciado há pouco, isto é, "as particularidades dos fenômenos discursivos estudados" (Volóchinov, 2018 [1929]: 261). Tendo em mente tais particularidades, podemos recordar que o discurso artístico possui maior liberdade na administração do discurso alheio. Assim, é possível dizer que o problema de Volóchinov (1929) com o estilo pictórico não está circunscrito, necessariamente, à sua atualização no discurso literário – que, obviamente, é artístico. Se bem entendido, o problema de Volóchinov (1929) com tal estilo compreende sua atualização em discursos de orientação mais persuasiva, como o discurso político, o discurso jurídico etc.

Reconheço que, à primeira vista, minha interpretação pode não ser de fácil aceitação. Na verdade, se considerado o fato de que Volóchinov (1929) se dedica a investigar apenas obras literárias, seria mesmo possível objetar que minha interpretação infringe o quadro de reflexão do autor. Contudo, conforme acredito, tal objeção precisaria superar o fato de que, claramente, ao fim da terceira parte de *MFL*, o escopo das reflexões volochinovianas é ampliado. Sendo assim, para que não restem dúvidas, direi que, a partir do que encontra em sua investigação sobre as formas de transmissão do discurso alheio na literatura, Volóchinov (1929) lança um olhar sobre os destinos da palavra em outros campos de criação da cultura. Quer dizer, entendendo que "nos destinos da palavra estão os destinos da sociedade falante" (Volóchinov, 2018 [1929]: 319), nosso autor consagra as últimas páginas de sua obra a uma reflexão que vai além da literatura.

É, pois, com isso em mente que, para continuar procurando a resposta para nossa pergunta – vale recordar: por que razão Volóchinov teria algum incômodo ou descontentamento relativo às formas de transmissão próprias do estilo pictórico? –, é preciso verificar como se dá a ampliação do escopo da reflexão volochinoviana.

AS CONCLUSÕES DE *MFL*

Ao fim do último capítulo de *MFL*, Volóchinov apresenta dois blocos de considerações que, segundo compreendo, devem ser vistos apenas como um esboço, como um testemunho de que a última parte de *MFL* faz ver somente traços de um pensamento. Esses dois blocos, acredito, devem ser lidos de acordo com suas finalidades: o primeiro, como um balanço das possibilidades teóricas de abordagem do processo de formação da palavra; o segundo, como um balanço daquilo que a abordagem escolhida torna possível assinalar a respeito da sociedade.

A propósito do primeiro bloco de considerações, estou inclinado a pensar que ele é iniciado com a seguinte afirmação: "resta-nos tirar conclusões da nossa análise do discurso indireto livre, bem como de toda a terceira parte do nosso trabalho" (Volóchinov, 2018 [1929]: 319). Como afirmei, essas palavras dão início às conclusões que dizem respeito aos possíveis tratamentos teóricos do processo de formação da palavra.

Mais precisamente, nesse primeiro bloco de considerações, nosso autor afirma ser possível investigar a formação dialética da palavra por três diferentes caminhos. O primeiro caminho diz respeito à formação das ideias, isto é, à história das diferentes ideologias, no sentido de campos formalizados da criação cultural, tais como o conhecimento – vale dizer, a ciência –, a literatura etc. Quanto ao segundo caminho, Volóchinov (1929) sustenta que ele concerne à natureza da língua enquanto matéria para a construção das cosmovisões, o que implica, para um materialista, uma consideração das condições socioeconômicas. Assim, em relação aos dois primeiros caminhos, que estão em interação contínua, é possível falar de um estudo que abarca tanto a dimensão histórica quanto a dimensão natural do desenvolvimento da palavra. Finalmente, no que diz respeito ao terceiro e último caminho, o próprio autor afirma ter sido o caminho por ele escolhido para a realização de seu trabalho em *MFL*. Se bem entendido, esse caminho se refere às movimentações axiológicas, fundamentalmente sociais, que se revelam na própria palavra – isto é, nos enunciados ou, ainda, nos discursos – e dizem respeito à própria formação social da palavra.

Esse terceiro caminho pode ter uma visada macro, como aquela que, segundo julgo, Cassirer (1923) apresenta no primeiro capítulo do primeiro volume de *Filosofia das formas simbólicas*; essa visada busca "*a história da filosofia da palavra*" (Volóchinov, 2018 [1929]: 320). Além disso, tal caminho pode ter um visada micro, que busca "*a história da palavra na palavra*" (Volóchinov, 2018 [1929]: 320); essa é a visada assumida pelo nosso autor.

Isso posto, já é possível passar ao segundo bloco de considerações que Volóchinov (1929) apresenta ao fim da terceira parte de *MFL*. Esse segundo bloco pode ser identificado a partir da seguinte sentença: "faremos uma breve conclusão sobre o discurso indireto livre e a tendência social expressa por ele" (Volóchinov, 2018 [1929]: 320). A meu ver, tais palavras deixam claro que as considerações seguintes são relativas ao que "*a história da palavra na palavra*" (Volóchinov, 2018 [1929]: 320) deixa ver em termos de sociedade.

Em que pese esse segundo bloco ser constituído de apenas um longo parágrafo, julgo que ele deixa suficientemente explícito tanto a posição volochinoviana acerca do estilo pictórico quanto a ampliação de suas reflexões para além do campo literário. Por essa razão, vale considerar tal parágrafo minuciosamente.

Em sua primeira parte, está enunciado:

> o surgimento e o desenvolvimento do discurso indireto livre devem ser estudados em ligação estreita com o desenvolvimento de outras modificações também pictóricas do discurso direto e indireto. Então, ficará evidente que ele se encontra no grande caminho do desenvolvimento das línguas europeias modernas, sinalizando uma virada essencial nos destinos sociais do enunciado. (Volóchinov, 2018 [1929]: 320-321).

Esse trecho, está claro, aponta para o fato, observado em outros momentos, de que o Discurso Indireto Livre é um modelo sintático típico do estilo pictórico. Além do mais, o referido trecho expõe a ideia volochinoviana de que a ascensão do Discurso Indireto Livre está em consonância com o trajeto histórico percorrido pelas línguas europeias modernas. Esse trajeto consiste em um desenvolvimento sintático, em que, com o passar dos séculos, a percepção e transmissão do discurso alheio avança de uma extremidade do estilo linear – vale dizer, o discurso direto primitivo e inerte – para a mais extrema forma do estilo pictórico – ou seja, o Discurso Indireto Livre. É com esse desenvolvimento sintático em mente que Volóchinov (1929) assevera:

> a vitória das formas extremas do estilo pictórico na transmissão do discurso alheio se explica, é claro, não pelos fatores psicológicos, nem pelas tarefas individuais e estilísticas do artista, mas por uma *subjetivação geral e profunda da palavra-enunciado ideológica*. A palavra-enunciado já não é um monumento, e nem mesmo um documento da posição semântica essencial: ela é percebida apenas como uma expressão do estado ocasional subjetivo. Na consciência linguística, as camadas tipificadoras e individualizantes do enunciado se diferenciaram tanto que encobriram e relativizaram por completo o seu núcleo semântico, a posição social responsável realizada nele. É como se o enunciado deixasse de ser objeto de uma consideração semântica séria. (Volóchinov, 2018: 321).

Como se vê, nesse segundo trecho do parágrafo final, Volóchinov (1929) afirma que as formas extremas do estilo pictórico, ou seja, os modelos e modificações identificados com a vertente individualista relativista, têm prevalecido no processo de transmissão do discurso alheio. Para o nosso autor, a causa desse prevalecimento é simples: "a subjetivação geral e profunda da palavra-enunciado ideológica".

O leitor deve lembrar que, como já apontei, essa subjetivação da palavra é exatamente aquele novo modo de percepção da palavra alheia, cuja materialização mais rigorosa é o Discurso Indireto Livre. Estritamente falando, é possível repetir o que afirmei há pouco: esse novo modo consiste em uma percepção da palavra alheia não mais como um enunciado relativo a algo socialmente objetivo, mas, sim, como um enunciado relativo a particularidades puramente subjetivas; é um modo de percepção da palavra alheia que, diminuindo, de maneira bastante específica, o plano do conteúdo, concentra esforços apenas no plano da forma. Assim, é possível afirmar que, para Volóchinov (1929), o motivo pelo qual os modelos e modificações típicos do estilo pictórico têm prevalecido é o fato de eles materializarem, em diferentes graus, esse novo modo de percepção da palavra alheia, o qual reflete uma inclinação social.

Deve-se notar que, no trecho em cena, ao repisar sua distinção entre aquilo que é do plano do conteúdo e aquilo que é do plano da forma, e sustentar que as modificações que enfatizam a forma – p. ex., a modificação analítico-verbal do discurso indireto – terminaram por encobrir e relativizar o conteúdo, nosso autor está acentuando o caráter problemático desse novo modo de percepção da palavra alheia.

Não é por acaso que Volóchinov (1929) prossegue em sua argumentação afirmando que:

> a palavra categórica ainda existe apenas no contexto científico, a palavra "que vem de si": a palavra *afirmativa*. Em todos os demais campos da criação verbal não predomina a palavra "proferida" [*izretchónnoie*], mas a palavra "criada" [*sotchiniónnoie*]. Neste segundo caso, toda a atividade discursiva se reduz à alocação das "palavras alheias" e das "palavras quase alheias". Mesmo nas ciências humanas surge a tendência de substituir um enunciado responsável sobre a questão pela apresentação do estado atual dessa questão na ciência com um cálculo e uma síntese indutiva "do ponto de vista que prevalece no presente momento", que então é considerado como uma "solução" mais sólida da questão. Tudo isso mostra a instabilidade e a insegurança impressionantes da palavra ideológica. O discurso científico das artes, da retórica, da filosofia e das humanidades se torna um reino das "opiniões", das opiniões pressupostas, e mesmo nessas opiniões sobressai em primeiro plano não aquilo que propriamente se expressa nelas, mas "como" elas são compreendidas de modo individual e típico. (Volóchinov, 2018: 321, acréscimo das tradutoras).

Essas palavras, penso eu, não nos deixam enganar a respeito da ampliação do escopo das reflexões volochinovianas: para o pensador russo, com exceção do que ele denomina "contexto científico", os demais campos estruturados pela linguagem – p. ex., a arte, o direito, a política, a religião – têm dado lugar a uma substituição da **palavra autêntica** pela **palavra artificial**. Isso equivale a dizer que, tal como ocorre na literatura – em que, com o novo modo de percepção da palavra, há destaque à forma, em detrimento do conteúdo –, também em outros campos formalizados da criação cultural, a realidade extradiscursiva tem sido relativizada.

Finalmente, na sequência dessas considerações, Volóchinov (1929) enuncia:

> esse processo nos destinos da palavra da Europa burguesa atual e em nosso país (quase até nos tempos atuais) pode ser definido como *objetificação da palavra*, como *diminuição do tematismo da palavra*. Tanto entre nós quanto na Europa Ocidental, os ideólogos desse processo são as tendências formalistas da poética, da linguística e da filosofia da linguagem. É praticamente desnecessário falar aqui das premissas de classe que explicam esse processo, bem como seria desnecessário repetir as palavras de Lorck sobre os únicos caminhos possíveis de renovação da palavra ideológica, temática, penetrada pela avaliação social confiante e categórica, palavra séria e responsável nessa sua seriedade. (Volóchinov, 2018: 321-322).

A despeito de ser excessivamente resumido – ou, talvez, exatamente por ser demasiadamente resumido –, esse trecho final surge com dizeres instigantes. Em especial, chamo atenção, primeiramente, para o fato de que, agora, não se fala sobre a **subjetivação da palavra**, mas, sim, sobre o processo de **objetificação da palavra**; o que, muito antes de caracterizar uma mera flutuação terminológica – tão comum em nosso autor –, revela, com efeito, **dois diferentes processos que**, como se verá, **se complementam, fluem de uma mesma fonte e caracterizam um mesmo problema**. Em segundo lugar, destaco o fato de que Volóchinov (1929) correlaciona o processo de objetificação da palavra ao trabalho dos formalistas, de modo que sinalizar suas dificuldades com o processo de objetificação da palavra equivale a sinalizar suas dificuldades com os formalismos.

Para esclarecer esses dois pontos instigantes, será importante, sem esquecer da pergunta que nos trouxe até aqui – ratifico: por que razão Volóchinov teria algum incômodo ou descontentamento relativo às formas de transmissão próprias do estilo pictórico? –, olhar para aquilo que o pensador russo indica em seu plano de trabalho para *MFL*.

O PLANO DE TRABALHO PARA *MFL*

Com vistas a arrematar o que tenho exposto acerca da insatisfação de Volóchinov (1929) para com o estilo pictórico, especialmente em sua vertente individualista relativista – vale recordar: expressa, sobretudo, pelo Discurso Indireto Livre –, acredito ser pertinente considerar que, em certa medida, o pensamento volochinoviano apresentado nas linhas do longo parágrafo final de *MFL* está presente, também, no plano de trabalho que o pensador russo desenvolveu para dar direção ao seu texto de 1929.

A propósito dessa questão, inicio recordando que já no – por assim dizer – sumário prévio de *MFL*, nosso autor aponta a intenção de abordar, no que seria o terceiro capítulo da terceira parte, a já mencionada "redução da carga temática da palavra **na literatura e na vida**", bem como "a rea-valiação da 'palavra pura'" (Voloshinov, 2004 [1927-1928]: 228, negrito acrescido). E é a partir do sétimo ponto apresentado no conjunto das ideias que orientam o trabalho desenvolvido em *MFL* que se vê tais questões surgirem com maior nitidez.

Ali, Volóchinov (1927-1928) considera que o renovado interesse nos problemas da linguagem, tal como se pode observar, por exemplo, com Anton Marty e com as escolas de Vossler e Saussure, "foi precedido por um aumento incomum no interesse pela *palavra como tal e por uma mudança em suas funções na criação artística*" (Voloshinov, 2004: 237). Quer dizer, para o nosso autor, a renovação do **interesse teórico pela linguagem** veio na esteira de uma **mudança de cosmovisão em relação à palavra**; mudança que, podendo ser resumida na expressão "*culto da palavra como tal*" (Voloshinov, 2004 [1927-1928]: 237), compreendia tanto a atribuição de um lugar mais elevado à palavra quanto um novo entendimento sobre suas funções.

Ora, dado que essas características são típicas do empreendimento cultural conhecido como "simbolismo", não surpreende que Volóchinov (1927-1928) tenha traçado um vínculo entre os simbolistas e a, já mencio-nada, nova percepção da palavra. Dada a importância dos apontamentos de nosso autor, vale reproduzi-los:

> as origens dessa *nova percepção da palavra* e da reavaliação de sua importân-cia devem ser buscadas no *simbolismo*. É aqui que o *culto da palavra como tal* é proclamado pela primeira vez, e procura-se revelar novos aspectos interiores à palavra, bem como identificar, para ela, um lugar distinto, excepcionalmente importante, na vida e na cultura. [...]

Esse culto da palavra como tal, esse aumento do interesse em suas energias e momentos *puramente verbais*, era completamente estranho ao realismo, ao naturalismo e ao impressionismo (seja naturalístico ou psicológico). O amor dos clássicos pela palavra não tinha relação com a **reavaliação excepcional da palavra como tal** ou com declará-la uma **realidade superior**. No classicismo, não havia base para qualquer radicalismo verbal. *Na cosmovisão dos clássicos, em seu pensamento sobre o mundo, havia algo mais elevado do que a palavra, algo a que a palavra precisava conformar e servir devotamente.* [...] Esse **sábio** amor neoclássico pela palavra, um amor que não esquecia nem a *realia* existente por trás da palavra, é também uma característica da filologia clássica. (Voloshinov, 2004 [1927-1928]: 237-239, negrito acrescido).

As ênfases de Volóchinov (1927-1928) – e as minhas, acredito – deixam ver a relevância desse longo trecho para o conjunto de minha argumentação. Além de trazer à luz a expressão "nova percepção da palavra" – como visto, sempre enfatizada no último capítulo de *MFL* –, o referido trecho anuncia que essa nova percepção emerge a partir do "culto da palavra como tal" que, com sua reavaliação da palavra, caracterizou o simbolismo.

Em mais detalhe, Volóchinov (1927-1928) considera que, posto o fato de configurarem um "**período intermediário do desenvolvimento** da burguesia" (Voloshinov, 2004: 241, negrito acrescido), o realismo e o naturalismo tinham por característica uma positiva proximidade com a realidade. Para o pensador russo, "nessas correntes, eram as *funções de representação da realidade efetiva* que estavam na vanguarda da palavra" (Voloshinov, 2004 [1927-1928]: 241). Porém, **à medida que tal burguesia foi sendo solidificada**, despontou, junto ao simbolismo, ao futurismo e ao expressionismo, uma mudança de cosmovisão acerca da palavra, ou seja, despontou o "culto da palavra como tal".

Ao que me parece, Volóchinov (1927-1928) não demonstra ter problemas com o "culto da palavra como tal" *per se*. Afinal, essa nova cosmovisão lança a palavra a um lugar de primazia que, como visto, é assumido na própria filosofia da linguagem do pensador russo. Entretanto, por ser articulada a partir de abordagens inadequadas[24] – p. ex., simbolismo, futurismo, formalismo –, tal cosmovisão incorre em duas consequências que, aos olhos do autor de *MFL*, são problemáticas. Por um lado, o "culto da palavra como tal" cai no **processo de subjetivação da palavra**, isto é, no processo em que se enfatiza as peculiaridades subjetivas e individuais do discurso – processo que, insisto, se caracteriza como sendo o novo modo de percepção da palavra alheia. Por outro lado, a referida cosmovisão incorre no **processo de coisificação da palavra**, ou seja, no processo em que a carga temática da palavra é reduzida; o lugar da vida concreta é relativizado. E, nesse sentido, vale não esquecer que, na extremidade do estilo pictórico, se encontra a vertente intitulada de "individualismo relativista". É nela que, como vimos, se encontram a modificação discurso alheio antecipado, disperso e oculto no contexto autoral, bem como o Discurso Indireto Livre.

Mais do que lançar luz sobre o que foi observado no último parágrafo de *MFL*, minhas considerações, julgo eu, permitem compreender o que nosso autor quer dizer quando afirma: "naqueles grupos da *intelligentsia* burguesa e pequeno-burguesa que expressam uma **nova percepção da palavra**, ocorreu uma *dupla separação entre a palavra e a realidade*" (Voloshinov, 2004 [1927-1928]: 241, negrito acrescido).

Precisamente dito, Volóchinov (1927-1928) entende que, com o declínio do realismo, do naturalismo e do impressionismo, tomaram lugar os grupos que expressam o novo modo de percepção da palavra; logo, os grupos em que se efetivou, também, o processo de coisificação da palavra, vale dizer, o afastamento entre palavra e realidade. Antes, porém, de especificar as duas diferentes maneiras de separação entre palavra e realidade, vale fazer um esclarecimento sobre o processo de coisificação da palavra.

Independentemente da expressão utilizada – seja ela equivalente a "coisificação", "fetichização", "objetificação" ou "reificação" –, o processo de coisificação da palavra parece revelar, sempre, uma filiação ao conceitual marxista. Com isso, é possível ser mais minucioso e dizer que o processo de coisificação da palavra consiste em um apagamento do fato de que as propriedades da palavra – nomeadamente, sua significação e seu valor – são completamente dependentes dos agentes humanos, que se encontram, sempre, situados em um dado tempo e em um determinado espaço, isto é, situados em uma realidade concreta. Assim, no fim das contas, o processo de coisificação da palavra revela um apagamento do fato de que as propriedades da palavra – insisto: nomeadamente, sua significação e seu valor – são forjadas pelo ser humano na fornalha de suas relações sociais concretas.

É em virtude disso que Volóchinov (1927-1928) assume que, "na comunicação ideológica contemporânea", em que prevalecem "os gêneros 'mudos'", ou seja, na comunicação em que o processo de reificação da palavra está presente, a palavra é "removida do espaço e do tempo reais, afastada do falante (autor e intérprete) e é apresentada como uma formação autossuficiente" (Voloshinov, 2004: 242). Não espanta, portanto, aquilo que vimos no último parágrafo de *MFL*: para o pensador russo, falar de coisificação da palavra é versar sobre um processo em que a palavra autêntica – vale dizer, a palavra vinculada a uma realidade concreta e, por isso, banhada na cosmovisão de um dado grupo social – é substituída pela palavra artificial – isto é, pela palavra que negligencia a realidade concreta e, com ela, as devidas ligações entre significação e valor, de um lado, e a cosmovisão de um dado grupo social, de outro.

Podendo pecar pelo excesso, preciso deixar claro: no processo de coisificação da palavra, os acentos axiológicos estão presentes, porém, deslocados de seu fundamento social; as características físicas da realidade estão presentes, mas, na medida em que se apresentam esvaziadas das cosmovisões, se revelam reduções da realidade. Daí, então, o fato de, à semelhança do que efetua no último parágrafo de *MFL*, nosso autor deixar ver, também no texto de arquivo, que no processo de coisificação da palavra, "*a carga temática da palavra é reduzida*; ela é reificada, tornando-se um momento não de um evento, mas de um cotidiano imóvel" (Voloshinov, 2004 [1927-1928]: 243).

Tendo feito essa observação, retorno ao afastamento entre palavra e realidade apontado por Volóchinov em seu plano norteador para *MFL*. Tal afastamento ocorre em duas tendências, ou seja, de duas diferentes maneiras: na primeira, se vê uma separação entre a palavra e o objeto concreto; na segunda, uma separação entre palavra e ação.

Em relação à primeira maneira de separação entre palavra e realidade, Volóchinov (1927-1928) sustenta que "no período contemporâneo, há uma tendência em direção à *autonomia da palavra*: a palavra não representa uma realidade que lhe é externa, ela a *transfigura* ativamente, por meio de suas *energias simbólicas* imanentes" (Voloshinov, 2004: 342). Quanto à segunda maneira de separação, o pensador russo pontua: "simultaneamente a essa separação entre a palavra e o objeto em seu aspecto real, ocorre uma **separação entre palavra e ação**, isto é, um divórcio entre a palavra e as suas possibilidades reais, em virtude do democratismo verbal extremo e da liberdade verbal na completa ausência de liberdade política verdadeira e efetiva" (Voloshinov, 2004 [1927-1928]: 241-242, negrito acrescido).

A posição de nosso autor parece bastante clara: no processo de coisificação da palavra, que é uma consequência, não necessária, da mudança de cosmovisão em relação à palavra – ou seja, do "culto da palavra como tal" –, o divórcio entre palavra e objeto concreto não pode ocorrer sozinho. Antes, ele assoma de mãos dadas com a separação entre a palavra e a ação.

De onde enxergo, em relação ao texto de arquivo, é justamente nesse ponto que emerge a ampliação do escopo das reflexões volochinovianas. Afinal, essa última passagem torna possível observar que Volóchinov (1927-1928), além de entender a separação entre palavra e ação como uma das tendências do processo de coisificação da palavra, coloca tal separação na conta de um "democratismo verbal extremo" e de uma "liberdade verbal", que ocorre "na completa ausência de liberdade política verdadeira e efetiva".

É interessante notar que o conjunto geral dessa crítica nos faz lembrar o que, em 1923, aparece nas palavras finais do capítulo "A escola de poesia formalista e o marxismo", presente no livro *Literatura e revolução*, de Leon Trotsky: "os formalistas revelam uma religiosidade que amadureceu muito depressa. São os discípulos de São João: para eles, 'no começo era o Verbo'. Mas para nós, o começo era a ação. A palavra acompanhou-a como sua sombra fonética" (Trotsky, 1969: 160).

Além disso, julgo que há, aqui, um esboço de crítica a uma dada paralisação política que engloba boa parte dos movimentos e escolas culturais na Rússia após a revolução de 1917. Em especial, uma crítica ao fato de que, na sombra de uma liberdade verbal, a vanguarda cultural russa não observou seu estado de inação política. Se leio atentamente, isso estaria em consonância, por exemplo, com parte das reclamações de Trotsky (1923) acerca do movimento futurista no pós-revolução.

Seja como for, é justamente nesse ponto que podemos retornar à pergunta que nos trouxe até aqui: por que razão Volóchinov teria algum incômodo ou descontentamento relativo às formas de transmissão próprias do estilo pictórico?

Considerando tudo que observamos no último capítulo de *MFL* – com destaque para o seu último parágrafo – e no texto volochinoviano de arquivo, direi que o incômodo de Volóchinov parece proveniente do fato de que **os modelos sintáticos e as modificações estilísticas próprios do estilo pictórico materializam duas infelizes consequências do "culto da palavra como tal"**: por um lado, **a subjetivação geral e profunda da palavra**; por outro, **a coisificação da palavra**.

Aqui, então, é elementar dizer: **para Volóchinov (1929), é com o processo de subjetivação da palavra e com o processo de coisificação**

da palavra que se caracteriza o processo de decomposição do contexto autoral – tantas vezes mencionado em relação à vertente individualista relativista do estilo pictórico. E mais: para o autor de *MFL*, o processo de decomposição do contexto autoral pode ser entendido como uma **crise da posição autoral**. Afinal, **na literatura**, o autor fica impossibilitado de opor, às posições subjetivas do personagem, "um mundo de maior autoridade e objetividade" (Volóchinov, 2018 [1929]: 259), e, **na vida**, há uma relativização da realidade concreta, de modo que "toda atividade discursiva se reduz à alocação das 'palavras alheias' e das 'palavras quase alheias' (Volóchinov, 2018 [1929]: 321).

Ora, se, como visto, Volóchinov (1929) considera que os ideólogos do processo de coisificação da palavra – e, por extensão, da subjetivação da palavra – são os formalistas, não seria desatino afirmar que, exatamente aqui, Volóchinov reinstaura sua polêmica com os formalistas. E é abordando tal polêmica que, a seguir, repiso minha resposta para a pergunta anterior.

A POLÊMICA ANUNCIADA

Diferentemente do que muitos parecem supor, o trabalho de Volóchinov (1929) não é o trabalho de um ermitão da linguística e da filosofia da linguagem. Muito antes disso, por trás de todo o trabalho executado em *MFL* – e, obviamente, em outros textos –, há uma frutífera rede de pesquisas, estabelecida, principalmente, no Instituto de História Comparada das Literaturas e Línguas do Ocidente e do Oriente (ILIAZV). De modo geral, como lembra Craig Brandist, as pesquisas de Volóchinov, assim como as pesquisas de Medviédev, estavam postas em um campo do ILIAZV que, diferentemente do campo marrista – caracterizado por pretensões genéticas –, "estudava as funções literárias, oratórias, científicas, conversacionais, jurídicas e psicológicas do uso da linguagem dentro de uma estrutura sociológica geral que, de acordo com a teoria marxista, via as relações de produção como tendo primazia explanatória" (Brandist, 2012 [2008]: 166).

No que diz respeito, especificamente, à pesquisa volochinoviana apresentada no último capítulo de *MFL*, direi que, para além do diálogo intrainstitucional, chama atenção o debate com os formalistas. A meu ver, na referida pesquisa, esse debate ganha uma força ainda maior do que aquela do debate com os formalistas que, em linhas gerais, aparece em *PVPP*.

Embora, em momentos anteriores, eu tenha podido falar dos formalistas sem dar maiores detalhes, neste momento, se impõe a necessidade de uma definição. Assim, seguindo a distinção entre o conceito designado pela expressão "programa de pesquisa" e o conceito designado pelo termo "doxa", que Jean-Claude Milner (2002) estabelece ao versar sobre o estruturalismo, direi que pelo termo "formalismo" – ou, mais precisamente, "formalismo russo" – me refiro a um programa de pesquisa sobre literatura que, de modo geral, se desenvolveu, na Rússia, a partir do fim de 1913 e início de 1914. Com o apoio na distinção proposta por Milner (2002), quero dizer que meus resumidos apontamentos abarcam o formalismo russo não enquanto um clima de opinião que, tacitamente, vai sendo absorvido pela *intelligentsia*, mas, sim, como um programa de pesquisa que, mesmo livre para propor modificações, tem suas premissas de partida e suas teses bem estabelecidas.

A necessidade de enfatizar a distinção entre o "programa de pesquisa" e a "doxa", fica clara, entre outros motivos, pelo fato de que, ainda em 1925, o próprio Boris Eikhenbaum [1886-1959], formalista e um dos principais nomes da Sociedade para o Estudo da Língua Poética (OPOYAZ), protestava:

> estamos rodeados de ecléticos e de epígonos que transformam o método formal num sistema imóvel de "formalismo", o qual deve servir-lhes para a elaboração de termos, esquemas e classificações. Pode-se facilmente criticar este sistema, mas ele não é característico do método formal. Nós não tínhamos e nem temos ainda alguma doutrina ou algum sistema completos. Em nosso trabalho científico, apreciamos a teoria unicamente como uma hipótese de trabalho, com a ajuda da qual indicamos e compreendemos os fatos: descobrimos um caráter sistemático, graças ao qual esses fatos tornam-se matéria de um estudo. É por isso que não nos ocupamos de definições, pelas quais os epígonos são tão ávidos, e não construímos teorias gerais, que os ecléticos acham tão agradáveis. (Eikhenbaum, 1976: 4).

Posto isso, me abstendo de um tratamento pormenorizado das manifestações culturais que ganharam vida na Rússia das três primeiras décadas do século XX, farei, ligeiramente, um conjunto de apontamentos que nos permita uma melhor compreensão do formalismo russo e, a partir dessa compreensão, um melhor entendimento acerca do posicionamento de Volóchinov.

Inicialmente, é importante considerar que, no início da década de 1880, eclodia na Europa aquilo que Pomorska (1968) intitula "revolta antipositivista" (Pomorska, 1972: 24). Na Rússia, um dos primeiros protagonistas dessa revolta é o – já mencionado – simbolismo. Para além de reagir à ênfase que a cosmovisão positivista atribui à ética utilitarista e ao empirismo – enquanto método científico –, o simbolismo russo reage ao fato de que, a partir de 1830 até meados da década de 1880, o que se viu na Rússia foi um reino da prosa. Assim, é possível dizer que o simbolismo se apresenta como **o despertar da poesia**. Simultaneamente, o simbolismo reage ao fato de que, na análise literária, predominava a incorporação de fatores sociológicos e biográficos. Dessa maneira, como já esboçado anteriormente, o simbolismo instaura uma reavaliação do lugar da palavra e, assim, se apresenta como precursor do **culto da palavra como tal**. É nesse sentido, então, que Pomorska (1972 [1968]: 74) considera: "o simbolismo russo não trouxe somente a poesia nacional de volta ao cenário internacional, retomando temas e problemas universais como assunto da poesia; recriou a teoria da poesia como *arte verbal* e deu ao mundo da literatura muitos poetas importantes que conduziram a técnica poética para novas altitudes. Em suma, a revivescência do culto da palavra poética foi a principal contribuição dos simbolistas russos".

Não é sem motivo, portanto, que, ainda em 1928, Pável N. Medviédev, amigo de Volóchinov, escrevia:

> os simbolistas já falavam do culto da palavra. [...] Foi justamente o simbolismo que destacou o valor próprio e o papel construtivo da palavra na poesia. Ele tentou combinar esse papel construtivo da palavra com o seu caráter ideológico mais intenso. Por isso, o valor próprio da palavra figura, nas obras simbolistas, no contexto de conceitos elevados como o de mito e o de hieróglifo (V. Ivánov), o de magia (K. Balmont), o de mistério (primeiras obras de V. Briússov), o de magismo (F. Sologúb), o de língua dos deuses, e assim por diante. (Medviédev, 2019: 108).

Bem entendido, tudo isso significa que, em seu trabalho literário – seja o de produção ou o de análise –, a escola simbolista centralizou a palavra[25]. E mais do que isso: especialmente em sua segunda geração, que tinha influência alemã e prevaleceu até o início da década de 1920, tal escola, entendendo que a função da palavra não era representar ou expressar – o que sinalizaria somente para algo exterior à palavra –, postulou como central a função de simbolização, a qual implica, ao fim e ao cabo, uma compreensão epistemológica neoplatônica, em que, por meio da arte – e somente dela –, se passa *a realibus ad realiora*. Logo, não é por acaso que se observa na escola simbolista uma instauração da arte como sendo de natureza teúrgica.

É justamente como uma reação aos, assim julgados, exageros do simbolismo que emergem os movimentos acmeísta – que se confunde com o adamismo – e futurista[26]. A respeito do acmeísmo, é preciso dizer que, mesmo sem confrontar explicitamente os simbolistas, sua reação ocorre na direção de atribuir à poesia um caráter mais concreto, menos místico. É por isso que Medviédev (2019 [1928]: 109) afirma: "no acmeísmo foi produzida uma melhor compreensão, em comparação com o simbolismo, dos interesses profissionais e técnicos do poeta e de sua maestria. No simbolismo, principalmente na fase inicial, esses interesses foram obscurecidos por suas pretensões ao sacerdócio e ao profetismo".

Para que não se incorra em equívoco, é preciso deixar claro: com o acmeísmo, a palavra desce do plano místico visto nos simbolistas. Entretanto, descer do plano místico não significa romper com as infelizes consequências do "culto da palavra como tal", que se iniciou com os simbolistas. Na verdade, como considera Medviédev (2019 [1928]: 109, negrito acrescido), com o acmeísmo "atinge-se a **coisificação da palavra** em grau muito maior. As tarefas construtivas nesse caso são combinadas com uma tendência que, se não diminui, em todo caso, torna relativo o significado semântico e ideológico da palavra".

Se, como afirmei, os acmeístas se opuseram ao simbolismo com certo comedimento, não podemos dizer o mesmo em relação à atitude dos futuristas para com o simbolismo. Entretanto, como esperado, é difícil negar que parte das concepções futuristas consistem em herança do simbolismo. Como bem exposto por Pomorska (1968):

> o ponto principal da estética futurista foi *a teoria da palavra em seu aspecto sonoro, como o único material e tema da poesia*. A base dessa teoria foi o conceito cubista de artes visuais. Mas foi o Simbolismo que apontou em primeiro lugar para a função fundamental do som na poesia, atribuindo-lhe uma função semântica e epistemológica. Tanto os simbolistas como os futuristas atribuíram ao som uma função especial, não apenas a de indicar uma imagem. No primeiro caso, encontramos uma preponderância do som às expensas da imagem, com a justificativa de que a poesia devia-se igualar à música. No último caso, o elemento sonoro é igualado aos elementos

pictóricos, figuras e linhas geométricas, tornando-se assim um fenômeno independente, a ser experimentado e fruído como a única poesia, pura e verdadeira. Assim, os futuristas lutavam pela "palavra pura", sem relação com qualquer função referencial ou simbólica. (Pomorska, 1972: 102-103).

A meu ver, o comentário de Pomorska (1968) é suficientemente preciso. Em primeiro lugar, ele deixa claro que, a despeito dos rumos que toma no interior do futurismo, o interesse especial pelo aspecto sonoro da palavra já estava posto no trabalho dos simbolistas. É nesse sentido, penso eu, que se deve entender a seguinte afirmação volochinoviana de que, "de um ponto de vista estritamente histórico, a '*palavra autossuficiente*' dos nossos futuristas (Velimir Khliébnikov) é meramente uma tardia vulgarização e simplificação epigônica dos impulsos criativos para a reavaliação da palavra que foram introduzidos por Mallarmé e seu círculo [i. e., os simbolistas franceses]" (Voloshinov, 2004 [1927-1928]: 238).

Além disso – e esse é um ponto importante para minha argumentação –, as considerações de Pomorska (1968) apontam para o fato de que o futurismo, em sua busca pela "palavra pura" – vale dizer, "a palavra como tal" ou, ainda, "a palavra autossuficiente" –, sonega o devido lugar à função referencial da palavra; o que significa afirmar, em outros termos, que, no futurismo, se acentua o processo de coisificação, objetificação, reificação da palavra, censurado por Volóchinov (1929). É exatamente por essa razão que nosso autor imprime um acento de valor negativo em relação à "palavra autossuficiente" dos futuristas. Em termos similares aos do excerto anterior, Volóchinov (1927-1928) afirma que, na Rússia, o "culto da palavra como tal" começa

> com o aparecimento do simbolismo. Foi aqui que a concepção antropo-sófica da palavra, de *[Andrei] Biéli*, tomou forma, assim como o realismo místico, de *Viatcheslav Ivánov* (a doutrina da palavra como mito), o magicismo, de *[Konstantin] Balmont* ("A poesia como magia"), e o interesse mais contido e mais científico pela palavra, de *Valiéri Briússov*. Uma **desintegração relativista e um rebaixamento** desse culto simbolista da palavra foi a *"palavra autossuficiente" dos futuristas, que também **adentrou à teoria dos formalistas***. (Voloshinov, 2004: 239-240, negrito acrescido).

Aqui, fica nítida a proximidade de ideias entre os colegas de ILIAZV (cf. Medviédev, 2019 [1928]: 108). Mais do que isso, porém, essas palavras de Volóchinov (1927-1928) asseveram o vínculo entre futuristas e formalistas.

Vínculo, aliás, também testemunhado por Medviédev (1928) que, falando sobre os futuristas, afirma: "os formalistas foram os seus teóricos" (Medviédev, 2019: 111). Sobre esse vínculo, é interessante, ainda, recordar as palavras que Clark e Holquist (1984) enunciam acerca do formalismo:

> **a corrente [formalista] viera à luz** mais ou menos às vésperas do ingresso de Bakhtin no curso universitário, num cabaré de vanguarda, em dezembro de 1913, **quando Chklóvski leu um texto onde argumentava que a poesia futurista, ao chamar a atenção para os sons das palavras, as emancipara de sua significação tradicional e tornara possível percebê-las de novo.** A função da arte em geral deveria ser a de forçar estas novas percepções da palavra e do mundo. Chklóvski publicou o trabalho em 1914, sob o título de *Ressurreição da Palavra.* (Clark; Holquist, 2008: 55, negrito acrescido).

Sucintamente falando, numa espécie de descendência do futurismo, o mote da teoria formalista é "A ressurreição da palavra". Logo, não é de espantar que, para Medviédev (1928), "a melhor forma de determinar o *pathos* do primeiro formalismo é mediante a expressão de V. Chklóvski: 'a ressurreição da palavra'. Os formalistas liberam da prisão a palavra poética encarcerada" (Medviédev, 2019: 108).

Não nos esqueçamos, porém, que o motivo pelo qual fomos às palavras de Volóchinov (1927-1928) não foi necessariamente o fato de elas acenarem para o vínculo entre o futurismo e o formalismo. Como está nítido nas considerações anteriores, o que nos levou às palavras de Volóchinov (1927-1928) foi o fato de que, nelas, está posta a valoração negativa que nosso autor atribui à "palavra pura" – ratifico: a "palavra como tal", a "palavra autossuficiente" – dos futuristas.

Como é flagrante no último excerto volochinoviano considerado, nosso autor assume que, na passagem do simbolismo ao futurismo, o "culto da palavra como tal" sofre uma desintegração relativista e um rebaixamento, e essa versão desintegrada e rebaixada, própria do futurismo, é abraçada pelo método formal. Ao que parece, pelo termo equivalente a "rebaixamento", Volóchinov (1927-1928) indica a eliminação, no acmeísmo, no futurismo e, sobretudo, no formalismo, dos aspectos filosóficos e religiosos típicos do simbolismo. Já pela expressão equivalente a "desintegração relativista", direi que a referência de nosso autor é ao fato de que, com o acmeísmo, com o futurismo e, precipuamente, com o formalismo, a realidade exterior à palavra, que já não era tão importante no simbolismo, é ainda mais deixada de lado. Quanto a isso, vale atentar, mais uma vez, para os dizeres de Medviédev (1928):

> o culto da palavra como tal, já um pouco rebaixado, dos acmeístas é mais próximo dos formalistas do que o culto da palavra dos simbolistas. Não é por acaso que se dedicaram à poesia de Anna Akhmátova dois livros de representantes da nova tendência: de B. M. Eikhenbáum e V. V. Vinográdov. No entanto, para esses últimos, mesmo a coisificação acmeísta da palavra era pouco radical.
>
> **Os formalistas entendiam por ressurreição da palavra não apenas a sua libertação de todas as ênfases superiores, de todo significado hierático, mas, também, sobretudo no período inicial, a eliminação quase completa do próprio significado ideológico da palavra.**
>
> Para os formalistas, a palavra é apenas uma palavra e, antes de mais nada, uma materialidade sonora empírica e concreta. Eles queriam preservar justamente esse *minimum* sensorial da palavra da sobrecarga e da sua absorção completa por aquele significado elevado que os simbolistas atribuíam à palavra.
>
> **A ressurreição da palavra nos formalistas reduzia-se a essa completa coisificação** e é difícil não perceber nisso a sua profunda ligação natural com o futurismo. (Medviédev, 2019: 110, negrito acrescido).

Meu propósito com esse conjunto de considerações é deixar claro que, sob o mote "A ressurreição da palavra", os formalistas visavam a uma eliminação dos aspectos místicos que os simbolistas atribuíam à palavra. Além disso, e sobretudo, viso esclarecer que, na opinião de Volóchinov, sob o mesmo mote e a influência cubofuturista, os formalistas, mais do que seus antecessores, imprimiam aos estudos literários – basicamente, os estudos poéticos – um foco sobre o aspecto sonoro, compreendido como sendo a sua forma[27]. Isso significa dizer que os formalistas encarnaram um **processo de subjetivação da palavra**, ou seja, o novo modo de percepção da palavra alheia, encetando, simultaneamente, um **processo de coisificação da palavra** – vale recordar: a diminuição do tematismo da palavra; afastamento entre palavra e conteúdo.

Conforme o testemunho de Eikhenbaum (1923), os formalistas tinham a necessidade de especificar e concretizar a ciência literária. Mais precisamente, essa concretização da ciência literária dependia daquela especificação.

Era necessário, então, "confrontar a série literária com outra série de fatos, escolhendo entre a quantidade de séries existentes aquela que, colocando-se ao lado da série literária, teria entretanto uma função diferente. O confronto da língua poética com a língua quotidiana ilustrou esse procedimento metodológico. Foi desenvolvida nas primeiras pesquisas do Opoiaz (os artigos de L. Jacobinski) e serviu de ponto de partida para o trabalho dos formalistas sobre os problemas fundamentais da poética" (Eikhenbaum, 1976 [1923]: 9).

A fim de melhor compreender essas palavras de Eikhenbaum (1923), vale considerar sua citação do primeiro artigo de Iakubínski a respeito dessa questão, isto é, o texto "Sobre os sons da língua poética", de 1916:

> os fenômenos linguísticos devem ser classificados do ponto de vista do objetivo visado em cada caso particular pelo sujeito falante. Se os utiliza com objetivo puramente prático da comunicação, ele faz uso do sistema da língua quotidiana (do pensamento verbal), na qual as formas linguísticas (os sons, os elementos morfológicos etc.) não têm valor autônomo e não são mais do que um meio de comunicação. Mas, podemos imaginar (e eles existem realmente) outros sistemas linguísticos, nos quais o objetivo prático recue a um segundo plano (ainda que não desapareça completamente) e as formas linguísticas obtenham então um valor autônomo. (Iakubínski apud Eikhenbaum, 1976 [1923]: 9).

De fato, ao sugerir uma distinção entre o conceito de linguagem poética e o conceito de linguagem prática, Iakubínski (1916) está reformulando uma ideia que, na Rússia, apareceu a partir de Aleksandr Potebniá (cf. Pomorska, 1968). Independentemente disso, o fato é que tal distinção permite aos formalistas especificar, a seu modo, a ciência literária. Quer dizer, sobre essa distinção, os signatários do método formal podem estabelecer a premissa, ou seja, a afirmação basilar, de que o objeto de estudo da ciência literária precisa ser as especificidades do produto literário, isto é, as qualidades inerentes, intrínsecas, ao material literário (cf. Eikhenbaum, 1923). Em suma, estava justificada a possibilidade de focalizar, antes e acima de tudo, a forma. É por isso, então, que Eikhenbaum (1923) assevera:

> distanciando-se de Potebnia, os formalistas se livraram da correlação tradicional de forma-fundo e da noção de forma como um invólucro, como um recipiente no qual se deposita um líquido (o conteúdo). Os

fatos artísticos testemunhavam que a *differentia specifica* da arte não se exprimia através dos elementos que constituem a obra, mas através da utilização particular que se faz deles. Assim sendo, a noção de forma obtinha um outro significado e não necessitava de nenhuma noção complementar, nenhuma correlação. [...] A noção de forma adquiriu um novo sentido, não é mais um invólucro, mas uma integridade dinâmica e concreta que tem em si mesma um conteúdo, fora de toda correlação. Aqui ocorre a separação entre a doutrina formalista e os princípios simbolistas, segundo os quais "através da forma" deveria transparecer algo "do conteúdo". Da mesma maneira, superava-se o esteticismo, admiração de certos elementos da forma, conscientemente isolados do "fundo". (Eikhenbaum, 1976: 13).

Deveria ser supérfluo dizer que meus breves apontamentos não podem, nem pretendem, ter caráter exaustivo. Afinal, considerações exaustivas em relação às escolas e movimentos mencionados precisariam tratar em mais detalhes, dentre outras coisas, o conceito expresso pelo termo equivalente a "desautomatização" – ou "estranhamento" –, tal como proposto pelos formalistas a partir da distinção entre linguagem poética e linguagem prática. Além disso, considerações mais detalhadas precisariam explicitar o lugar de alguns dos proponentes do método formal – figuras como o próprio Boris Eikhenbaum, Iúri Tiniánov [1894-1943], o internacionalmente célebre Roman Jakobson [1896-1982], o já citado Viktor Chklóvski [1893-1984], Viktor Jirmúnski [1891-1971] e o já mencionado Lev Iakubínski.

Em todo caso, os reduzidos apontamentos que fiz já permitem afiançar que, para Volóchinov, o "culto da palavra como tal", enquanto expressão da mudança de cosmovisão em relação à palavra, se inicia com o simbolismo e avança ao formalismo, onde, definitivamente, é alçado ao patamar de um programa de pesquisa acerca da literatura. Nesse percurso dos simbolistas aos formalistas, passando pelos acmeístas e futuristas, essa recém-instaurada cosmovisão acerca da palavra faz ver suas consequências. Por um lado, tal cosmovisão conduz a um processo de subjetivação da palavra; o plano da forma vai sendo, cada vez mais, priorizado. Por outro lado, simultaneamente, tal cosmovisão leva a um gradativo aumento no processo de coisificação da palavra; o plano do conteúdo vai sendo, cada vez mais, reduzido. Naturalmente, essas consequências da referida cosmovisão se revelam nas formas de transmissão do discurso alheio, seja na literatura, seja na vida.

A essa altura, vale um retorno à última parte do último parágrafo de *MFL*:

> esse processo nos destinos da palavra da Europa burguesa atual e em nosso país (quase até nos tempos atuais) pode ser definido como *objetificação da palavra*, como *diminuição do tematismo da palavra*. Tanto entre nós quanto na Europa Ocidental, os ideólogos desse processo são as tendências formalistas da poética, da linguística e da filosofia da linguagem. É praticamente desnecessário falar aqui das premissas de classe que explicam esse processo, bem como seria desnecessário repetir as palavras de Lorck sobre os únicos caminhos possíveis de renovação da palavra ideológica, temática, penetrada pela avaliação social confiante e categórica, palavra séria e responsável nessa sua seriedade. (Volóchinov, 2018 [1929]: 321-322).

Em virtude da discussão efetuada nas duas últimas seções deste capítulo, direi, mais uma vez, que não causa espécie Volóchinov (1929) afirmar, no excerto supracitado, que os formalistas são os "ideólogos" do processo de coisificação da palavra. Mais do que isso, a partir de tudo o que foi enunciado nas duas últimas seções deste capítulo, parece mesmo acertado dizer que, no último trecho de *MFL*, o que desponta como mais fundamental é a ideia volochinoviana de que, diferentemente do que pressupunham os formalistas, a renovação da palavra – ou, se se preferir, a ressurreição da palavra – não consiste na sua objetificação, ou seja, na diminuição de seu caráter conteudístico, mas, sim, em uma consideração da palavra alheia na integridade de seu conteúdo, isto é, de seu tema, e na integridade das posições valorativas que ela movimenta.

Para resumir, repiso minha afirmação de que Volóchinov não censura, necessariamente, a reavaliação da palavra, isto é, a atribuição de um lugar de primazia à palavra. Nosso autor, com efeito, se contrapõe ao fato de que, quando o simbolismo tentou efetuar tal reavaliação, ele desandou para uma epistemologia neoplatônica e, pior, abriu as portas para o processo de coisificação da palavra e para o processo de subjetivação da palavra, os quais tiveram seu auge com o formalismo.

Isto posto, retorno à pergunta que guiou boa parte de nosso trajeto no presente capítulo: por que razão Volóchinov teria algum incômodo ou descontentamento relativo às formas de transmissão próprias do estilo pictórico?

Por tudo o que explorei até aqui, direi que, por parte de Volóchinov (1929), há uma crítica às consequências – isto é, o processo de subjetivação e o processo de coisificação – que o "culto da palavra como tal"

possui no interior da escola simbolista e, principalmente, no interior da escola formalista. E visto que, na sociedade, essas consequências se concretizam por meio dos modelos e modificações típicos do estilo pictórico, com destaque para o Discurso Indireto Livre, julgo estar justificado o incômodo/descontentamento de Volóchinov.

Finalmente, direi que, **ao problematizar as formas de transmissão do enunciado alheio, e colocar em cena a relação entre as formas típicas do estilo pictórico e o empreendimento dos formalistas, nosso autor reforça algo que está para além da sintaxe: ao fim e ao cabo, as formas de transmissão típicas do estilo pictórico engendram uma relativização da realidade concreta**. Que os especialistas julguem, mas, de minha parte, ainda que ultrapassem o ponto de Volóchinov (1929), as palavras do brasileiro José Guilherme Merquior [1941-1991] poderiam ser tomadas como uma boa síntese da questão: "o formalismo é [...] o nome geral da consciência estética acometida por indiferença ou insensibilidade em relação à problemática da civilização" (Merquior, 2015 [1974]: 305).

EM SÍNTESE...

Neste sétimo capítulo, coloquei lupa sobre o último parágrafo de *MFL* e sobre o texto de arquivo atinente a essa obra de 1929. Com isso, foi possível elucidar o descontentamento de Volóchinov em relação às formas de transmissão do discurso típicas do estilo pictórico; especialmente, o descontentamento em relação ao Discurso Indireto Livre.

A partir de um percurso que sinaliza as proximidades entre o texto de arquivo e *MFL*, demonstrei que o descontentamento de Volóchinov tem por razão o fato de que, no fim das contas, as formas de transmissão típicas do estilo pictórico materializam duas infelizes consequências do "culto da palavra como tal": o processo de subjetivação da palavra e o processo de coisificação da palavra. E esses processos, para Volóchinov, estão vinculados, sobretudo, ao empreendimento dos formalismos.

Assim, além de verificar a oposição de Volóchinov ao trabalho dos formalistas, foi possível ver, mais concretamente, a razão pela qual sua discussão sobre as formas de transmissão do discurso alheio extrapolam o âmbito sintático, deixando ver, ainda que em parte, questões referentes às vicissitudes da sociedade falante.

VOLÓCHINOV E BAKHTIN: O EMBATE AXIOLÓGICO A RESPEITO DE DOSTOIÉVSKI

> Não há palavra que seja indiferente ao seu objeto.
>
> (Voloshinov, 2004: 249)

No sexto capítulo, enquanto expunha o trabalho descritivo de Volóchinov (1929) e, assim, estruturava as bases para minha afirmação de que o pensador russo demonstra certo incômodo com o estilo pictórico, apontei que, mais de uma vez, nosso autor situa as obras de Dostoiévski exatamente no interior do estilo pictórico. Para refrescar a memória do leitor, recordo que trechos das obras de Dostoiévski são tomados para exemplificar, além do modelo sintático Discurso Indireto Livre, modificações estilísticas como a analítico-verbal do Discurso Indireto, o discurso direto preparado e o discurso alheio antecipado, disperso e oculto no contexto autoral. Como se verá a seguir, a julgar apenas pelo que se lê em *MFL*, a obra *Gente pobre*, primeira obra de Dostoiévski, seria uma exceção.

Ora, a propósito dessa vinculação de Dostoiévski ao estilo pictórico, proposta por Volóchinov, é necessário evitar uma conclusão precipitada e, então, anunciar a conclusão que me parece mais adequada.

UMA INTERPRETAÇÃO

Como ressaltei anteriormente, Volóchinov (1929) entende que o estudo das formas de percepção e transmissão do discurso alheio deve levar em consideração, entre outras coisas, "a *finalidade da orientação* do contexto autoral" (Volóchinov, 2018: 261). Assim, visto que as obras de Dostoiévski, obviamente, fazem parte do discurso artístico e que esse tipo de discurso tem maior "liberdade no manuseio da palavra alheia, em razão da finalidade de sua orientação" (Volóchinov, 2018 [1929]: 261), seria um absurdo sugerir que, por entender Dostoiévski como um dos executadores do estilo pictórico, nosso autor se posiciona contra o romancista russo.

A meu ver, não há resistência de Volóchinov (1929) à obra de Dostoiévski, haja vista que os romances deste último são discursos que não se querem, necessariamente, persuasivos. Isso, porém, não significa que nosso autor enxergue no romance de Dostoiévski algum tipo de modelo a ser valorado positivamente. Para ser mais preciso em relação a essa última afirmação, necessito retornar à questão da **crise da posição autoral**.

Como disse anteriormente, para Volóchinov (1929), a crise da posição autoral é, exatamente, o processo de decomposição do contexto autoral, típico da vertente individualista relativista do estilo pictórico. Essa crise, como afirmei, se caracteriza, por um lado, pelo processo de coisificação da palavra, e, por outro lado, pelo processo de subjetivação geral e profunda da palavra; sendo, portanto, relacionada ao trabalho dos formalistas. Assim, uma vez que Volóchinov (1929) situa as obras de Dostoiévski no interior da vertente individualista relativista do estilo pictórico, soa claro que, para o autor de *MFL*, tais obras são um exemplo típico da crise da posição autoral, ou seja, daqueles casos em que o autor fica impossibilitado de opor, às posições subjetivas do personagem, "um mundo de maior autoridade e objetividade" (Volóchinov, 2018: 259), vale dizer, um mundo fundamentado na concretude da vida. Por conseguinte, parece mesmo que Volóchinov (1929) considera Dostoiévski como precursor de uma literatura relativista, que passa ao largo da problemática social.

Aqui, é preciso observar que esse entendimento de Volóchinov (1929) acerca do trabalho de Dostoiévski está, mesmo que parcialmente, em consonância com a compreensão de outros importantes teóricos da literatura russa, como Vissarión G. Bielínski [1811-1848] e Boris M. Engelhardt [1887-1942].

A proximidade entre os entendimentos de Volóchinov e Bielínski acerca de Dostoiévski é notável. Em primeiro lugar, pelo fato de que, assim como Bielínski celebrou a aparição de *Gente Pobre* – por conceber que, ali, havia a materialização de um realismo social, próprio da escola natural (cf. Frank,

2018) –, Volóchinov (1929) também assume uma posição mais favorável a essa primeira obra de Dostoiévski – pois, nela, "Dostoiévski tentou justamente devolver a alma a essa palavra alheia reificada" (Volóchinov, 2018: 280). Em segundo lugar, pelo fato de que, assim como Bielínski, a partir de *O Duplo*, enxerga, em Dostoiévski, um abandono dos princípios realistas da escola natural (cf. Frank, 2018), Volóchinov (1929), como visto, também indica, na obra do escritor russo, certo desprendimento da realidade concreta.

É nesse ponto, aliás, que os entendimentos de Volóchinov e Engelhardt também se aproximam. Como se pode ler em *MFL*, logo na primeira vez que relaciona Dostoiévski à vertente individualista relativista, Volóchinov (1929) nos apresenta uma interessante nota complementar, em que, a certa altura, é possível ler:

> em seu trabalho sobre Dostoiévski, B. M. Engelhardt **aponta de modo totalmente justo** que, no autor, "é impossível encontrar a chamada descrição objetiva do mundo exterior... Graças a isso, surge aquela realidade com múltiplos planos na obra literária, que leva à desagregação peculiar da existência nos sucessores de Dostoiévski...". B. M. Engelhardt observa essa desagregação da existência em *O diabo mesquinho*, de Sologub e em *Petersburgo* de Andre Biéli. (Volóchinov, 2018: 259-260, negrito acrescido)[28].

Em adição a essas duas aproximações, é salutar perceber a relação entre o entendimento de Volóchinov (1929) e o entendimento de Bakhtin (1924-1925).

No texto inacabado "O autor e a personagem na atividade estética", escrito por Bakhtin em meados da década de 1920, o filósofo russo nos apresenta dois conglomerados do pensamento estético. O primeiro conglomerado, denominado "estética expressiva", faz referência àquelas correntes do pensamento estético que, de modo geral, têm por característica principal o entendimento de que "o objeto da atividade estética – as obras de arte, os fenômenos da natureza e da vida – é a expressão de algum estado interior; sua apreensão estética é um vivenciamento empático desse estado interior" (Bakhtin, 2011a [1924-1925]: 56). Por sua vez, o segundo conglomerado, intitulado "estética impressiva", se refere às correntes do pensamento estético que, via de regra, "situam o centro da gravidade [da atividade estética] no ativismo formal e produtivo do artista" (Bakhtin, 2011a [1924-1925]: 83).

De toda a crítica de Bakhtin (1924-1925) ao primeiro conglomerado, há algo que se apresenta como fundamental. Para o confrade de Volóchinov, no entendimento da estética expressiva, o valor estético é construído quando o contemplador adentra ao interior do contemplado para, desde lá, expressar o estado volitivo-emocional próprio do contemplado, e não o estado volitivo-emocional atribuído ao contemplado pelo contemplador (cf. Bakhtin, 2011a [1924-1925]: 58-59). Assim, de acordo com Bakhtin (1924-1925), a estética expressiva esboça a compenetração, ou seja, esboça a adoção, por parte do eu – quer dizer, contemplador –, do "horizonte vital concreto" do outro – vale dizer, contemplado –, "tal como ele o vivencia" (Bakhtin, 2011a: 24).

Entretanto, ainda segundo Bakhtin (1924-1925), o movimento de compenetração esboçado pela estética expressiva é inadequado, haja vista que, nele, não há o devido retorno a si mesmo – está escrito: "a compenetração deve ser seguida de um retorno a mim mesmo" (Bakhtin, 2011a: 24). Nesse caso, seria como se o eu adentrasse ao outro e, então, deliberadamente ou não, deixasse de voltar a si, deixasse de reassumir o seu lugar no acontecimento artístico; lugar que é *conditio sine qua non* para o acabamento do outro. É por isso que, em seu exemplo a partir de Édipo, o filósofo russo assevera: "se o autor-contemplador perde a posição firme e ativa fora de cada uma das personagens e vem a fundir-se com elas, destroem-se o acontecimento artístico e o todo artístico como tal, no qual ele é elemento indispensável como pessoa criadora autônoma" (Bakhtin, 2011a [1924-1925]: 66).

Essas considerações dão mostras de que, no entendimento de Bakhtin (1924-1925), a estética expressiva, quando levada às últimas consequências, termina, se não excluindo, ao menos reduzindo absurdamente o papel do autor na atividade artística. Para o filósofo russo, nesse primeiro conglomerado do pensamento estético, "a tendência básica é a de que o valor estético se realize integralmente como imanente a uma única consciência e não se admita uma contraposição do eu ao *outro*" (Bakhtin, 2011a [1924-1925]: 58).

No que toca ao segundo conglomerado do pensamento estético – isto é, a estética impressiva –, a crítica de Bakhtin no inacabado "O autor e a personagem na atividade estética" não é tão demorada quanto a crítica à estética expressiva. Em todo caso, seus apontamentos deixam ver algo fundamental. Segundo observa o confrade de Volóchinov, enquanto a estética expressiva perde o autor, a estética impressiva perde "a personagem como elemento autônomo, ainda que passivo, do acontecimento artístico" (Bakhtin, 2011a [1924-1925]: 84). Quer dizer, em virtude de seu destaque ao ativismo do autor, a estética impressiva deixa de dar conta de outro elemento central para o acontecimento artístico, o personagem. Assim, "a criação do artista é igualmente interpretada como um ato unilateral, ao qual se contrapõe não outro sujeito mas tão somente o objeto, o material" (Bakhtin, 2011a [1924-1925]: 84).

Nessas condições, portanto, é possível dizer que, nesse texto inacabado, Bakhtin (1924-1925) assume que tanto a estética expressiva quanto a estética impressiva, ao desconsiderarem, respectivamente, o autor e o personagem, possuem interpretações unilaterais acerca da atividade estética. Por conseguinte, tais conglomerados do pensamento estético deixam de perceber aquilo que é mais essencial: "o acontecimento [artístico] como relação viva entre duas consciências" (Bakhtin, 2011a [1924-1925]: 84).

Essa posição de Bakhtin (1924-1925) justifica, então, o que entendo ser, no texto inacabado, o esboço de uma defesa da imiscibilidade de consciências. De onde enxergo, um dos pontos mais claros de tal defesa se revela quando o filósofo sustenta que "a fórmula geral da relação basilar esteticamente produtiva do autor com a personagem" consiste numa

> **relação de uma tensa distância do autor em relação a todos os elementos da personagem**, de uma distância no espaço, no tempo, nos valores e nos sentidos, **que permite abarcar *integralmente* a personagem**, difusa de dentro de si mesma e dispersa no mundo preestabelecido do conhecimento e no acontecimento aberto do ato ético, **abarcar a ela e sua vida e completá-la até fazer dela um *todo* com os mesmos elementos que de certo modo são inacessíveis a ela mesma e nela mesma**: com plenitude da imagem externa, o fundo que está por trás dela, a sua relação com o acontecimento da morte e do futuro absoluto, etc., justificá-la e **acabá-la** desconsiderando o sentido, as conquistas, o resultado e o êxito de sua própria vida orientada para o futuro. (Bakhtin, 2011a [1924-1925]: 12, negrito acrescido).

A meu ver, essa longa passagem deixa perceber que, para o confrade de Volóchinov, um princípio esteticamente produtivo do tratamento do personagem requer que o autor-pessoa, num ato que congrega empatia e distância, opere uma supressão de si mesmo, a fim de que o personagem, com sua própria vida e seus próprios valores, possa aparecer como um elemento esteticamente completo. Deve-se observar, no entanto, que, diferentemente do que vimos com a estética expressiva, para Bakhtin (1924-1925), a atitude de empatia – marcada pela autoelisão do autor – precisa ser equilibrada pela manutenção da distância. Afinal, apenas com a manutenção da distância o autor consegue manter sua posição de outro para o personagem – enquanto eu – e, com isso, dar acabamento ao personagem, por meio de elementos que estão foram do horizonte do próprio personagem.

De acordo com Bakhtin (1924-1925), quando essa relação de distância não é sustentada, se tornam possíveis "três casos típicos de desvio da relação direta do autor com a personagem" (Bakhtin, 2011a: 13), a saber:

> Primeiro caso: a personagem assume o domínio sobre o autor. [...] o fundo, o mundo às costas da personagem não foi elaborado nem é percebido niti-damente pelo autor-contemplador, e é dado supostamente, de modo incerto, de dentro da própria personagem, assim como é dado a nós mesmos o fundo da nossa vida. Às vezes ele está ausente por completo; fora da personagem e de sua própria consciência não há nada de efetivamente sólido. [...]

> Segundo caso: o autor se apossa da personagem, introduz-lhe no interior elementos concludentes, a relação do autor com a personagem se torna parcialmente uma relação da personagem consigo mesma. A personagem começa a definir a si mesma, o reflexo do autor se deposita na alma ou nos lábios da personagem. [...]

> Terceiro caso: a personagem é autora de si mesma, apreende sua própria vida esteticamente, parece representar um papel; essa personagem, à diferença da personagem infinita do romantismo e da personagem não redimida de Dostoiévski, é autossuficiente e acabada de forma segura. (Bakhtin, 2011a: 15-18).

Nesse texto inacabado, o filósofo russo estabelece uma clara vinculação entre os trabalhos de Dostoiévski e um dos casos em que não é mantida a relação de distância do autor para com o personagem. Segundo Bakhtin (1924-1925), o desvio típico em que "a personagem assume o domínio sobre o autor" – ou seja, o primeiro caso de desvio da relação direta entre autor e personagem – é passível de verificação em "quase todas as personagens centrais de Dostoiévski" (Bakhtin, 2011a: 17). Logo, não espanta que, no mesmo texto, ao comentar sobre o que denomina "crise da autoria", Bakhtin (1924-1925) afirme que a crise da autoria pode tomar também outro sentido. **Abala-se e concebe-se como secundária a própria condição da distância, questiona-se no autor o direito de estar fora da vida e lhe dar acabamento.** Começa a desintegração de todas as formas transgredientes estáveis (**antes de tudo na prosa que vai de Dostoiévski a Biéli**; para a lírica, a crise de autoria sempre tem menor importância – Ánnienski e outros); a vida se torna compreensível e ganha peso de acontecimento apenas de dentro de si mesma, só onde eu a vivencio enquanto *eu*, sob a forma de relação comigo mesmo, nas categorias axiológicas do meu *eu-para-mim*: **interpretar significa compenetrar-se do objeto, olhar para ele com os próprios olhos dele, renunciar à essencialidade da nossa própria distância em relação a ele**; todas as forças que condensam de fora a vida se afiguram secundárias e fortuitas, **desenvolve-se uma profunda descrença em qualquer distância** [...]. (Bakhtin, 2011a: 187-188, negrito acrescido).

Como se vê, também nesse excerto, Bakhtin (1924-1925) atribui, a uma prosa que se inicia em Dostoiévski, uma queda da posição de distância do autor em relação ao personagem. Como resultado dessa "profunda descrença em qualquer distância", ou seja, dessa dificuldade, do autor, em ver algo concreto para além daquilo que é oriundo da consciência do próprio personagem, fica comprometida toda a possibilidade de acabamento, isto é, toda a viabilidade de conclusibilidade do personagem.

A essa altura, o leitor atento deve ter notado que, com esse breve percurso em "O autor e a personagem na atividade estética", ficou clara a existência de uma interpretação muito semelhante entre Volóchinov (1929) e Bakhtin (1924-1925). Tanto o primeiro quanto o segundo observam que, da pena de Dostoiévski, emerge uma **crise da posição autoral**, caracterizada pelo processo de decomposição do contexto autoral, ou seja, pelo processo em que – repito – o autor fica impossibilitado de opor, às posições subjetivas do personagem, "um mundo de maior autoridade e objetividade" (Volóchinov, 2018: 259), vale dizer, um mundo fundamentado na concretude da vida.

DUAS AVALIAÇÕES

Há, contudo, outro ponto que, ao menos para o leitor familiarizado com os escritos de Bakhtin, se torna saliente: a avaliação, um tanto negativa, de Bakhtin (1924-1925) e Volóchinov (1929) em torno da crise da posição autoral, supostamente verificável nas obras de Dostoiévski, não aparece no célebre *Problemas da obra de Dostoiévski*, publicado em 1929. Para ser mais preciso, direi que, embora a interpretação de Bakhtin (1924-1925) e Volóchinov (1929) seja semelhante à interpretação de Bakhtin (1929), a avaliação feita pelos primeiros é diferente da avaliação feita por este último.

Consideremos, em primeiro lugar, a **convergência em termos de interpretação**. Como visto, Bakhtin (1924-1925) sustenta que, geralmente, nas obras de Dostoiévski, "a personagem assume o domínio sobre o autor" (Bakhtin, 2011a: 15). De maneira semelhante, Volóchinov (1929) aponta as obras de Dostoiévski como exemplares dos casos em que "a dominante discursiva é transferida para o discurso alheio, o qual se torna mais forte e ativo do que o contexto autoral emoldurante e é como se começasse a dissolvê-lo" (Volóchinov, 2018: 259). Essa mesma interpretação é, de fato, o que está presente, também, em *Problemas da obra de Dostoiévski*. Ali, no capítulo "O personagem em Dostoiévski", Bakhtin (1929) assevera que

> **em pequena escala, Dostoiévski realizou uma espécie de revolução copernicana, ao tornar um aspecto da autodefinição do personagem o que antes era uma definição autoral fixa e acabada.** [...] Aquilo que o autor realizava agora é o personagem quem realiza, ao elucidar a si próprio de todos os pontos de vista possíveis; o autor já não elucida a realidade do personagem, mas sua autoconsciência como uma realidade de ordem segunda. [...] a dominante de toda a visão e construção artística deslocou-se, e o mundo todo passou a ser viso de um modo novo. (Bakhtin, 2022: 105-106, negrito acrescido).

Esse excerto, penso eu, contém o essencial para que percebamos o fato de que, à semelhança do que se lê em Bakhtin (1924-1925) e em Volóchinov (1929), o texto bakhtiniano de 1929 sustenta o entendimento de que, nas obras de Dostoiévski, há uma peculiar relação entre autor e personagem.

Dito isso, passemos à **divergência em termos de avaliação**. Nesse sentido, enquanto Bakhtin (1924-1925) e Volóchinov (1929) avaliam que a relação entre autor e personagem, conforme formulada em Dostoiévski, revela uma **negativa crise da posição autoral**, no texto de 1929 – isto é, *Problemas da obra de Dostoiévski* –, Bakhtin avalia que essa peculiar relação entre autor e personagem não deve ser pensada em termos de uma crise da posição autoral, mas, antes, em termos de uma **positiva nova posição do autor**.

De fato, já no capítulo inicial, Bakhtin (1929) deixa ver os primeiros traços de sua avaliação positiva da nova posição do autor. Afinal, é ali que o confrade de Volóchinov anuncia seu entendimento de que, em Dostoiévski, "é conquistada uma nova posição para o autor, que está acima da posição monológica" (Bakhtin, 2022 [1929]: 75). Porém, é no segundo capítulo – ou seja, no já citado "A personagem em Dostoiévski" – que o filósofo russo desenvolve mais detidamente sua avaliação positiva em torno da nova posição do autor. Para Bakhtin (1929), no projeto criativo de Dostoiévski, os personagens possuem uma relativa autonomia, que difere Dostoiévski dos romancistas supostamente monológicos. Conforme escreve,

> **no projeto monológico, o personagem é fechado e suas fronteiras semânticas são fortemente contornadas**: ele age, vivencia, pensa e toma consciência nos limites do que ele é, isto é, nos limites de sua imagem definida como realidade; ele não tem como deixar de ser ele mesmo, isto é, sair dos limites do seu caráter, da sua tipicidade, do seu temperamento, sem destruir, com isso, o projeto monológico do autor sobre ele. **Essa imagem é construída no mundo autoral objetivo em relação à consciência do personagem; a construção desse mundo** – com seus pontos de vista e suas definições acabadas – **pressupõe uma posição exterior estável, ou seja, um horizonte autoral estável**. A autoconsciência do personagem está inserida em uma moldura sólida inacessível a ele, a qual define e representa a consciência autoral e é mostrada contra o pano de fundo sólido do mundo exterior.
>
> **Dostoiévski rejeita todas essas premissas monológicas.** (Bakhtin, 2022 [1929]: 109-110, negrito acrescido).

O trecho supracitado, assim como o todo do capítulo "A personagem em Dostoiévski", já seria suficiente para confirmar que, diferindo o projeto de Dostoiévski do projeto monológico, Bakhtin valora positivamente aquilo que julga ver no autor de *Crime e castigo*, a saber, a nova posição do autor – uma posição que rejeita as premissas monológicas. Entretanto, parece conveniente reforçar esse ponto de meu argumento, recorrendo à segunda versão de *POD*, que foi publicada em 1963 e recebeu o título de *Problemas da poética de Dostoiévski*. Nesse texto, que fez o nome de Bakhtin correr todo o Ocidente com algum sucesso, há uma extensão das considerações presentes no segundo capítulo e, ali, é ressaltado: "a nova posição artística do autor em relação ao herói [i. e., o personagem] no romance polifônico de Dostoiévski é uma *posição dialógica seriamente aplicada e concretizada até o fim*, que **afirma a autonomia, a liberdade interna, a falta de acabamento e de solução do herói**. Para o autor, o herói não é um 'ele' nem um 'eu', mas um 'tu' plenivalente, isto é, o plenivalente 'eu' de um outro (um 'tu és')" (Bakhtin, 2018 [1963]: 71, negrito acrescido).

Mais adiante, essa mesma ideia é reforçada nas seguintes palavras:

> é oportuno enfatizar mais uma vez o *caráter positivamente ativo* da nova posição do autor no romance polifônico. Seria absurdo pensar que nos romances de Dostoiévski a consciência do autor não estivesse absolutamente expressa. A consciência do criador do romance polifônico está constantemente presente em todo esse romance, onde é ativa ao extremo. Mas a função dessa consciência e a forma de seu caráter ativo são diferentes daquelas do romance monológico: **a consciência do autor não transforma as consciências dos outros (ou seja, as consciências dos heróis) em objetos nem faz destas definições acabadas à revelia**. Ela sente ao seu lado e diante de si as consciências equipolentes dos outros, tão infinitas e inconclusas quanto ela mesma. Ela reflete e recria não um mundo de objetos mas precisamente essas consciências dos outros com os seus mundos, recriando-as na sua autêntica *inconclusibilidade* (pois a essência delas reside precisamente nessa inconclusibilidade). (Bakhtin, 2018 [1963]: 77, negrito acrescido).

Por tudo o que vimos até aqui, é possível dizer que essa nova posição do autor se caracteriza pela ausência do excedente de visão. Em outras palavras, o autor renuncia à sua posição objetiva, existente para além da consciência do personagem; posição por meio da qual ele poderia enxergar o pano de fundo do personagem, que é inacessível para o próprio personagem. E por renunciar ao excedente de visão, isto é, por abrir mão de observar o personagem de um ponto de vista objetivo, o autor não pode completar o personagem – vale dizer, não pode lhe dar acabamento. Assim, a nova posição do autor, alegadamente característica da obra de Dostoiévski, conduz ao inacabamento do personagem[29].

A fim de evitar dúvidas, vale observar que, no texto inconcluso da década de 1920, Bakhtin acena positivamente para o excedente de visão e para o acabamento do personagem. Na seção "O excedente da visão estética", presente no capítulo "A forma espacial da personagem", o filósofo russo escreve:

o excedente de visão é o broto em que repousa a forma e de onde ela desabrocha como uma flor. Mas para que esse broto efetivamente desabroche na flor da forma concludente, urge que o excedente de minha visão complete o horizonte do outro indivíduo contemplado sem perder a originalidade deste. **Eu devo entrar em empatia com esse outro indivíduo, ver axiologicamente o mundo de dentro dele tal qual ele o vê, colocar-me no lugar dele e, depois de ter retornado ao meu lugar, completar o horizonte dele com o meu excedente de visão que desse meu lugar se descortina fora dele**, convertê-lo, criar para ele um ambiente concludente a partir desse excedente da minha visão, do meu conhecimento, da minha vontade e do meu sentimento. (Bakhtin, 2011a [1924-1925]: 23, negrito acrescido).

Entretanto, em sua obra a respeito de Dostoiévski – primeira ou segunda versão – não há qualquer aceno positivo para o excedente de visão e para o acabamento do personagem. Na verdade, como visto, na primeira versão, Bakhtin indica o próprio excedente de visão – e, por conseguinte, a conclusibilidade do personagem – como algo típico dos romancistas monológicos – p. ex., Tolstói (cf. Bakhtin, 2022 [1929]: 117ss) – e, anos depois, na segunda versão, conservando o mesmo entendimento, afirma que "Dostoiévski nunca reserva para si o excedente *racional* substantivo mas apenas o mínimo indispensável do excedente pragmático, puramente *informativo*, que é necessário à condução da narração" (Bakhtin, 2018 [1963]: 83).

Em resumo, no texto de 1929, Bakhtin reformula não a sua interpretação da relação entre autor e personagem nas obras de Dostoiévski, mas, sim, a sua avaliação de tal relação. Quer dizer, como ocorre em "O autor e a personagem na atividade estética", também no texto de 1929, a obra de Dostoiévski exemplifica a falta de distância – ou seja, a ausência do excedente de visão – entre autor e personagem, e, consequentemente, a inconclusibilidade do personagem. Porém, se, no texto de meados da década de 1920, tais características são avaliadas negativamente, como resultado de uma crise autoral, no texto de 1929, as mesmas características são avaliadas positivamente, como decorrentes de uma nova posição do autor. E mais: para Bakhtin (1929), essa nova posição do autor se revela condição para a polifonia – isto é, condição para a equipolência de diferentes vozes; especificamente, para a equipolência entre as vozes do autor e do personagem –, e, por isso, deve ser celebrada.

Tendo retornado à crise da posição autoral, e considerado as diferentes avaliações de Bakhtin (1924-1925; 1929) e a avaliação de Volóchinov (1929) em torno da relação entre autor e personagem na obra de Dostoiévski, penso estarem postas as condições para esclarecer minha afirmação de que, embora não censure o trabalho do romancista russo, nosso autor não enxerga nos romances de Dostoiévski qualquer tipo de modelo a ser valorado positivamente. A meu ver, tudo o que foi dito deixa claro que, **enquanto Bakhtin (1929) assume a nova posição do autor como condição para a polifonia, Volóchinov (1929) ressalta que a crise da posição autoral está estritamente vinculada ao relativismo.** Nessas condições, então, não causa espécie o fato de que, nos escritos de Volóchinov, não há referência ao conceito, hoje celebrado, expresso pelo termo "polifonia". Ao que tudo indica, para o autor de *MFL*, o preço da polifonia é demasiado alto, e desconsiderar tal preço, com todas as suas implicações para a sociedade, significa trilhar o caminho dos formalistas, portanto, um caminho que, nas palavras de Merquior (1974), se caracteriza pela "indiferença ou insensibilidade em relação à problemática da civilização" (Merquior, 2015: 305).

É provável que, aqui, o leitor atento objete: se, por entender que o discurso de Dostoiévski é artístico – e, por isso, não se quer um discurso, necessariamente, persuasivo –, Volóchinov (1929) não censura o romancista russo, sua censura aos formalistas não seria, então, descabida? Para responder a essa objeção, recordo que, como já esboçado, os proponentes do método formal não estavam comprometidos apenas com o trabalho artístico; em outras palavras, o trabalho teórico dos formalistas os lança na esfera dos discursos que se querem, de alguma maneira, persuasivos. Logo, a oposição de Volóchinov (1929) se justifica.

De volta à divergência de avaliações, vale chamar atenção para outro dado considerável. Após comentar a presença do conceito de "polifonia" na obra bakhtiniana sobre Dostoiévski, o linguista brasileiro Carlos Alberto Faraco pondera:

> **curiosamente, a categoria estética "polifonia" desaparece completamente do discurso bakhtiniano alguns poucos anos depois. Quando ele elabora sua teoria do romance, nos anos 30, não faz qualquer referência a ela.** É impossível não ficar com a pulga atrás da orelha diante desse completo abandono de uma categoria tão extensamente valorada no livro sobre Dostoiévski. Teria Bakhtin percebido que seu impulso utópico o tinha conduzido, de novo, a um beco sem saída? Teria se dado conta de que um mundo radicalmente democrático e dialógico, do qual estão

ausentes relações de poder, de subordinação, de redução da alteridade era um exagero quimérico? Na teoria do romance, o que aparece é a heteroglossia e o que Bakhtin diz ser ainda mais importante, a heteroglossia dialogizada [...]. **Não abandona, portanto, o conceito de multidão de vozes, nem de seu contraponto dialógico (categorias, aliás, constitutivas do discurso romanesco). O que desaparece é a equipolência e a plenivalência.** (Faraco, 2011: 25-26, negrito acrescido).

A partir dessa tão atenta observação, se vê que, após 1929, desaparece da formulação bakhtiniana exatamente aquilo que, no mesmo ano, Volóchinov põe em xeque. Por isso, farei coro com o linguista brasileiro: é impossível não ficar com a pulga atrás da orelha.

Por fim, recordo que, além do caráter da polifonia – ou seja, se é positiva ou negativa –, sua própria existência é alvo de discussões. No contexto Ocidental, por um lado, Todorov (1984; 1987) e Frank (1990) estão entre aqueles que questionam a existência da polifonia. No contexto russo, por outro lado, podemos mencionar o crítico Gueorgui M. Fridlender [1915-95][30]. E isso, penso eu, reforça a ideia de que há um embate, interpretativo e axiológico, em torno de Dostoiévski.

EM SÍNTESE...

Neste oitavo capítulo, a partir de tudo o que enunciei nos capítulos "Perscrutando o objeto: vicissitudes da palavra" e "Para além da sintaxe: vicissitudes da sociedade falante", destaquei a existência de uma simultânea concordância e discordância entre Volóchinov e Bakhtin. Para ser mais preciso, apontei, por um lado, que esses confrades concordam na interpretação que fazem a respeito da forma pela qual a relação autor-personagem se estrutura em Dostoiévski. Por outro lado, demonstrei que a concordância a respeito dessa questão não vai além da interpretação, posto que a avaliação que fazem da relação autor-personagem em Dostoiévski é absolutamente oposta.

Quer dizer, aos olhos de Volóchinov (1929), a nova posição do autor, tal como vista nos escritos de Dostoiévski, não é digna de ser valorada positivamente. E, embora semelhante à avaliação de Bakhtin presente no inacabado ensaio "O autor e a personagem na atividade estética", essa avaliação do autor de *MFL* se choca frontalmente com a avaliação que Bakhtin apresenta em seu *Problemas da obra de Dostoiévski*.

O leitor familiarizado com os escritos do Círculo, e com sua herança crítica, deve ter percebido que ao longo deste trabalho, em muitos casos, de acordo com o possível, evitei entrar em polêmicas – vale dizer, endereçar minhas discordâncias – com os estudiosos dos pensadores russos. Assim, seguindo na mesma linha, quero registrar, apenas de passagem, que minha interpretação do embate entre Bakhtin e Volóchinov evoca a necessidade de um olhar mais crítico para alguns dos dizeres de Bronckart e Bota (2012). Em especial, direi que é necessário pôr em xeque a afirmação de que a polifonia integra o "conjunto de temas" que, segundo sustentam, "foi formulado e desenvolvido" (Bronckart; Bota, 2012: 491) nos escritos de Volóchinov e Medviédev. Por tudo o que considerei neste último capítulo, me parece que, por ora, a referida afirmação é carente de sustentação efetiva.

CONSIDERAÇÕES FINAIS

> Às vezes [...], é mais fácil descobrir uma verdade do que assinalar
> o lugar que lhe cabe.
>
> (Saussure, 2012 [1916]: 108)

Após o percurso traçado neste trabalho, é hora de fazer algumas considerações finais. Para isso, assumirei três enfoques diferentes: num enfoque retrospectivo, farei considerações finais a partir do que, efetivamente, foi dito neste trabalho; num enfoque contrafactual, farei considerações finais a partir do que não foi dito, nem sugerido, neste trabalho; e num enfoque prospectivo, farei considerações finais a partir do que ainda será preciso dizer em outras oportunidades.

Em termos de **enfoque retrospectivo**, como não poderia deixar de ser, a primeira consideração que julgo pertinente diz respeito à hipótese levantada nas considerações iniciais. Ao começar este trabalho, anunciei que minha hipótese consistia na ideia de que, em vez do dialogismo, o foco do trabalho de Volóchinov é o caráter axiológico da linguagem, ou seja, o processo de valoração que o ser humano leva a cabo por meio da linguagem.

Como se viu, apresentei um conjunto de indícios que, do meu ponto de vista, provaram a pertinência e a validade da hipótese. Em especial, direi que ficou estabelecido: (i) a relação entre avaliação, conteúdo, material e forma; (ii) a avaliação como núcleo do signo; (iii) o signo axiológico como fundamento de uma filosofia da linguagem; (iv) a bem estabelecida distinção entre significação e avaliação; (v) a centralidade do axiológico na análise literária; (vi) a avaliação, fundamentalmente social, como elemento motivador para as críticas às escolas de Vossler e Saussure; (vii) a axiologia como um dos vínculos de Volóchinov com o neokantismo; (viii) a relação entre avaliação e o caráter criativo da linguagem; (ix) a relação entre avaliação e devir histórico; e (x) a avaliação como elemento indissociável do discurso reportado.

Se, com tudo o que foi exposto, alguém não se convencer do que tem sido defendido, ainda farei menção ao fato de que, na introdução de *MFL*, o próprio autor já anunciava, de modo explícito, que "*o papel produtivo e a natureza social do enunciado*" configuram a "ideia principal de todo o nosso [i. e., de Volóchinov] trabalho" (Volóchinov, 2018 [1929]: 87).

Aliás, a propósito desse último ponto, talvez valha a pena refletir sobre o quanto a ausência da introdução em algumas traduções mais antigas de *MFL* contribuiu para que, em vez da axiologia, o dialogismo ganhasse preeminência em meio aos comentaristas da obra de Volóchinov – e, também, de todo o Círculo. Afinal, como é passível de confirmação por qualquer um que atribua a si mesmo o trabalho de cotejar as primeiras traduções de *MFL* a surgirem no Ocidente, a introdução, lugar em que o autor escancara seus objetivos, não aparece na tradução americana – que, como já afirmei, é de 1973. Posto que a referida tradução é o ponto de partida para a tradução espanhola, de 1976 – ao que tudo indica, a primeira a aportar no Brasil (Brait, 2012) –, estava aberta a possibilidade de se desviar daquilo que, conforme vimos, é a ideia principal de *MFL*[31].

Perante tudo isso, direi com segurança: **o trabalho em filosofia da linguagem e linguística do estudioso e pesquisador russo Valentin N. Volóchinov gira em torno do caráter axiológico, fundamentalmente social, da linguagem. Em uma palavra, o núcleo duro do pensamento de Volóchinov é a vindicação do axiológico**.

Quanto ao **enfoque contrafactual**, uma primeira consideração pertinente para o encerramento de meu trabalho diz respeito às muitas perguntas que, conscientemente ou não, deixo sem resposta ou, até mesmo, ouso não fazer. Para citar apenas um exemplo, estou ciente de que o quinto capítulo deste livro poderia ter questionado se, como sugere Brandist (2004), a metáfora da refração é realmente proveniente do contato de Volóchinov com a obra *Materialismo e empiriocriticismo*, de Lenin. Afinal, no referido capítulo, ficou claro que, dentre os influenciadores de Volóchinov, Cassirer também evoca uma posição epistemológica que lida com a metáfora do reflexo e, por extensão, da refração.

Assim, devo dizer que as perguntas que não respondi ou nem cheguei a apresentar, não parecem comprometer o todo deste trabalho. Estou propenso a crer que o essencial foi dito e, além disso, me nego a cair no engodo de que tenho todas as respostas. Apresentei algumas, das quais, obviamente, é possível discordar.

Ainda no enfoque contrafactual, há mais a ser considerado. Esclareço, então, dois objetivos que não tive.

Em primeiro lugar, em virtude de um movimento que, julgo eu, aparenta se ensaiar a partir de Bronckart e Bota (2012), é preciso deixar claro que, ao focalizar o trabalho de Volóchinov, a intenção deste trabalho não foi, em momento algum, escantear as considerações de Mikhail Bakhtin. Afinal, como Faraco (2017) já apontou consistentemente, a questão axiológica tem lugar central, também, em Bakhtin.

Em segundo lugar, devo dizer que a intenção deste trabalho, também, não foi enunciar uma hierarquia ontológica a respeito da linguagem; hierarquia em que, parafraseando o texto bíblico, a relação entre dialogismo e axiologia poderia ser traduzida na máxima "no princípio era a axiologia". A meu ver, o que se pode enunciar, com segurança, sobre a relação entre dialogismo e axiologia nos escritos de Volóchinov, está claramente exposto no terceiro capítulo deste livro.

Por último, no que toca ao **enfoque prospectivo**, destaco o fato de que, se este trabalho, como acredito, revela o âmago do empreendimento de Volóchinov, será preciso, sob o ponto de vista aqui apresentado – isto é: o ponto de vista da centralidade do axiológico –, estabelecer novos olhares e novas perguntas. E este estabelecimento de novos olhares e novas perguntas, certamente, é mais um daqueles trabalhos que fazemos melhor quando fazemos juntos. Está feito o convite!

POSFÁCIO

NOVAS LUZES
PARA NOVOS DIÁLOGOS

A epígrafe que abre a "Introdução" deste livro, aqui parcialmente retomada e igualmente já evocada no fecho do prefácio assinado por Carlos Alberto Faraco, abriga a voz daquele cujos textos são objeto da arguta leitura empreendida por Filipe Almeida Gomes – Valentin Volóchinov –, além de nos adiantar o tom dessa leitura: "às vezes é de extrema importância lançar uma nova luz sobre um fenômeno já conhecido e, aparentemente, bem estudado, por meio da sua *problematização renovada*, elucidando nele novos aspectos com a ajuda de perguntas orientadas para uma direção específica" (Volóchinov, 2017: 246, destaques do autor).

Concebida numa visada sociológica, essa "nova luz" a que se refere o autor russo no trecho em destaque ilumina a potente reflexão por ele desenvolvida em torno do discurso alheio na terceira parte de *Marxismo e filosofia da linguagem*, tomado não apenas como "*o discurso dentro do discurso, o enunciado dentro do enunciado*", mas também como "*o discurso sobre o discurso, o enunciado sobre o enunciado*" (Volóchinov: 2017: 249, destaques do autor). Trata-se, como sabemos, de uma abordagem pioneira do discurso citado, que, em articulação com o que ele desenvolve nas demais partes da obra, concorre, nas palavras de Brait (2012: 88), "para a configuração do outro e sua participação na constituição do sujeito".

Mas como essa "nova luz" se revela e mesmo guia o trabalho de Filipe Almeida Gomes? Em primeiro lugar, naquilo que esse autor elege para ver/ler; em segundo lugar, e especialmente, no modo como ele investe nessas ações.

O resultado dessa articulação é, de um lado, a farta e consistente bibliografia, nacional e internacional, que Filipe Gomes levanta e na qual se ampara para levar a efeito seu objetivo; de outro, a forma como dialoga com ela, buscando não perder de vista a exterioridade que a constitui, condição desejável ou mesmo imprescindível àquele que trilha as pegadas deixadas pelas obras do Círculo de Bakhtin. E Filipe Gomes empreende essa tarefa com visível maestria.

Tendo em conta essas características, o que vemos é o trabalho de um estudioso que, pautando-se no modelo científico denominado "paradigma indiciário" pelo historiador italiano Carlo Ginzburg (1989), persegue, de modo incansável e coerente, o objetivo de demonstrar que a axiologia configura-se como o elemento central dos estudos de Volóchinov voltados à língua e à linguagem, condição que nos traz "nova luz" acerca do dialogismo, assumido em sua relação estreita com a axiologia, bem como acerca do próprio Volóchinov, na medida em que são ainda escassos os trabalhos voltados com exclusividade para esse autor, comparativamente àqueles que se detiveram nos escritos de Bakhtin.

Assumida a inesgotabilidade das reflexões em torno das ideias dos autores que integram o Círculo de Bakhtin, bem como a relevância dessas reflexões para diferentes campos do saber, concebo como indispensável a leitura do estudo de Filipe Almeida Gomes àqueles – iniciados ou não – que se interessam pelo pensamento desse grupo de intelectuais russos, da qual certamente se produzirão muitas e novas *ressonâncias dialógicas* – para lembrar aqui Bakhtin (2016: 62) –, caras ao processo de construção de conhecimentos.

Juliana Alves Assis
Pontifícia Universidade Católica de Minas Gerais

Referências

BAKHTIN, Mikhail. *Os gêneros do discurso*. Organização, tradução, posfácio e notas de Paulo Bezerra. São Paulo: Editora 34, 2016.

BRAIT, Beth. Alteridade, dialogismo, heterogeneidade: nem sempre o outro é o mesmo. *Revista Brasileira de Psicanálise*. São Paulo, v. 46, n. 4, pp. 85-97, 2012. Disponível em: <http://pepsic.bvsalud.org/pdf/rbp/v46n4/v46n4a08.pdf>. Acesso em: 6 jul. 2023.

GINZBURG, Carlo. *Mitos, emblemas, sinais*: morfologia e história. Trad. Frederico Carotti. São Paulo: Companhia das Letras, 1989.

VOLÓCHINOV, Valentin N. *Marxismo e filosofia da linguagem*: problemas fundamentais do método sociológico. Tradução, notas e glossário de Sheila Grillo e Ekaterina Vólkova Américo. São Paulo: Editora 34, 2017.

Notas

"Introdução"

[1] Vale lembrar que, originalmente, Sériot (2015) também é um prefácio.

Capítulo "'A palavra na vida e a palavra na poesia'"

[2] Embora, como apontei, a oposição entre oração e enunciado ganhe consistência terminológica em textos posteriores ao ensaio bakhtiniano "O problema do conteúdo, do material e da forma na criação literária", mesmo nesse texto, de 1924, já é possível identificar a formulação conceitual referente a tal oposição. A esse respeito, devemos ter em conta, por exemplo, as considerações de Bakhtin a respeito da relação entre a linguística e o enunciado único e concreto; considerações presentes logo no início da terceira seção do referido ensaio, isto é, na seção "O problema do material".

[3] Embora não haja, aqui, qualquer pretensão de averiguar o pensamento sobre a axiologia nos escritos dos confrades de Volóchinov, certas aproximações precisam ser enfatizadas; se não para alegações conclusivas, ao menos para delinear outros caminhos investigativos possíveis. Assim, importa observar a mui nítida proximidade dessas afirmações volochinovianas em relação aos seguintes dizeres, posteriores, de Medviédev (1928): "[...] é essa avaliação social que atualiza o enunciado tanto no sentido da sua presença fatual quanto no do seu significado semântico. **Ela determina a escolha do objeto, da palavra, da forma** e a sua combinação individual nos limites do enunciado. **Ela determina, ainda, a escolha do conteúdo e da forma, bem como a ligação entre eles. [...] A avaliação social determina todos os aspectos do enunciado, penetrando-o por inteiro, porém, ela encontra a expressão mais pura e típica na entonação expressiva**" (Medviédev, 2019: 184-185, negrito acrescido).

Capítulo "*Marxismo e filosofia da linguagem*"

[4] De fato, é possível encontrar citações de Marr nos textos de nosso autor. Porém, no geral, elas não parecem ser mais do que aquelas concessões que um adulto consciente sabe a hora e o local de fazer. Volóchinov sentia os ventos de seu tempo.

[5] Apesar do termo, não se pode deixar de ter em mente que o signo de Volóchinov (1929) está absolutamente distante do signo de Saussure (1916). Essa questão foi abordada em Flores, Faraco e Gomes (2021).

[6] Salvos certos detalhes – longos demais para figurarem em nota de rodapé –, esse caráter peculiar conferido por Volóchinov (1929) ao **signo linguístico** se aproxima daquilo que, algumas décadas depois, é atestado por

Émile Benveniste (1969) em relação à **língua**. Assim como, para o pensador russo, "todas as manifestações da criação ideológica, isto é, todos os outros signos não verbais são envolvidos pelo universo verbal, emergem nele e não podem ser nem isolados, nem completamente separados dele" (Volóchinov, 2018 [1929]: 100-101), para o linguista sírio-francês "toda semiologia de um sistema não linguístico deve pedir emprestada a interpretação da língua, não pode existir senão pela e na semiologia da língua. [...] a língua é o interpretante de todos os outros sistemas, linguísticos ou não linguísticos" (Benveniste, 2006 [1969]: 61). Para um tratamento mais detido sobre essa questão, conferir Flores, Faraco e Gomes (2021).

[7] Em virtude da flutuação terminológica típica de nosso autor, vale destacar que, especialmente nesses trechos, a expressão "fenômeno ideológico" parecer dizer respeito aos produtos próprios de um dado campo de criação da cultura.

[8] Vejamos bem, no primeiro capítulo da primeira parte de *MFL*, Volóchinov utiliza – ainda que apenas uma vez – a expressão "ideologia do cotidiano". No capítulo seguinte, o autor utiliza somente a expressão "psicologia social". No entanto, a partir do terceiro capítulo da segunda parte de *MFL*, Volóchinov entende que, em virtude de uma carga semântica relativa a abordagens não sociológicas, a expressão "psicologia social" deve ser substituída por "ideologia do cotidiano" (cf. Volóchinov, 2018: 213). Assumo essa posição desde já.

[9] Competindo pelo título de momento mais atabalhoado terminologicamente, esse trecho situa como equivalentes as expressões *formas e tipos de comunicação discursiva*, "formas da comunicação cotidiana, sígnica" (Volóchinov, 2018 [1929]: 108) e, ainda, "formas discursivas da comunicação ideológica cotidiana", bem como "formas do signo" (Volóchinov, 2018: 109).

[10] Deliberadamente, minha formulação do último período se banha, de cima a baixo, no seguinte comentário que Faraco (2017) faz a respeito de Bakhtin: "Na interação vista pelo olhar bakhtiniano, não se trocam mensagens, mas se dialogizam axiologias" (Faraco, 2017: 55).

Capítulo "As críticas de Volóchinov a Vossler e a Saussure"

[11] Há uma tradução brasileira do plano de trabalho para *MFL*. Essa tradução acompanha a mais recente tradução brasileira do livro *Marxismo e filosofia da linguagem* (Volóchinov, 2018). Mesmo com todo o respeito que nutro pelas tradutoras e com o reconhecimento da relevância de seu trabalho, adoto como referência para minhas citações a tradução inglesa, de Craig Brandist e David Shepherd, presente em *The Bakhtin Circle: In the Masters Absence*, editado por Craig Brandist, David Shepherd e Galin Tihanov.

[12] Ao que me consta, a apresentação da expressão em meios a aspas é sintomática, posto que, páginas antes, no mesmo plano de trabalho para *MFL*, o autor recorda da "antiga doutrina humboldtiana da *forma interna da língua*" (Voloshinov, 2004 [1927-1928]: 234), com um destaque gráfico diferente; como visto, o itálico.

[13] Mesmo que se possa, com razão, discutir qual o sentido específico da expressão "hábitos linguísticos" (aspectos fonológicos, aspectos sintáticos ou aspectos lexicais?), é suficientemente claro que, de um modo ou de outro, ainda se está no domínio da *langue*.

Capítulo "Avaliação social, criação e devir histórico"

[14] Originalmente publicada em 1781, a *magnum opus* de Kant recebeu uma segunda edição em 1787, com consideráveis ajustes em certas seções. Como se sabe, o autor publica, em 1788, a *Crítica da razão prática*, e dois anos depois, isto é, 1790, a *Crítica da faculdade de julgar*.

[15] Convém lembrar que, em filosofia, o conceito expresso pelo termo "juízo" diz respeito aos enunciados asseverativos, isto é, enunciados que podem ser declarados verdadeiros ou falsos.

[16] Vale recordar que Volóchinov (1929) estava atento à possível interpretação psicologista de Rickert. Daí, portanto, ao falar sobre "a virada violenta e antipsicologista dos representantes do neokantismo moderno da escola de Marburg e Freiburg", nosso autor insere uma nota em que indica o artigo *Zwei Wege der Erkenntnistheorie* [*Dois caminhos da teoria do conhecimento*], de Rickert, e complementa: "neste trabalho, Rickert, sob a influência de Husserl, traduz para a linguagem antipsicológica a sua concepção da teoria do conhecimento, inicialmente um tanto psicologista" (Volóchinov, 2018 [1929]: 126).

[17] Por questão de inteligibilidade, antecipo a utilização do termo "signo".

[18] Cabe recordar: "em cada etapa do desenvolvimento social existe um conjunto específico e limitado de objetos que, ao chamarem a atenção da sociedade, recebem uma **ênfase valorativa**. Apenas esse conjunto de objetos obterá uma **forma sígnica**, isto é, será objeto da comunicação sígnica". (Volóchinov, 2018 [1929]: 110, negrito acrescido).

Capítulo "Perscrutando o objeto: vicissitudes da palavra"

[19] Por estima à fluidez e à fruição do texto, aqui e no decorrer de todo o trabalho, opto por utilizar maiúsculas na menção dos nomes de cada um dos modelos sintáticos. Segundo penso, isso se faz necessário, principalmente, pela vasta utilização de terminologias próximas, como "discurso alheio", "discurso autoral", e assim por diante.

NOTAS

[20] De fato, Volóchinov (1929) chega a discorrer, brevemente, sobre um terceiro tipo de modificação, a modificação impressionista. Ele afirma se tratar de uma modificação "bastante importante" e considera que ela "se situa num meio-termo entre a modificação analítico-objetual e a modificação analítico-verbal" (Volóchinov, 2018 [1929]: 277). Uma vez que a abordagem da modificação impressionista não teria pertinência para o argumento exposto nesse trabalho, a referência a tal modificação fica restrita a essa nota.

[21] Em razão do que enunciei sobre o Discurso Indireto, parece tentador assumir o Discurso Direto como essencialmente sintético. Todavia, entendo que, no texto volochinoviano, não há elementos suficientes para tal asserção.

[22] Se, como acredito, minha exposição está em plena harmonia com o que foi enunciado por Volóchinov (1929), se torna um mistério, ao menos para mim, a afirmação de que o dogmatismo racionalista apresenta "o estilo linear ainda mais nítido" (Volóchinov, 2018: 262).

[23] É preciso dizer que o termo russo equivalente ao português "positivo" não deve ser lido como sendo um juízo de valor referente à tendência em questão, mas, sim, com um termo que ressalta o fato de tal tendência não estar estruturada sobre a constatação de "características abstratas dos modelos". Segundo julgo, isso se confirma quando, ao expor as considerações de Theodor Kalepky [1862-1932], Volóchinov (1929) sustenta: "a análise de Kalepky representa um passo adiante na abordagem de nossa questão. Ao invés de uma junção mecânica das características abstratas dos dois modelos, ele tenta apalpar uma direção estilística *nova e positiva* da nossa forma" (Volóchinov, 2018 [1929]: 295).

Capítulo "Para além da sintaxe: vicissitudes da sociedade falante"

[24] Segundo entendo, Medviédev (1928) também expõe um entendimento de que, no "culto da palavra como tal", o problema maior fica a cargo da base metodológica (cf. Medviédev; Pável, 2019: 108).

[25] Sem qualquer pretensão de entrar na discussão, própria dos estudiosos da literatura, a respeito do que configura uma "escola literária", emprego o termo "escola" para fazer referência às manifestações culturais que, além dos trabalhos artísticos *per se*, apresentam trabalhos teóricos, evidenciando, assim, uma atividade formalmente organizada ao redor de uma orientação artístico-científica. Nesse sentido, a respeito dos nomes aqui trabalhados, minha discussão toma como "escola" apenas o simbolismo e o formalismo.

[26] Pelo termo "movimento", faço referência às manifestações culturais que se apresentam na passagem entre uma escola e outra. Com efeito, os movimentos possuem seus trabalhos artísticos e seus manifestos, todavia, não chegam a desenvolver trabalhos teóricos. A título de informação, os futuristas publicaram, em 1912, o manifesto "Uma bofetada na face do gosto público", assinado por figuras como Vladimir Maiakóvski [1893-1930], Velimír Khliébnikov [1885-1922] e Alekséi Krutchiónikh [1886-1968]. Estes últimos, aliás, foram também os responsáveis pelo manifesto "A palavra como tal", publicado em 1913. Mais uma vez, a terminologia que utilizo tem fins puramente didáticos, não pretendendo entrar na seara em que mesmo os estudiosos da literatura ainda se debatem.

[27] Convém lembrar que, já em *PVPP*, nosso autor afirma que, do ponto de vista dos formalistas, "a forma – compreendida de modo muito estreito como a forma que organiza o material em um objeto único e finalizado – torna-se o principal e praticamente o único objeto de estudo" (Volóchinov, 2019 [1926]: 114).

Capítulo "Volóchinov e Bakhtin: o embate axiológico a respeito de Dostoiévski"

[28] Como é passível de verificação, em *Problemas da obra de Dostoiévski*, Bakhtin cita o mesmo trecho e faz uma apresentação crítica das posições sustentadas no ensaio de Engelhardt (Bakhtin, 2022 [1929]: 84ss).

[29] Na segunda seção do capítulo "A palavra em Dostoiévski", a partir de uma análise da narração presente na obra *O duplo*, de Dostoiévski, Bakhtin (1929) reforça a ideia de que inexiste uma distância entre autor e personagem. Mais do que isso, o filósofo russo deixa claro seu entendimento de que essa ausência de distância é uma decisão do próprio autor. Como escreve, "a ausência intencional de perspectiva é predefinida por todo o projeto de Dostoiévski, pois, como sabemos, uma imagem sólida e conclusiva do personagem e dos acontecimentos está excluída de antemão desse projeto" (Bakhtin, 2022 [1929]: 226).

[30] Como se vê no rascunho para a "Reformulação do livro sobre Dostoiévski", Bakhtin conheceu a crítica elaborada, em 1956, por Fridlender (cf. Bakhtin, 2011b [1961-1962]: 340).

"Considerações finais"

[31] É preciso dizer que, embora a tradução italiana, de 1976, tenha sido feita a partir da tradução inglesa, de 1973, consta nela a introdução, que foi traduzida diretamente do russo, por Rita Bruzzese.

Referências

ALPATOV, Vladimir. "La linguistique marxiste en URSS dans les années 1920-1930". *Cahiers de l'ILSL*, n. 14, 2003, pp. 5-22.

BAKHTIN, Mikhail. *Para uma filosofia do ato*. [1919-1921]. Trad. Carlos Alberto Faraco e Cristovão Tezza, a partir da edição americana *Toward a Philosophy of the Act*. Austin: University of Texas Press, 1993. (Tradução destinada exclusivamente para uso didático e acadêmico).

_____. "The Problem of Content, Material and Form in Verbal Art". [1924]. In: BAKHTIN, Mikhail. *Art and answerability*: early philosophical essays by M. M. Bakhtin. Ed. by Michael Holquist and Vadim Liapunov; translated and notes by Vadim Liapunov; supplement translated by Kenneth Brostrom. Austin: University of Texas Press, 1990, pp. 257-325 (University of Texas Press Slavic serie; n. 9)

_____. "O autor e a personagem na atividade estética". [1924-1925]. In: BAKHTIN, Mikhail. *Estética da criação verbal*. Introd. e trad. Paulo Bezerra. 6. ed. São Paulo: WMF Martins Fontes, 2011a, pp. 1-192.

_____. *Problemas da obra de Dostoiévski*. [1929]. Trad., notas e gloss. Sheila Grillo e Ekaterina Vólkova Américo. Ensaio introdutório e posfácio Sheila Grillo. São Paulo: Editora 34, 2022.

_____. "Os gêneros do discurso". [1952-1953]. In: BAKHTIN, Mikhail. *Os gêneros do discurso*. Org., trad., posfácio e notas Paulo Bezerra. Notas da edição russa de Serguei Botcharov. São Paulo: Editora 34, 2016, pp. 11-69.

_____. "Reformulação do livro sobre Dostoiévski". [1961-1962]. In: BAKHTIN, Mikhail. *Estética da criação verbal*. Intr. e trad. Paulo Bezerra. 6. ed. São Paulo: WMF Martins Fontes, 2011b, pp. 337-57.

_____. *Problemas da poética de Dostoiévski*. [1963]. Trad., notas e prefácio Paulo Bezerra. 5. ed. Rio de Janeiro: Forense Universitária, 2018.

BALLY, Charles; SECHEHAYE, Albert. "Prefácio à primeira edição". [1916]. In: SAUSSURE, Ferdinand de. *Curso de linguística geral*. Org. Charles Bally e Albert Sechehaye; com a colaboração de Albert Riedlingler; prefácio à edição brasileira de Isaac Nicolau Salum; trad. Antônio Chelini, José Paulo Paes e Izidoro Blikstein. 28. ed. São Paulo: Cultrix, 2012, pp. 23-6.

BARROS, Diana Luz Pessoa de; FIORIN, José Luiz. (orgs.). *Dialogismo, polifonia, intertextualidade*. São Paulo: Edusp, 1999.

BEISER, Frederick C. *Hermann Cohen*: An Intellectual Biography. New York: Oxford University Press, 2018.

BENJAMIN, Walter. "Sobre a linguagem em geral e sobre a linguagem do homem". [1916]. In: BENJAMIN, Walter. Escritos sobre mito e linguagem (1915-1921). Org., apres. e notas de Jeanne Marie Gagnebin; trad. Susana Kampff Lages e Ernani Chaves. 2. ed. São Paulo: Duas cidades; Editora 34, 2013, pp. 49-73.

BENVENISTE, Émile. "Tendências recentes em linguística geral". [1954]. In: BENVENISTE, Émile. *Problemas de linguística geral I*. Trad. Maria da Glória Novak e Maria Luisa Neri; rev. Isaac Nicolau Salum. 4. ed. Campinas, SP: Pontes; Editora da Universidade Estadual de Campinas, 1995, pp. 3-18.

_____. "Observações sobre a função da linguagem na descoberta freudiana". [1956]. In: BENVENISTE, Émile. *Problemas de linguística geral I*. Trad. Maria da Glória Novak e Maria Luisa Neri; rev. Isaac Nicolau Salum. 4. ed. Campinas, SP: Pontes; Editora da Universidade Estadual de Campinas, 1995, pp. 81-94.

_____. "Da subjetividade na linguagem". [1958]. In: BENVENISTE, Émile. *Problemas de linguística geral I*. Trad. Maria da Glória Novak e Maria Luisa Neri; rev. Isaac Nicolau Salum. 4. ed. Campinas, SP: Pontes; Editora da Universidade Estadual de Campinas, 1995, pp. 284-93.

_____. "Vista d'olhos sobre o desenvolvimento da linguística". [1963]. In: BENVENISTE, Émile. *Problemas de linguística geral I*. Trad. Maria da Glória Novak e Maria Luisa Neri; rev. Isaac Nicolau Salum. 4. ed. Campinas, SP: Pontes; Editora da Universidade Estadual de Campinas, 1995, pp. 19-33.

_____. "Semiologia da língua". [1969]. In: BENVENISTE, Émile. *Problemas de linguística geral II*. Trad. Eduardo Guimarães et al.; rev. Eduardo Guimarães. 2. ed. Campinas, SP: Pontes; Editora da Universidade Estadual de Campinas, 2006, pp. 43-67.

_____. *Últimas aulas no Collège de France (1968 e 1969)*. Trad. Daniel Costa da Silva et al. São Paulo: Editora Unesp, 2014.

BRAIT, Beth. (org.). *Bakhtin*: dialogismo e construção do sentido. 2. ed. rev. Campinas, SP: Editora da Unicamp, 2005 [1997].

_____. (org.). *Bakhtin, dialogismo e polifonia*. São Paulo: Contexto, 2009.

_____. "A chegada de Voloshinov/Bakhtin ao Brasil na década de 1970". In: ZANDWAIS, Ana. (org.). *História das ideias*: diálogos entre linguagem, cultura e história. Passo Fundo, RS: Ed. Universidade de Passo Fundo, 2012, pp. 216-43.

BRAIT, Beth; MAGALHÃES, Anderson Salvaterra (orgs.). *Dialogismo*: teoria e(m) prática. São Paulo: Terracota, 2014.

BRANDIST, Craig. "Bakhtin, Cassirer and symbolic forms". *Radical Philosophy*, n. 85, 1997, pp. 20-27.

_____. "Problems of sense, significance and validity in the Bakhtin Circle". *Topos*, v. 4, n. 1, 2001, pp. 79-91. Disponível em: < http://journals.ehu.lt/index.php/topos/article/view/501/431 >. Acesso em: jan. 2020.

_____. *The Bakhtin Circle*: Philosophy, Culture and Politics. London: Pluto Press, 2002a.

_____. "Two routes 'to concreteness' in the work of the Bakhtin Circle". *Journal of History of Ideas*, v. 63, n. 3, 2002b, pp. 521-537.

_____. "O dilema de Voloshinov: sobre as raízes filosóficas da teoria dialógica do enunciado". [2004]. In: BRANDIST, Craig. *Repensando o círculo de Bakhtin*: novas perspectivas na história intelectual. Org. e notas Maria Inês Campos e Rosemary H. Schettini. Trad. Helenice Gouvea e Rosemary H. Schettini. São Paulo: Contexto, 2012, pp. 35-63.

_____. "Linguística soviética em Leningrado: o Instituto de Estudos Comparados das Literaturas e Línguas do Ocidente e do Oriente (ILJaZV) 1921-1933". [2008]. In: BRANDIST, Craig. *Repensando o círculo de Bakhtin*: novas perspectivas na história intelectual. Org. e notas Maria Inês Campos e Rosemary H. Schettini. Trad. Helenice Gouvea e Rosemary H. Schettini. São Paulo: Contexto, 2012, pp. 155-81.

BRONCKART, Jean-Paul; Cristian, BOTA. *Bakhtin desmascarado*: história de um mentiroso, de uma fraude, de um delírio coletivo. Trad. Marcos Marcionilo. São Paulo: Parábola, 2012. (Lingua[gem]; 45)

CASSIRER, Ernst. *A filosofia das formas simbólicas*. Vol. I: A linguagem. [1923]. Trad. Marion Fleischer. São Paulo: Martins Fontes, 2001. (Tópicos)

CLARK, Katerina; HOLQUIST, Michael. *Mikhail Bakhtin*. Trad. Jacó Guinsburg. São Paulo: Perspectiva, 2008 [1984].

REFERÊNCIAS

CRUZ, Márcio Alexandre. "Por que (não) ler o *Curso de linguística geral* depois de um século?". In: FARACO, Carlos Alberto. (org.). *O efeito Saussure*: cem anos do *Curso de Linguística Geral*. São Paulo: Parábola, 2016, pp. 25-48. (Lingua[gem]; 73)

EIKHENBAUM, Boris. "A teoria do 'Método Formal'". [1925]. In: TOLEDO, Dionísio de Oliveira. *Teoria da literatura*: formalistas russos. 3. ed. Porto Alegre: Globo, 1976, pp. 3-38.

ELIA, Sílvio. *Orientações da Linguística moderna*. 2. ed. Rio de Janeiro: Ao livro técnico, 1978. (Linguística e filologia)

FARACO, Carlos Alberto. "Voloshinov: um coração humboldtiano?". In: FARACO, Carlos Alberto; TEZZA, Cristovão; CASTRO, Gilberto de. (orgs.). *Vinte ensaios sobre Mikhail Bakhtin*. Petrópolis, RJ: Vozes, 2006, p. 125-32.

_____. *Linguagem e diálogo*: as ideias linguísticas do Círculo de Bakhtin. São Paulo: Parábola, 2009. (Lingua[gem]; 33)

_____. "Aspectos do pensamento estético de Bakhtin e seus pares". *Letras de Hoje*. Porto Alegre, v. 46, n. 1, 2011, pp. 21-26. Disponível em: <https://revistaseletronicas.pucrs.br/ojs/index.php/fale/article/view/9217/6367>. Acesso em: out. 2021.

_____. "A ideologia no/do Círculo de Bakhtin". In: PAULA, Luciene de; STAFUZZA, Grenissa. (orgs.). *Círculo de Bakhtin*: pensamento interacional. Campinas, SP: Mercado de Letras, 2013, pp. 167-82. (Bakhtin: inclassificável; 3)

_____. "Bakhtin e filosofia". *Bakhtiniana*. São Paulo, v. 12, n. 2, 2017, pp. 45-56. Disponível em: <https://revistas.pucsp.br/index.php/bakhtiniana/article/view/31815>. Acesso em: fev. 2021.

FARACO, Carlos Alberto; TEZZA, Cristovão; CASTRO, Gilberto de. (orgs.). *Diálogos com Bakhtin*. Curitiba: Editora da UFPR, 1996.

FIGUEIREDO, Luís Cláudio M. *Matrizes do pensamento psicológico*. 14. ed. Petrópolis, RJ: Vozes, 2008.

FLORES, Valdir do Nascimento; FARACO, Carlos Alberto; GOMES, Filipe Almeida. "As particularidades da palavra, o privilégio da língua: especificidades e primazia do linguístico, em Volóchinov e Benveniste". *Bakhtiniana*. São Paulo, v. 17, n. 1, 2021, pp. 16-38. Disponível em: <https://revistas.pucsp.br/index.php/bakhtiniana/article/view/53484>. Acesso em: jan. 2022.

FRANK, Joseph. "As vozes de Mikhail Bakhtin". In: FRANK, Joseph. *Pelo prisma russo*: ensaios sobre literatura e cultura. [1990]. Trad. Paula Cox Rolim e Francisco Achcar. São Paulo: Editora da Universidade de São Paulo, 1992, pp. 19-35. (Ensaios de Cultura I)

FRANK, Joseph. *Dostoiévski*: um escritor em seu tempo. Ed. Mary Petrusewicz. Trad. Pedro Maia Soares. São Paulo: Companhia das Letras, 2018.

GINZBURG, Carlo. "Sinais: raízes de um paradigma indiciário". In: GINZBURG, Carlo. *Mitos, emblemas, sinais*: morfologia e história. Trad. Frederico Carotti. São Paulo: Companhia das letras, 1989, pp. 143-79.

GRILLO, Sheila. "A obra em contexto: tradução, história e autoria". [2012]. In: MEDVIÉDEV, Pável Nikoláievietch. *O método formal nos estudos literários*: introdução crítica a uma poética sociológica. Trad. Sheila Grillo e Ekaterina Vólkova Américo. São Paulo: Contexto, 2019.

_____. "*Marxismo e filosofia da linguagem*: uma resposta à ciência da linguagem do século XIX e início do XX". [2017]. In: VOLÓCHINOV, Valentin. (Círculo de Bakhtin). *Marxismo e filosofia da linguagem*: problemas fundamentais do método sociológico na ciência da linguagem. Trad., notas e gloss. Sheila Grillo e Ekaterina Vólkova Américo. 2. ed. São Paulo: Editora 34, 2018, pp. 7-79.

GRILLO, Sheila; AMÉRICO, Ekaterina Vólkova. "Registros de Valentin Volóchinov nos arquivos do ILIAZV". In: VOLÓCHINOV, Valentin. (Círculo de Bakhtin). *A palavra na vida e a palavra na poesia*: ensaios, artigos, resenhas e poemas. Org., trad., ensaio introdutório e notas de Sheila Grillo e Ekaterina Vólkova Américo. São Paulo: Editora 34, 2019, pp. 7-56.

HARRIS, Roy. *Saussure and his interpreters*. Second edition. Edinburgh: Edinburgh University Press, 2003.

HEIDERMANN, Werner. "Introdução". In: HUMBOLDT, Wilhelm von. *Linguagem, Literatura, Bildung*. Org. Werner Heidermann e Marcus J. Weininger. Florianópolis: UFSC, 2006.

HUMBOLDT, Wilhelm von. *Linguagem, Literatura, Bildung*. Org. Werner Heidermann e Marcus J. Weininger. Florianópolis: UFSC, 2006.

JAKOBSON, Roman. "On Russian Fairy Tales". In: AFANAS'EV, Aleksandr. (Col.). *Russian Fairy Tales*. Translated by Norbert Guterman. Illustrations by Alexander Alexeieff. Commentary by Roman Jakobson. Second Edition. New York: Pantheon Books, 1975, pp. 631-56.

KANT, Immanuel. *Crítica da razão pura*. [1781]. Trad. Manuela Pinto dos Santos e Alexandre Fradique Morujão. Introd. e notas de Alexandre Fradique Morujão. 5. ed. Lisboa: Fundação Calouste Gulbenkian, 2001.

LÄHTEENMÄKI, Mika. "Da crítica de Saussure por Voloshinov e Iakubinski". In: FARACO, Carlos Alberto; TEZZA, Cristovão; CASTRO, Gilberto de. (orgs.). *Vinte ensaios sobre Mikhail Bakhtin*. Petrópolis, RJ: Vozes, 2006, pp. 190-207.

MEDVIÉDEV, Pável Nikoláievietch. *O método formal nos estudos literários*: introdução crítica a uma poética sociológica. [2012]. Trad. Sheila Grillo e Ekaterina Vólkova Américo. São Paulo: Contexto, 2019.

MERQUIOR, José Guilherme. *Formalismo e Tradição Moderna*: o problema da arte na crise da cultura. [1974]. São Paulo: É Realizações, 2015.

MILNER, Jean-Claude. *El periplo estructural*: figuras y paradigma. [2002]. Trad. Irene Agoff. Buenos Aires: Amorrortu, 2003.

NORMAND, Claudine. *Saussure*. [2000]. Trad. Ana de Alencar e Marcelo Diniz. São Paulo: Estação Liberdade, 2009. (Figuras do saber; 23)

PAULA, Luciane de; STAFUZZA, Grenissa. (orgs.). *Círculo de Bakhtin*: diálogos in possíveis. Campinas, SP: Mercado de Letras, 2010. (Bakhtin: inclassificável; 2)

PEREIRA CASTRO, Maria Fausta. "Ler os manuscritos saussurianos com o *Curso de linguística geral*". In: FARACO, Carlos Alberto. (org.). *O efeito Saussure*: cem anos do *Curso de Linguística Geral*. São Paulo: Parábola, 2016, pp. 49-71. (Lingua[gem]; 73)

POMORSKA, Krystyna. *Formalismo e futurismo*: a teoria formalista russa e seu ambiente poético. [1968]. São Paulo: Perspectiva, 1972.

POOLE, Brian. "From phenomenology to dialogue: Max Scheler's phenomenological tradition and Mikhail Bakhtin's development from 'Toward a philosophy of the act' to his study of Dostoevsky". In: HIRSCHKOP, Ken; SHEPHERD, David. *Bakhtin and cultural theory*. (eds.) Revised and expanded second edition. Manchester, UK; New York, USA: Manchester University Press, 2001, pp. 109-35.

PORTA, Mario Ariel González. "De Newton a Maxwell: uma contribuição à compreensão do projeto cassireriano de uma 'filosofia das formas simbólicas'". In: *Estudos neokantianos*. São Paulo: Loyola, 2011a, pp. 71-101. (Coleção leituras filosóficas)

_____. "O problema da 'filosofia das formas simbólicas'". In: *Estudos neokantianos*. São Paulo: Loyola, 2011b, pp. 45-70. (Coleção leituras filosóficas)

RESENDE, José. *Em busca de uma teoria do sentido*: Windelband, Rickert, Husserl, Lask e Heidegger. São Paulo: EDUC; FAPESP, 2013.

SAUSSURE, Ferdinand de. *Curso de linguística geral*. [1916]. Org. Charles Bally e Albert Sechehaye; com a colaboração de Albert Riedlingler; prefácio à edição brasileira de Isaac Nicolau Salum; trad. Antônio Chelini, José Paulo Paes e Izidoro Blikstein. 28. ed. São Paulo: Cultrix, 2012.

SCHNAIDERMAN, Boris. "Bakhtin 40 graus (Uma experiência brasileira)". In: BRAIT, Beth. (org.). *Bakhtin*: dialogismo e construção do sentido. 2. ed. rev. Campinas, SP: Editora da Unicamp, 2005, pp. 13-21.

SÉRIOT, Patrick. *Vološinov e a filosofia da linguagem*. Trad. Marcos Bagno. São Paulo: Parábola, 2015. (Lingua[gem]; 62)

SILVEIRA, Eliane Mara. "Revisitando uma das chamadas 'exclusões saussureanas': a história". *Estudos linguísticos*. São Paulo, n. 33, 2004, pp. 1226-31. Disponível em: <http://www.gel.hospedagemdesites.ws/estudoslinguisticos/edicoesanteriores/4publica-estudos-2004/4publica-estudos2004-pdfs-comunics/revisitando_chamadas.pdf>. Acesso em: jul. 2020.

SOBRAL, Adail. *Do dialogismo ao gênero*: as bases do pensamento do Círculo de Bakhtin. Campinas, SP: Mercado de Letras, 2009. (Ideias sobre Linguagem)

TODOROV, Tzvetan. "Prefácio à edição francesa". [1984]. Trad. Maria Ermantina de Almeida Prado Galvão. In: BAKHTIN, Mikhail. *Estética da criação verbal*. Introdução e trad. Paulo Bezerra. 6. ed. São Paulo: WMF Martins Fontes, 2011, p. XIII-XXXII.

_____. "O humano e o inter-humano (Mikhail Bakhtin)". [1987]. In: TODOROV, Tzvetan. *Crítica da crítica*: um romance de aprendizagem. Trad. Maria Angélica Deângeli e Norma Wimmer. São Paulo: Editora Unesp, 2015.

TROTSKY, Leon. *Literatura e Revolução*. [1923]. Trad. e apresentação de Moniz Bandeira. Rio de Janeiro: Zahar, 1969.

TYLKOWSKI, Inna. "*Marxisme et philosophie du langage* (1929) de V. Vološinov et sa réception chez R. Šor: deux voies du développement de la science du langage «marxiste» dans les années 1920 en Russie". *Cahiers de l'ILSL*, n. 31, 2011, pp. 195-221. Disponível em: <https://edipub-unil.ch/index.php/clsl/article/view/859>. Acesso em: mar. 2020.

_____. *Vološinov en contexte*: essai d'epistémologie historique. Limoges: Édtions Lambert-Lucas, 2012.

VOLÓCHINOV, Valentin. "A palavra na vida e a palavra na poesia: para uma poética sociológica". [1926]. In: VOLÓCHINOV, Valentin. (Círculo de Bakhtin). *A palavra na vida e a palavra na poesia*: ensaios, artigos, resenhas e poemas. Org., trad., ensaio introdutório e notas de Sheila Grillo e Ekaterina Vólkova Américo. São Paulo: Editora 34, 2019a, pp. 109-46.

REFERÊNCIAS

_____. "Marxismo e filosofia da linguagem: problemas fundamentais do método sociológico na ciência da linguagem". [1929]. In: VOLÓCHINOV, Valentin. (Círculo de Bakhtin). *Marxismo e filosofia da linguagem*: problemas fundamentais do método sociológico na ciência da linguagem. Trad., notas e glossário de Sheila Grillo e Ekaterina Vólkova Américo. 2. ed. São Paulo: Editora 34, 2018, pp. 81-322.

_____. "Estilística do discurso literário I: O que é a linguagem/língua?". [1930]. In: VOLÓCHINOV, Valentin. (Círculo de Bakhtin). *A palavra na vida e a palavra na poesia*: ensaios, artigos, resenhas e poemas. Org., trad., ensaio introdutório e notas de Sheila Grillo e Ekaterina Vólkova Américo. São Paulo: Editora 34, 2019b [1930], pp. 234-65.

_____. "Estilística do discurso literário II: A construção do enunciado". [1930]. In: VOLÓCHINOV, Valentin. (Círculo de Bakhtin). *A palavra na vida e a palavra na poesia*: ensaios, artigos, resenhas e poemas. Org., trad., ensaio introdutório e notas de Sheila Grillo e Ekaterina Vólkova Américo. São Paulo: Editora 34, 2019c, pp. 266-305.

_____. "Estilística do discurso literário III: A palavra e sua função social". [1930]. In: VOLÓCHINOV, Valentin. (Círculo de Bakhtin). *A palavra na vida e a palavra na poesia*: ensaios, artigos, resenhas e poemas. Org., trad., ensaio introdutório e notas de Sheila Grillo e Ekaterina Vólkova Américo. São Paulo: Editora 34, 2019d, pp. 306-36.

_____. "Sobre as fronteiras entre a poética e a linguística". [1930]. In: VOLÓCHINOV, Valentin. (Círculo de Bakhtin). *A palavra na vida e a palavra na poesia*: ensaios, artigos, resenhas e poemas. Org., trad., ensaio introdutório e notas de Sheila Grillo e Ekaterina Vólkova Américo. São Paulo: Editora 34, 2019e, pp. 183-233.

VOLOSHINOV, Valentin N. "Archival materials". [1927-1928]. In: BRANDIST, Craig; SHEPHERD, David; TIHANOV, Galin. (Eds.). *The Bakhtin Circle*: in the Master's Absence. Manchester: Manchester University Press, 2004, pp. 223-50.

_____. *Freudianism*: a Marxist critique. [1927]. Translated by I. R. Titunik. New York: Academic Press, 1976.

O autor

Filipe Almeida Gomes é doutor em Linguística e Língua Portuguesa pela Pontifícia Universidade Católica de Minas Gerais (PUC Minas). É professor vinculado ao Departamento de Letras e Linguística da Universidade do Estado de Minas Gerais (DELL/UEMG – Ibirité) e professor na graduação e na pós-graduação em Letras da PUC Minas.

GRÁFICA PAYM
Tel. [11] 4392-3344
paym@graficapaym.com.br